国家社会科学基金重点项目"农村金融服务深化与县域农村产业融合发展研究"（17AJY020）成果

农村金融服务深化与县域农村产业融合发展

冉光和 等著

中国社会科学出版社

图书在版编目（CIP）数据

农村金融服务深化与县域农村产业融合发展 / 冉光和等著. —北京：中国社会科学出版社，2023.3
ISBN 978-7-5227-1460-8

Ⅰ.①农… Ⅱ.①冉… Ⅲ.①农村金融—商业服务—研究—中国 ②农业产业—产业发展—研究—中国 Ⅳ.①F832.35 ②F323

中国国家版本馆 CIP 数据核字（2023）第 031492 号

出 版 人	赵剑英
责任编辑	周晓慧
责任校对	刘　念
责任印制	戴　宽

出　　版	中国社会科学出版社
社　　址	北京鼓楼西大街甲 158 号
邮　　编	100720
网　　址	http://www.csspw.cn
发 行 部	010－84083685
门 市 部	010－84029450
经　　销	新华书店及其他书店
印　　刷	北京明恒达印务有限公司
装　　订	廊坊市广阳区广增装订厂
版　　次	2023 年 3 月第 1 版
印　　次	2023 年 3 月第 1 次印刷
开　　本	710×1000　1/16
印　　张	18.75
字　　数	263 千字
定　　价	99.00 元

凡购买中国社会科学出版社图书，如有质量问题请与本社营销中心联系调换
电话：010－84083683
版权所有　侵权必究

序　　言

　　随着世界经济社会格局的不断变化，世界经济发展的不稳定因素增多，出现百年未有之大变局加速演进的趋势。在此情况下党中央审时度势提出要加快构建以国内大循环为主体，国内国际双循环相互促进的新发展格局，这是关系到我国经济社会可持续发展的重大战略任务。农村经济是国民经济大循环的战略基础，没有农村经济可持续的良性循环，就不可能有国民经济的良性循环。农村产业融合发展的良性循环是农村经济可持续循环的核心，农村产业融合发展循环不畅，农村经济可持续循环必然受阻。构建农村产业融合发展良性循环机制，农村金融服务深化的有效配合至关重要。农村金融服务深化与农村产业融合发展研究是一个新的探索领域，全面系统探讨农村金融服务深化如何促进或制约农村产业融合发展，农村产业融合发展如何促进或制约农村金融服务和体制变革深化具有重要的理论探索与实践验证价值。

　　自新中国成立以来，农业农村发展取得了举世瞩目的成就，但是农业农村仍有需要高度关注的经济社会问题。虽然中国农村经济社会有着曲折的发展经历，但自改革开放以来取得了举世瞩目的成就，解决了亿万人口的温饱问题，消灭了农村的绝对贫困现象，取得了农村全面脱贫的伟大成就，农村居民生活质量得到显著提高，农村居民安居乐业环境不断改善，农业农村的可持续发展能力显著增强。然而，中国农业农村经济发展质量不高，农民比较收益低下，城乡发展差距缩小较为缓慢的短板仍然存在。我们在全国东、中、西部地区进行

"农村金融服务深化与县域农村产业融合发展"的调查时，发现农村经济社会存在着其他不可忽视的现象和问题：（1）农村耕地撂荒，房子修好无人住，车子买来无人开的农村空心化现象，造成社会资源极大的浪费。（2）城乡比较收益差距导致数亿农民工游历于城乡之间，这可能是社会安全的极大隐患。（3）农村广大农户不是农畜产品的生产者反而成了农畜产品的消费者，这将严重影响农畜产品可持续供给安全。（4）农村环境污染造成资源利用率下降，耕地质量严重退化，农畜产品质量安全堪忧。（5）农村体制机制缺陷严重束缚着农业农村农民生产力的有效释放。这些问题产生的原因多种多样，需要进行系统深入的研究。但是中国农村的实际情况表明，农村金融服务深化不仅是制约农业农村可持续发展的重要原因，而且是决定农村产业融合有效发展的关键要素，对此进行系统深入的研究是非常适时的和完全必要的。

　　本书立足理论与实践相结合对农村金融服务深化与农村产业融合发展进行科学研究。本书是在国家社会科学基金重点项目调查研究基础上修改完成的。本书的构思是我们在多年的理论、方法及经验积累基础上形成的，是在长期深入农村实际调查研究基础上进行系统深入探索的成果。因此，本书具有坚实的理论、方法和实践基础。在本书研究中遇到了较多的局限，正是这些局限使我们获得了理论探索和创新发现的机遇。首先是中国农村金融服务深化与农村产业融合发展的时间较短，发现和总结农村金融服务深化与农村产业融合发展的规律较为困难。其次是受到研究资料和数据的局限。目前国内还未有系统的关于农村金融服务深化与农村产业融合发展的数据资料，尤其是宏观方面的资料更难找，因此本研究只好立足于微观的和实际调查的资料展开。这样难免会出现宏观与微观考察的误差，当然，最佳的途径应该是宏观数据资料与微观案例资料的有效结合，因此中国农村经济社会的统计信息库必须根据中国农村的变迁尽快完善。最后是本书的科学研究方法论运用还是一个新的尝试。诚然，社会科学研究可以从不同视角用不同的科学方法进行，但是，如果研究方法使用不当，就很难得出充分接近于实际的科学结论。好在经过艰苦探寻，终于找到了我们认为较为恰当的研究方法，在借鉴前人理论研究成果的基础上构建了具有创新性的理论框架，研究结果也比较切合中国农村金融深化与农村产业融合发展的实际，还产生了令人比较满意的新发现和新观点，对此我们甚感欣慰。

尽管有着这样或那样的不足，笔者仍旧遵循科学化、系统化、理性化原则尽最大努力完成了本研究，但愿本书能够起到抛砖引玉的作用，希望更多的专家、学者关注中国农业农村农民问题。

冉光和

2022年10月23日

前　言

县域农村经济是国民经济可持续发展的战略基础。要构建以国内大循环为主体、国内国际双循环相互促进的新发展格局，就必须以推动县域农村经济高质量发展为主题。要促进县域农村经济高质量可持续发展，县域农村产业融合发展至关重要。农村产业融合发展受众多因素的影响，在系统其他条件不变的情况下农村金融服务深化是农村产业融合发展极其重要的决定性因素。因此，对农村金融服务深化如何促进农村产业融合发展，农村产业融合发展如何促进农村金融服务深化改革问题进行系统研究具有极为重要的理论与实践价值。

（一）研究的主要内容

1. 本书系统构建了农村金融服务深化与农村产业融合发展的理论分析框架。在科学界定相关概念及内涵的基础上，系统论述了农村金融服务深化与农村产业融合发展的内在机理，构建了农村金融服务深化与农村产业融合发展的理论模型，探究了农村金融服务深化与县域农村产业融合发展的测度指标体系。

2. 本书统计分析了农村金融服务深化与县域农村产业融合发展的现状与问题。首先阐述了农村金融服务深化与县域农村产业融合发展的历程，接着重点剖析了农村金融服务深化与县域农村产业融合发展的现状，以及农村金融服务深化支持县域农村产业融合发展的实践，最后分析了农村金融服务深化与县域农村产业融合发展所存在的主要问题。

3. 本书实证检验了农村金融服务深化与县域农村产业融合发展的

耦合协调状况，以及农村金融服务深化对县域农村产业融合发展的影响。利用系统耦合协调度模型和面板计量模型实证考察了农村金融服务深化与县域农村产业融合发展的不协调程度及其成因，检验分析了农村金融服务深化对县域农村产业融合发展的总体影响、区域差异及其传导机制。

4. 本书探索性地研究了农村金融服务深化促进县域农村产业融合发展的运行机制与政策框架。基于理论与实证研究的结论，运用新制度经济学的视角和分析工具，结合实际提出了农村金融服务深化促进县域农村产业融合发展的总体构想，探索了农村金融服务深化促进县域农村产业融合发展的运行机制，构建了农村金融服务深化促进县域农村产业融合发展的选择模式，设计了农村金融服务深化促进县域农村产业融合发展的政策框架。

（二）研究的主要结论

1. 农村金融服务深化与农村产业融合发展之间是一种相互制约、相互影响的共生关系，农村产业融合发展决定着农村金融服务的深化，农村金融服务深化制约着农村产业融合的有效发展。一方面，农村产业融合发展是决定农村金融服务深化的重要基础。首先，随着农村产业朝着融合发展的方向不断迈进，农村融合主体的生产经营收入可以得到明显提升，收入增加导致储蓄上升，有利于扩大农村资金剩余规模，形成农村金融资本，从而为农村金融服务的产生和深化提供初始条件；其次，农村产业融合发展带来了农村资本财富的增加，农村金融系统按照不同形式将这些资金资源积累起来，可以加速农村金融服务量的累积与功能的进化；再次，农村产业融合发展对农村金融服务深化的影响存在着"门槛效应"，推动了农村金融服务体系的阶段性演进；最后，农村产业融合发展的推进提高了产业融合主体的收入水平以及财富水平，由此促使农村金融服务功能逐步完善以及农村金融服务体系日益健全。另一方面，农村金融深化是影响农村产业融合发展的决定性因素。首先，农村金融服务深化可以提高储蓄率、储蓄投资转化率，使得投资量增加，资本总量增加，以此提高农村产业融合发展的水平；其次，农村金融服务深化依靠资金形成机制和资金导向机制，将更多的分散资金集中配置到发展潜力更大、前景更好的产业融合部门，从而促进农村产业融合发展；最后，农村金融服务深化可以通过动员储蓄、信息揭示以及风险管理等功能促进技术进步，进而增强农村产业融合发展的核心驱动力，推动农村产业迈向深度融合发展。

2. 自改革开放以来，农村金融服务深化与县域农村产业融合发展的共生历程内嵌于不断演进的农业农村经济发展过程之中。大致经历了以下四个阶段：一是萌芽起步阶段（1978—1992 年）。该时期改变了计划经济时期农村一、二、三产业割裂的局面，乡镇企业开始蓬勃发展，我国农村产业融合发展的进程由此正式展开。同时，农村金融体制获得了较好发展，银行、保险与证券间通力合作支持农村产业融合发展的格局开始形成。二是调整优化阶段（1993—2002 年）。这一时期是我国农村产业融合发展的关键时期，农业产业化和农业市场化受到了学术界和实务界的热烈关注。同时，金融机构改革主要是金融商业化改革，尚存在间接融资渠道依旧不畅通、直接融资渠道才开始起步以及农业保险发展徘徊不前等突出问题。三是深化改革阶段（2003—2014 年）。这一时期，我国农业的跨产业发展以及农业与相关产业的融合发展日趋明显，并取得了一定的成效。同时，农村金融机构组织体系获得了极大的完善，诞生了许多新型农村金融机构，金融支持农村产业融合发展的成效明显提升。四是融合引领阶段（2015 年至今）。该阶段农村产业融合发展的态势良好，呈现出多模式推进、多主体参与、多机制联结、多要素发力、多业态打造的多元化推进格局。同时，在一系列农村金融改革措施的推进下，逐步形成以商业性、政策性、合作性金融机构为主体，多种农村金融机构并存的格局，为农村产业融合发展提供了重要的金融支撑。

3. 当前农村金融服务深化与县域农村产业融合发展的不协调问题严重，主要包括产业融合融资较难、产业融合融资渠道有限、涉农金融机构数量较少、涉农金融创新产品不丰富等。具体而言，首先，资金短缺依然是制约县域农村产业融合发展的首要金融问题。融资困难依然是制约县域农村产业融合发展的首要难题，并集中表现在农村产业融合主体面临严重资金短缺以及贷款期限与农业生产周期不匹配等方面。其次，融资渠道不畅制约了产业融合主体获取足够的生产经营资金。目前，由间接融资受限、直接融资缺乏、融资程序较为烦琐以及部门协同不够等带来的融资渠道不畅，是造成县域农村产业融合发展资金短缺的重要原因，致使农村产业融合主体难以获取足够的生产性经营资金。再次，金融产品和服务难以满足县域农村产业融合发展的现实需要。目前，农村金融供给相对单一，农村信贷渠道缺乏创新，农业保险发展较为落后，金融产品和服务难以真正满足县域农村产业融合发展的现实需要。最后，金融支持范围过小不利于农村产业融合发展水平的整体提升。在金融支持县域农村产业融合发展的过程中，由于金融机构具有趋利性，它在提供金融支持时会有意识地对支持主体、支持产业和支持区域进行筛选，主要偏向于支持资金实力雄厚、产业规模较大的产业融合主体，以及偏向于支持经济发展水平较高、基础设施较完善、农村金融市场环境较好的地区，即农村金融服务范围和服务重点存在不平衡现象。

4. 农村金融服务深化与农村产业融合发展的耦合协调度整体偏低，但呈现出不断改善的态势。基于耦合协调度模型的测度结果表明：在样本期间，从整体水平来看，农村金融服务深化与农村产业融合发展的耦合协调度处于偏低水平，绝大多数年份处于濒临失调的状态；从变动趋势来看，农村金融服务深化与县域农村产业融合发展的耦合协调度在样本期间逐年提升，两者的不协调正在逐渐得到改善；从分区域来看，农村金融服务深化与县域农村产业融合发展耦合协调度呈现出东部示范县＞中部示范县＞西部示范县的分布格局；从收敛性来看，基尼系数、对数离差均值以及泰尔指数都表现出大致相同的下行变动趋势，这三个差异指标间的变动幅度越来越小，并逐渐呈现出收敛趋势，这充分说明示范县之间农村金融服务深化与农村产业融合发展耦合协调度的差异正在逐渐缩小。通过构建面板计量模型对耦合协调度的影响因素进行回归分析发现，县域资金流失不仅强化了二元经济结构，还扩大了城乡差距，从而制约了农村金融服务深化与县域农村产业融合的协调发展；二元经济结构改善、财政服务、投资率、城镇化以及基础设施均是提升农村金融服务深化与县域农村产业融合发展耦合协调水平的重要因素。

5. 农村金融服务深化可以显著促进县域农村产业融合发展，且这种影响存在明显的区域差异，储蓄效应、投资效应和资本配置效应是农村金融服务深化影响县域农村产业融合发展的具体路径。首先，基于示范县的全样本数据，综合运用多种方法实证检验了农村金融服务深化对县域农村产业融合发展的总体影响，结果表明，县域农村产业融合发展与农村金融服务深化呈显著正相关，即农村金融服务深化显著促进了县域农村产业融合发展；其次，将全样本划分为东部示范县、中部示范县和西部示范县，实证考察了农村金融服务深化对不同地区县域农村产业融合发展的影响差异。实证结果表明，农村金融服务深化对县域农村产业融合发展的影响存在明显的区域差异，其促进作用在东部地区最强、西部地区次之、中部地区最弱。之所以会出现这样的局面，可能是因为东部地区农村产业发展基础较好，而西部地区农村产业发展又受到西部大开发的积极影响，因此整体上要高于中部区域。最后，采用中介效应检验方法，构建依次递归模型，实证检验了农村金融服务深化对县域农村产业融合发展的传导机理。结果发现，农村金融服务深化主要通过储蓄效应、投资效应和资本配置效应三种路径促进县域农村产业融合发展，即存在农村金融服务深化→储蓄效应（或投资效应和资本配置效应）→县域农村产业融合发展的传导路径。

（三）研究的重要观点

农村金融服务深化是农村金融服务及制度不断变革创新，以最小的业务及制度成本获得最大的农村经济社会福利改进的过程。农村金融服务深化与农村产业融合发展问题的核心是要以最小的农村金融业务及制度成本，不断增强农村产业融合发展的生命力，促进农村经济高质量发展，其最终目标是促进国民经济可持续发展。农村产业融合发展是农村金融服务深化的基础，没有农村产业融合的有效发展，农村金融服务就无本原；农村金融服务深化程度制约着农村产业融合的有效发展，农村金融服务质量效率越高，农村产业融合发展质量效率就越高。

1. 县域农村经济是国民经济高质量发展的战略基础，没有县域农村经济的高质量发展，就不可能有国民经济的高质量发展；没有县域农村经济的现代化，就不可能有国民经济的现代化。

2. 县域农村产业融合发展是乡村振兴战略的根本。没有县域农村产业的有效融合发展，乡村振兴战略就无本原。必须以自然生态文化的有机配合，村居产业旅游的有效协调，科学合理规划农村产业的融合发展。

3. 农村金融服务深化与县域农村产业融合发展是长期的自然的历史过程，必须遵循自然规律、经济规律和社会规律，尊重农民农业农村发展的自主权，长期不懈地解放和释放农民农业农村的生产力。

4. 农村金融服务深化与县域农村产业融合发展要坚持效率优先、兼顾公平，最大限度地防范、化解农村金融服务与农村产业融合不协调风险，唯有如此，才能促进农村经济社会的可持续发展。

5. 农村金融服务深化与县域农村产业融合发展的核心是高素质人才。没有坚定的理想、笃定的信念，潜心农业、热爱农村、创业就业、安居乐业的高素质人才，农村产业融合的有效发展是不可能的。

6. 科技创新进步是县域农村产业融合发展的关键。要促使农村产业融合的资源资本化，资本要素化，要素市场化，没有科技的创新进步，农村产业就不可能获得高质有效融合，产业链就不可能得到持续深化。

7. 农村金融服务深化与农村产业融合发展必须立足于本地实际，因时因地制宜，以市场机制为基础，以建设"美丽村庄"为目标，高质、高效地扎实推进，切不能不顾实际地盲目蛮干。

8. 农村产业融合要获得有效发展，必须加快农村产权制度改革深化的进程。要加快土地经营制度改革，尽快制定农村家庭资产的法律法规，明确农民家庭财产的法律权利。

（四）研究的政策建议

1. 本书提出了明确农村金融服务深化促进县域农村产业融合发展的总体构想。首先，农村金融服务深化促进县域农村产业融合发展的基本指导思想在于，农村金融服务体系支持农村产业融合发展的过程必须遵循自然规律、经济规律和社会规律，因时因地推进农村产业融合发展。农村金融服务深化促进县域农村产业融合发展应坚持服务"三农"原则、市场化导向原则、差异化原则、适度开发与可持续发展原则。其次，农村金融服务深化促进县域农村产业融合发展的目标定位应着眼于通过健全农村金融组织体系为农村产业融合发展提供组织支撑，通过丰富农村金融供给形式为农村产业融合发展提供资源支撑，通过优化农村金融生态环境为农村产业融合发展提供环境支撑，通过协调农村经济与农村金融为农村产业融合发展提供动力支撑。最后，农村金融服务深化促进县域农村产业融合发展的有效途径在于，其一是围绕构建新型农业产业体系、新型农业生产体系、新型农业经营体系，为农村金融服务深化促进县域农村产业融合发展搭建平台和载体；其二是通过形成不同类型、不同规模的商业性金融组织形成覆盖不同层次和不同客户群的市场格局，优化支撑县域农村产业融合发展的商业金融服务路径；其三是通过完善现代农村政策性金融组织的功能定位、融资渠道、项目机制、监管机制，优化支撑县域农村产业融合发展的政策性金融服务路径；其四是通过推动现代农村合作金融服务体系从业务经营、产品服务、组织形式、管理方式上实现创新，优化支撑县域农村产业融合发展的合作金融服务路径；其五是从合法规范、引导转化、规模经营、多元分流等政策出发，优化支撑县域农村产业融合发展的民间金融服务路径。

2. 构建农村金融服务深化促进县域农村产业融合发展的运行机制。一是农村金融服务深化促进县域农村产业融合发展的多层市场机制。支撑县域农村产业融合发展的农村金融市场体系应包含信贷、证券、保险等多种现代金融子市场，多层级金融子市场及其市场化运转机制具有结构完整、运行高效的特点，能够有效覆盖县域农村产业融合的全链条、全过程和全领域。二是农村金融服务深化促进县域农村产业融合发展的激励约束机制，主要表现为农村金融机构的经营主体为配合县域农业产业化发展规划而向农村产业融合经营主体所提供的一系列金融激励原则和方式。三是农村金融服务深化促进县域农村产业融合发展的风险管控机制。其中，风险监测机制的有效运行需要从健全风险监测内容体系、创新风险监测方式手段、完善风险监测制度支撑等方面予以保障。风险预警机制主要围绕风险数据采集功能和风险调节传导功能展开构建。风险控制创新机制主要通过引入期货、期权、"保险+期货"等风险防控思路，化解县域农村产业融合发展中涉农龙头企业、家庭农场等主体的经营风险。四是农村金融服务深化促进县域农村产业融合发展的引导帮扶机制。一方面是环境引导机制，包括健全既有利于农村产业融合发展的产业主体，又能保护相关主体合法利益的土地流转机制，扩宽农村产业融合发展从业主体的产品销售渠道。另一方面是多方帮扶机制，包括开展结对帮扶活动以及建立健全能够支撑县域农村产业融合发展的社会化公共服务体系。

3. 创新农村金融服务深化促进县域农村产业融合发展的运行模式。一是农村金融服务深化促进县域农村产业融合发展的组织模式。农村金融服务深化促进县域农村产业融合发展的组织模式的有序运转，应着眼从动态的组织管理、完善的治理架构和多元的经营业态的有机融合出发予以保障。二是农村金融服务深化促进县域农村产业融合发展的产权模式。其中，产权特征包括产权权属清晰、产权高度可分、产权主体多元、产权交易市场化等。产权融资方式包括完善土地承包经营权抵押贷款、发展农村宅基地使用权抵押贷款等。产权支撑条件主要是完善农村金融服务机构的管理制度，使其能够在产权融资过程中发挥引领作用。三是农村金融服务深化促进县域农村产业融合发展的监管模式。农村金融服务深化促进县域农村产业融合发展的监管模式，应围绕监管思路框架的制定、银行证券保险各领域监管模式的形成及协调等方面展开。四是农村金融服务深化促进县域农村产业融合发展的模式创新。包括建立以政府、银行保险以及其他相关社会机构为核心主体的政银保多位一体模式；依靠从业主体之间的资金聚沙成塔、调剂余缺，不对外吸储放贷、不支付固定回报的主体间信用合作模式；以政府财政资金或政策性银行为主导，以商业金融资本和社会资本为补充的政策性农村产业融合发展基金等。

4. 强化农村金融服务深化促进县域农村产业融合发展的政策配套协调。一是农村金融服务深化促进县域农村产业融合发展的产业政策。产业组织政策的实施手段主要是培育农村新型产业组织，产业结构政策的实施手段主要是市场准入和退出管制，产业分布政策的实施手段主要是促进产业规划与区域发展相协调。二是农村金融服务深化促进县域农村产业融合发展的金融政策。应通过丰富农村金融信贷产品满足多元金融需求；通过创新农村金融服务模式促进新兴业态的发展；通过加强农村资本市场建设拓宽直接融资渠道；通过健全农业保险分担体系形成风险防控机制。三是农村金融服务深化促进县域农村产业融合发展的财政政策。农村金融服务深化促进县域农村产业融合发展的财政政策工具主要包括财政投资工具、税收政策工具和转移支付工具。四是农村金融服务深化促进县域农村产业融合发展的保障政策。应从加快家庭资产确权进度、完善农村社会保障体系、夯实农村基础设施建设、构筑农业公共服务网络、强化农业产业人才支撑等方面着手，做好农村金融服务深化促进县域农村产业融合发展的保障政策制定。五是农村金融服务深化促进县域农村产业融合发展的政策配套。应从政府层面、监管层面、法规层面做好相应的政策配套，使农村金融服务深化促进县域农村产业融合发展的各层面政策形成合力，助力县域农村产业融合高质量发展。

（五）研究的主要创新

1. 本书从理论架构层面较为全面地廓清了农村金融服务深化与县域农村产业融合发展之间的互动机制及作用机理。本书在借鉴农村金融学和产业经济学等一般理论的基础上，从农村产业融合发展的金融服务需求出发，系统构建了农村金融服务深化与农村产业融合发展的理论分析框架，在一定程度上深化和拓展了金融支持农村产业发展的理论研究范围。本书对农村金融服务深化、农村产业融合发展等相关概念内涵进行了科学界定；通过采用质性分析的方式具体论证了农村金融服务深化与农村产业融合发展的作用机理，借助动态博弈理论和内生增长理论构建了农村金融服务深化与农村产业融合发展的理论模型；探究了农村金融服务深化与农村产业融合发展的测度依据与方法。

2. 本书从经验证据层面明晰了农村金融服务深化与县域农村产业融合发展之间耦合协调状况、单向影响效应及其传导机制。从耦合协调、区域差异以及传导机制等视角出发，从实证层面提供了较为完整的农村金融服务深化影响县域农村产业融合发展的经验证据支撑，揭示了以往研究较少涉及的县域农村产业融合发展过程中的金融服务供给机制。本书采用耦合协调方法，测度了农村金融服务深化与县域农村产业融合发展的耦合协调度，分析了耦合协调度的区域差异及其变动趋势，实证检验了耦合协调度的影响因素；进一步实证检验了农村金融服务深化对县域农村产业融合发展的总体影响及其区域差异，并考察了农村金融服务深化影响县域农村产业融合发展的传导机制。

3. 从政策体系层面系统架构了农村金融服务深化促进县域农村产业融合高质量发展的总体构想、运行机制、模式选择及政策保障。基于实证研究的重要结论，结合当前中国县域农村产业融合发展的现状以及农村金融服务深化在支持农村产业融合发展过程中所存在的问题，本书提出了农村金融服务深化促进县域农村产业融合发展的指导思想，揭示了农村金融服务深化促进县域农村产业融合发展的运行机制，设计了农村金融服务深化促进县域农村产业融合发展的模式选择，提出了农村金融服务深化促进县域农村产业融合发展的政策建议。本书论证和揭示的重要理论观点与政策主张，可以为各级政府部门以及涉农金融机构制定支持县域农村产业融合发展的相关战略和政策措施提供一定的理论依据和思路参考。

  本书是在冉光和主持的国家社会科学基金重点招标项目"农村金融服务深化与县域农村产业融合发展研究"成果的基础上，由冉光和主撰，李晓龙、邓睿、冉希美、冉曦、张林、李敬等参与完成的。陈司谨、田庆刚、郑强、吴永求、唐滔等参加了该项目的研究。在研究过程中得到了有关各方的大力支持和帮助，作者对此表示诚挚的谢意！需要指出的是，研究中存在的缺点和错误均由作者自己负责。

冉光和

2022 年 10 月 23 日

目　录

第1章　总论 …………………………………………………（1）
　1.1　研究的问题及背景……………………………………（1）
　1.2　研究的意义与价值……………………………………（4）
　1.3　研究的目标及思路……………………………………（5）
　1.4　研究的内容与方法……………………………………（7）
　1.5　研究的资料及来源……………………………………（9）

**第2章　农村金融服务深化与农村产业融合发展的理论
　　　　基础** ……………………………………………（12）
　2.1　经典理论的借鉴………………………………………（12）
　2.2　国内外文献综述………………………………………（22）
　2.3　国外的实践经验………………………………………（36）
　2.4　小结 ……………………………………………………（42）

**第3章　农村金融服务深化与农村产业融合发展的理论
　　　　框架** ……………………………………………（43）
　3.1　农村金融服务深化与农村产业融合发展的概念界定……（43）
　3.2　农村金融服务深化与农村产业融合发展的内在机理……（46）
　3.3　农村金融服务深化与农村产业融合发展的理论模型……（54）
　3.4　农村金融服务深化与县域农村产业融合发展的评估
　　　方法 …………………………………………………（66）

1

3.5 小结 …………………………………………………………… (73)

第4章 农村金融服务深化与县域农村产业融合发展状况与问题 …………………………………………………… (74)
4.1 农村金融服务深化与县域农村产业融合发展的历程 …… (74)
4.2 农村金融服务深化与县域农村产业融合发展的状况 …… (82)
4.3 农村金融服务深化与县域农村产业融合发展的问题 ……………………………………………………………… (100)
4.4 小结 …………………………………………………………… (105)

第5章 农村金融服务深化与县域农村产业融合发展的耦合考察 ………………………………………………………… (107)
5.1 农村金融服务深化与县域农村产业融合发展耦合协调的理论分析 ……………………………………………… (107)
5.2 农村金融服务深化与县域农村产业融合发展耦合协调模型与方法 ……………………………………………… (110)
5.3 农村金融服务深化与县域农村产业融合发展耦合协调的时空特征 ……………………………………………… (113)
5.4 农村金融服务深化与县域农村产业融合发展耦合协调的影响因素 ……………………………………………… (120)
5.5 小结 …………………………………………………………… (127)

第6章 农村金融服务深化对县域农村产业融合发展的影响考察 ………………………………………………………… (129)
6.1 农村金融服务深化对县域农村产业融合发展的总体影响检验 …………………………………………………… (129)
6.2 农村金融服务深化对县域农村产业融合发展的区域影响检验 …………………………………………………… (135)

6.3 农村金融服务深化对县域农村产业融合发展的传导
机理检验 …………………………………………………（140）
6.4 小结 ……………………………………………………（147）

**第7章 农村金融服务深化促进县域农村产业融合发展的
总体构想** ………………………………………………（149）
7.1 农村金融服务深化促进县域农村产业融合发展的
基本思路 …………………………………………………（149）
7.2 农村金融服务深化促进县域农村产业融合发展的
目标定位 …………………………………………………（154）
7.3 农村金融服务深化促进县域农村产业融合发展的
有效途径 …………………………………………………（159）
7.4 小结 ……………………………………………………（169）

**第8章 农村金融服务深化促进县域农村产业融合发展的
运行机制** ………………………………………………（171）
8.1 农村金融服务深化促进县域农村产业融合发展的
多层市场机制 ……………………………………………（171）
8.2 农村金融服务深化促进县域农村产业融合发展的
激励约束机制 ……………………………………………（180）
8.3 农村金融服务深化促进县域农村产业融合发展的
风险管控机制 ……………………………………………（184）
8.4 农村金融服务深化促进县域农村产业融合发展的
引导帮扶机制 ……………………………………………（189）
8.5 小结 ……………………………………………………（191）

**第9章 农村金融服务深化促进县域农村产业融合发展的
模式选择** ………………………………………………（192）

9.1 农村金融服务深化促进县域农村产业融合发展的
组织模式 …………………………………………………（192）
9.2 农村金融服务深化促进县域农村产业融合发展的
产权模式 …………………………………………………（198）
9.3 农村金融服务深化促进县域农村产业融合发展的
监管模式 …………………………………………………（204）
9.4 农村金融服务深化促进县域农村产业融合发展的
模式创新 …………………………………………………（216）
9.5 小结 ………………………………………………………（226）

第10章 农村金融服务深化促进县域农村产业融合发展的政策框架 ……………………………………………（227）

10.1 农村金融服务深化促进县域农村产业融合发展的
产业政策 …………………………………………………（227）
10.2 农村金融服务深化促进县域农村产业融合发展的
金融政策 …………………………………………………（231）
10.3 农村金融服务深化促进县域农村产业融合发展的
财政政策 …………………………………………………（236）
10.4 农村金融服务深化促进县域农村产业融合发展的
保障政策 …………………………………………………（240）
10.5 农村金融服务深化促进县域农村产业融合发展的
政策协调 …………………………………………………（244）
10.6 小结 ………………………………………………………（248）

参考文献 ……………………………………………………………（250）

第 1 章 总论

农村金融服务深化与县域农村产业融合发展研究是长期在农村进行实际考察基础上形成的新领域的系统探索。本章作为全书的导入部分，主要介绍了研究的问题及背景、研究的目标及思路、研究的假设及方法、研究的内容及资料、研究的创新及特色，力求从总体上为研究问题勾勒出一个清晰的框架。

1.1 研究的问题及背景

郡县治，则天下安；县域富，则国家强。县域农村经济是国民经济高质量发展的战略基础，没有县域农村经济的高质量发展，就不可能有国民经济的高质量发展；没有县域农村经济的现代化，就不可能有国民经济的现代化。在新形势下推进农村产业融合是振兴县域农村经济的必然选择。当前，我国县域农村产业化发展已取得了显著成效，但在向产业融合发展的过程中仍面临不少的问题，尤其是农村金融服务低效及机制缺陷已严重制约县域农村产业融合发展。只有依赖于农村金融服务深化确立资金形成机制和资金导向机制，将更多的分散资金集中配置到发展潜力更大、前景更好的产业融合部门，才能够有效促进县域农村产业融合发展。相反，如果农村金融服务深化与县域农村产业融合无法实现协调发展，农村金融服务体系水平的整体提升和县域农村产业融合高质量发展目标就无法实现。针对农村金融服务深化与县域农村产业融合发展这一命题展开研究，不仅对于应对农村经济社会衰退、推动乡村产业振兴向纵深发展，而且对于健全城乡融合发展机制、激发农业农村可持续发展活力具有重要的理论与实践价值。

自改革开放以来，我国县域经济发展步伐加快，发展形势也在不断发生变化。20世纪80年代，以乡镇工业为代表的乡村工业，极大地解放了县域经济自身的活力，县域产业的布局表现为家家点火、户户冒烟的"散、乱、小"模式；到了90年代，以园区工业为主的县域块状经济的形成促进了经济强县的迅速崛起，县域产业也由分散式布局向工业园区化、农业基地化以及城镇集中化的方向发展；迈入21世纪，县域经济形成了新型城市化与新型工业化的互促共进式发展模式，发达地区的县域经济逐步融入都市圈或城市群，并演变为区域网状经济；近年来，我国逐步进入经济发展新常态，在此背景下，县域经济发展的速度有所下降，且县域经济在国民经济中所占的比重也明显下降。与此同时，我国城市化进程加速、城市化质量不断提高，加速了农村劳动力向城市的转移，并且县域内工业发展所需资源也愈发稀少，这些因素共同造成了县域经济发展的资源瓶颈，且很难突破。乡村振兴的关键就是县域经济的发展，我国经济想要进一步发展，就必须依赖县域经济的转型。因此在经济新常态背景下，如何推动县域经济转型发展，尤其是县域农村经济的振兴引起社会的高度关注。

面对县域农村产业结构发展不协调以及农业成本攀升、生态恶化、资源紧张等的严峻挑战，近年来中央农村工作会议和一号文件着重提出把产业链、价值链等产业组织方式引入农业，促进农村一二三产业融合发展，这不仅有利于吸引现代要素改造传统农业，有利于拓展农业功能培育农村新的增长点，而且有利于促进产业链增值收益更多地留在产地、留给农民，是现阶段解决"三农"问题的重要环节。农村产业融合发展已成为县域农村经济振兴的必然选择。从微观层面来看，农村产业融合发展是提升农民经济地位、增强涉农企业的市场竞争力和满足人民日益增长的美好生活需要的必然选择。县域农村产业融合通过延长农业产业链、深挖农业附加值、发展农业生态文化产品，可以改变农民在农业产业价值链中的末端地位，使其获得农产品加工和流通中的价值增值；促进农业生产企业扩大规模、提升生产能力和市场竞争力；同时还能够满足广大人民群众对美丽乡村的要求。从中观层面来看，农村产业融合是提升产业竞争力、推动区域经济发展的必由之路。县域产业融合将第一产业至第三产业整个链条连接了起来，通过释放农业潜力，标准化加工生产，普及专业信息和市场服务，使得产业融合贯穿于整个产品的生产过程，以此提高县域产业的市场竞争力。同时，县域产业融合发展也推动了产城（镇）融合，加快了人才和产业的集聚，引导资源向涉农部门流动和优化配置，极大地促进了城乡一体化建设与区域经济协调发展。从宏观层面来看，农村产业融合是县域社会转型发展的重要支撑。只有促进县域农村产业融合发展，保护好农民农业农村，加强基础设施建设，稳定城乡公共物品供给，才能更好地促进经济社会协调、全面、可持续发展。农村产业融合发展贯通产业价值链的重要环节，重构跨行业间的产业链、价值链，以市场需求为导向，优化产业结构，转变经济发展方式，改造传统农业、传统工业，这样才能更快地促进县域经济的社会转型升级。

然而，农村金融约束正成为制约我国县域农村产业融合发展的关键因素。近年来尽管国家高度重视农村金融在"三农"中的核心作用，采取了一系列发展农村金融的措施，使得农村金融改革不断深化，农村金融创新发展不断加速，农村金融服务体系不断健全，农村金融服务能力显著增强，农村金融生态环境不断改善。农村金融的发展对于解决"三农"问题起到了至关重要的作用。但当前我国农村金融服务无论是机构数量和融资水平，还是服务质量与制度环境均严重滞后，尤其是作为农村金融制度重要组成部分的农村产业化融资体系尚未完全建立，致使农业企业、农民合作社等农村产业融合主体的直接融资渠道狭窄，风险损失补偿不足，农村金融服务体系难以满足产业融合主体最基本的生产经营需求，金融服务供求矛盾突出，产业融合主体融资难融资贵的问题非常普遍，从而极大地制约了县域农村产业融合发展的进程。

针对此，近年来农业部与中国农业银行联合印发《关于金融支持农村一二三产业融合发展试点示范项目的通知》（农办加〔2016〕15号），中国农业银行发布《关于做好农村一二三产业融合发展金融服务的意见》（农银发〔2016〕31号），中国农业发展银行办公室和农业部办公厅近日联合印发《关于政策性金融支持农村一二三产业融合发展的通知》（农办加〔2017〕13号），为新形势下农村三产融合提供了一定的政策利好。但由于县域农村三产融合在我国无论是理论研究还是实践探索均处在起步阶段，以上政策支持仅从宏观层面明确了金融服务农村产业融合的基本导向，学术界尚缺乏对金融服务支持县域农村产业融合的内在机制、发展模式、主要障碍、阶段演进及体系构建的系统深入探索。金融是现代经济的核心，金融支持是农村产业融合持续、快速发展的重要保障。针对目前县域农村产业融合发展过程中所存在的金融服务不足问题，本书拟从农村金融服务深化视角回答如何促进县域农村产业融合发展。具体研究问题有：农村金融服务深化与县域农村产业融合发展的耦合协调关系如何？具体的协调程度怎样？影响两者协调性的重要因素有哪些？农村金融服务深化对县域农村产业融合发展有何影响？这种影响是否存在区域差异？农村金融服务深化通过何种途径影响县域农村产业融合发展？只有及时回应这些理论和实践问题，才能把握作为农村金融服务在县域农村产业融合发展过程中的运行机理与规律，进而为农村金融服务深化促进县域农村产业融合发展提供理论指导和经验证据。

1.2 研究的意义与价值

基于上述背景，系统深入地研究农村金融服务深化与县域农村产业融合发展的关系问题，对于丰富金融支持农村产业发展的理论体系、完善各级政府农村产业融合发展的政策设计思路均具有重要的理论价值与现实意义。

（1）从理论角度来看，在详细总结和归纳前人有关农村金融服务和产业融合理论的基础上，紧密结合当前我国县域农村经济发展的实际状况，提出农村金融服务深化与县域农村产业融合发展的相关论题，并对农村金融服务深化与县域农村产业融合发展的状况、存在的问题、形成原因及影响等进行系统深入的研究，这不仅可以丰富现有关于金融支持农村产业发展的文献，同时有利于完善县域经济乃至区域经济学的理论框架，此外，还能够为农村金融服务深化有效推动县域农村产业融合发展提供理论依据。

（2）从实践角度来看，在整体解剖县域农村产业融合发展及金融服务支持现状的基础上，通过实证分析农村金融服务深化与县域农村产业融合发展的协调性及成因、农村金融服务深化对县域农村产业融合发展的影响及传导机制，探究农村金融服务深化促进县域农村产业融合发展的总体构想、长效机制、模式选择及对策措施，这不仅能为政府决策部门制定促进县域农村产业融合发展的相关战略提供理论指导和政策依据，也能为促进县域经济转型发展和城乡经济协调发展提供经验参考。

1.3 研究的目标及思路

研究的总体目标是运用科学的理论和方法，结合实际对农村金融服务深化与县域农村产业融合发展之间存在的问题、形成的原因、产生的影响、有效的协调机制和政策建议等进行系统深入探讨，为农村金融服务深化促进县域农村产业融合发展提供理论和经验参考。为实现这一总体目标，需要达成以下具体目标：（1）系统回顾和借鉴经典的基础理论，整理和总结国内外相关问题的已有研究成果，科学界定农村金融服务深化、县域农村产业融合发展等相关概念，分析农村金融服务深化与县域农村产业融合发展的内在机理，构建农村金融服务深化与县域农村产业融合发展的理论框架。（2）从历史演进视角探究农村金融服务深化与县域农村产业融合发展的历程，剖析农村金融服务深化与县域农村产业融合发展的状况及问题。（3）运用系统耦合协调度模型实证探究农村金融服务深化与县域农村产业融合发展的不协调问题，并分析其不协调产生的原因；运用计量回归模型检验农村金融服务深化对县域农村产业融合发展的总体影响和区域异质性，并考察传导机制。（4）科学合理地设计农村金融服务深化促进县域农村产业融合发展的总体目标、运行机制及模式创新，并提出农村金融服务深化促进县域农村产业融合发展的政策建议。

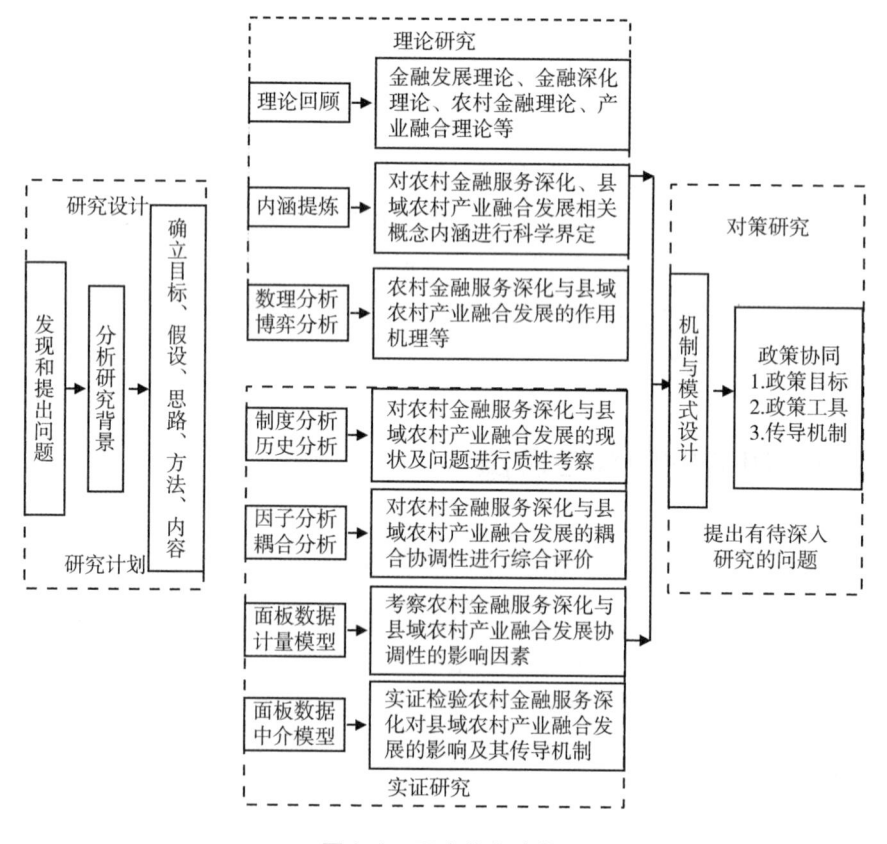

图 1.1 研究技术路线

本书采用问题导向型研究方法，主要研究农村金融服务深化与县域农村产业融合发展的状况及问题、原因及影响，以及提出农村金融服务深化促进县域农村产业融合发展的机制模式设计和政策建议。本书基本的研究思路为：在回顾和借鉴金融深化理论、农村金融理论、产业融合理论的基础上，全面总结国内外有关农村金融服务支持县域农村产业融合发展方面的文献成果，探究国外农村金融服务支持农村产业融合发展的成功经验，明确界定农村金融服务深化、县域农村产业融合发展等的相关概念，剖析农村金融服务深化与县域农村产业融合发展的作用机理；进而以此为基础，分析我国农村金融服务支持县域农村产业融合发展的历程、现状、不协调问题及原因，并实证考察农村金融服务支持县域农村产业融合发展不协调问题，以及农村金融服务深化对县域农村产业融合发展的影响；最后设计农村金融服务深化促进县域农村产业融合发展的机制模式，提出农村金融服务深化促进县域农村产业融合发展的政策建议。本书在研究过程中力求将定性与定量分析有效结合起来，并充分结合我国县域农村产业融合发展实际提出满足其需求的金融服务政策建议。本书将严格遵循"理论—实证—政策"的应用经济学研究的一般过程，具体的研究技术路线可以概括为图1.1。

1.4 研究的内容与方法

农村金融服务深化与县域农村产业融合发展研究作为基于理论与实证的研究，其内容在结构上主要包括绪论、理论研究、实证研究和对策研究四个部分。具体内容如下：

绪论部分为第1章，即总论，主要阐释研究的问题及背景、研究的意义与价值、研究的目标及思路、研究的内容及方法、研究的资料及来源。

理论研究部分包括第2章和第3章。第2章归纳和总结农村金融服务深化与县域农村产业融合发展的理论基础、国内外文献资料和国外先进实践经验，主要借鉴现代金融发展理论、农村金融发展理论、产业经济理论，且着重介绍美国、法国、日本三个发达国家的实践经验。第3章构建了农村金融服务深化与县域农村产业融合发展的理论框架，包括界定农村金融服务深化、县域农村产业融合发展等概念，并分析农村金融服务深化与县域农村产业融合发展的内在机理，构建农村金融服务深化与县域农村产业融合发展的理论模型。

实证研究部分包括第4、5、6章。第4章介绍我国农村金融服务深化与县域农村产业融合发展的历程、现状以及农村金融服务深化与县域农村产业融合发展所面临的不协调问题。第5章在相关数据基础上，利用系统耦合协调度模型实证研究农村金融服务深化与县域农村产业融合发展的不协调程度及其成因。第6章实证考察农村金融服务深化对县域农村产业融合发展的总体影响、区域差异及其传导机制。

对策研究部分主要为第7、8、9、10章。第7章提出农村金融服务深化促进县域农村产业融合发展的总体构想，第8章揭示农村金融服务深化促进县域农村产业融合发展的运行机制，第9章设计农村金融服务深化促进县域农村产业融合发展的模式选择，第10章提出农村金融服务深化促进县域农村产业融合发展的政策框架。

本书在研究过程中坚持定性分析与定量分析相结合、规范分析与实证分析相结合，运用数理经济学的模型推演、计量经济学中的回归分析等研究方法，对农村金融服务深化与县域农村产业融合发展的关系进行系统的理论刻画与实证分析。

（1）文献研究方法。根据实际研究需要，首先对国内外相关文献资料进行了广泛搜集、筛选和整理，全面系统地梳理了相关的理论借鉴、归纳和评述了国内外相关问题的研究文献，总结发达国家实体经济发展的成功经验及其对中国的启示，力求掌握本书相关问题的基本理论和研究动态。

（2）数理模型推导法。本书第3章第3节在一系列假定条件下，利用数理模型推导法，从信贷配给、信用担保配给两个方面构建了农村产业融合发展融资困境的理论模型，并结合 AK 模型和金融深化理论，构建了农村金融服务深化作用于农村产业融合发展的理论模型。

（3）综合指数测度法。本书第 3 章第 4 节首先从金融机构渗透性、金融服务可得性和服务使用效用性三个维度构建了县域农村金融服务深化程度综合评价体系，从延伸农业产业链、发挥农业多功能性、带动农业服务业融合发展、产业融合经济效益、产业融合社会效益等方面设计了县域农村产业融合发展水平综合评价体系，然后分别计算了两者的综合指数。

（4）描述性统计分析方法。本书第 4 章采用描述性统计分析方法，利用全国时间序列数据和县域面板数据，分析了我国农村金融服务深化与县域农村产业融合发展的现状、特征、趋势及区域差异，以及农村金融服务深化与县域农村产业融合发展的问题。

（5）计量模型研究方法。在第 5—6 章中，笔者基于我国 134 个农村产业融合发展示范县数据，构建耦合协调模型、静态面板模型和动态面板模型，采用计量分析方法，借助 Stata 16.0、Matlab 2017b、SPSS 等数据处理软件，实证研究了农村金融服务深化与县域农村产业融合发展的耦合协调关系以及农村金融服务深化对县域农村产业融合发展的影响效应。

（6）定性与定量结合法。本书中的定性研究主要体现在第 4 章对农村金融服务深化与县域农村产业融合发展历程和面临问题的阐述，第 7—10 章对农村金融服务深化促进县域农村产业融合发展的目标、机制、模式以及政策的构建方面；定量研究主要体现在第 4 章对农村金融服务深化与县域农村产业融合发展现状的描述，第 5—6 章对农村金融服务深化与县域农村产业融合发展关系的实证考察方面。

1.5 研究的资料及来源

本书所借鉴的理论资料主要来自于相关的经典论著和国内外经典

教材，如西奥多·舒尔茨的《经济增长与农业》（郭熙保译注）、吴敬琏的《当代中国经济改革教程》、宗锦耀的《农村一二三产业融合发展理论与实践》、王曙光的《农村金融学》、藤田昌久等的《空间经济学：城市、区域与国际贸易》（梁琦主译）等，以及国内外权威性学术期刊，如 *American Journal of Agricultural Economics*、*Journal of Finance*、*Econometrica*、《经济研究》《管理世界》《金融研究》《中国农村经济》等。考虑到县域统计数据的可获取性，本书将样本区间确定为2011—2018年，研究对象为中国134个农村产业融合发展示范县（见表1.1）。本书所采用的宏观数据资料主要来源于历年的《中国县域统计年鉴》、各省市县统计年鉴和县域国民经济与社会发展统计公报，以及EPS数据平台（中国区域经济数据库、县市统计数据库）、Wind资讯数据库和国家统计局等权威数据网站。笔者在研究中将根据具体问题而对相关数据进行必要的转换、折算等处理，凡是本书所借鉴或引用的数据、报刊文献和文献资料都在脚注或参考文献中逐一予以列出。有的资料来源于课题组的实际调查。

表1.1　研究样本所包含的农村产业融合发展示范县名单

省、市、区	示范县	省、市、区	示范县
北京	房山区、大兴区	湖北	夷陵区、东西湖区、宜城市、钟祥市、罗田县
天津	武清区、宝坻区、蓟州区	湖南	宁乡县、祁东县、汉寿县、大祥区、沅陵县
河北	灵寿县、乐亭县、威县、围场满族蒙古族自治县、饶阳县	广东	电白区、德庆县、海丰县、清新区、新兴县
山西	盐湖区、太谷县、石楼县	广西	宾阳县、恭城瑶族自治县、灵山县、田东县、富川瑶族自治县
内蒙古	和林格尔县、宁城县、阿荣旗、五原县	海南	琼海市、屯昌县、澄迈县

第1章 总论

续表

省、市、区	示范县	省、市、区	示范县
辽宁	新民市、黑山县、阜新蒙古族自治县、大洼区、瓦房店	重庆	江津区、忠县、黔江区
吉林	农安县、公主岭市、靖宇县、延吉市	四川	蒲江县、崇州市、米易县、合江县、苍溪县、西充县、名山区、内江市中区
黑龙江	双城区、甘南县、讷河市、杜尔伯特蒙古族自治县、宁安市、肇东市	贵州	平坝区、兴义市、麻江县、都匀市
上海	金山区、崇明县	云南	陆良县、澄江县、腾冲市、弥勒市、祥云县
江苏	宜兴市、新沂市、如皋市、句容市、沭阳县	西藏	城关区、桑珠孜区、乃东县、米林县
浙江	余杭区、德清县、安吉县、武义县、仙居县、宁波江北区	陕西	蓝田县、大荔县、榆阳区
安徽	谯城区、庐江县、宣州区、临泉县	甘肃	靖远县、甘州区、安定区、康县
福建	连江县、建宁县、建瓯市、漳平市、同安区	青海	大通回族土族自治县、海晏县、河南蒙古族自治县
江西	泰和县、万载县、南丰县	宁夏	泾源县、中宁县、沙坡头区
山东	平度市、龙口市、诸城市、安丘市、新泰市、荣成市	新疆	呼图壁县、和静县、拜城县、昭苏县
河南	汝州市、浚县、温县、新野县、商城县、固始县、新蔡县		

说明：名单来源于国家发展改革委办公厅印发的《关于进一步做好农村一二三产业融合发展试点示范工作的通知》（发改办农经〔2016〕2869号）。限于数据的可获取性，研究样本不包括新疆建设兵团的三个示范县。

第 2 章　农村金融服务深化与农村产业融合发展的理论基础

本章将借鉴国外先进的实践经验和前人的理论研究成果，系统地研究农村金融服务深化、县域农村产业融合发展及二者间的相互关系及影响。本章将系统地对所涉及的产业经济学理论、农村金融理论、现代金融发展理论进行提炼与整合，搜集、分类、整理和总结国内外相关研究成果，并进一步分析发达国家的实践经验对我国农村金融服务与农村产业融合发展的经验借鉴。本章的理论与实践借鉴将为后续进行实证分析和理论创新奠定重要基础。

2.1　经典理论的借鉴

2.1.1　现代金融发展理论

金融结构理论侧重研究金融与经济之间的关系，在此研究过程中金融结构理论也逐步完善并成形，并为现代金融的系统发展奠定了坚实的理论基础。在金融交易方面，发展中国家制定了较为严格的制度，以控制利率和汇率的大幅度波动变化，金融抑制与金融深化理论由此诞生。该理论主张金融自由化，特别强调发挥市场机制对金融资源进行合理配置的作用，并对如何建立健全金融市场制度进行了系统、全面的解释。但是，鉴于金融自由化所带来的市场混乱等诸多弊端，学者强调政府应当对金融市场进行适度监管，在此背景下产生了金融约束理论。该理论主张政府应该以间接管理方式进行金融市场管控。至此，现代金融发展形成了一套系统的理论，为金融市场的运作提供了重要的理论指导。

（1）金融结构理论

20世纪50年代，Gurley和Shaw（1955）首次在其所撰写的两篇论文《金融中介机构与储蓄——投资过程》和《经济发展中的金融方面》中将金融总结为促进经济发展的因素之一。在1960年出版的《金融理论的货币》中，他们更详细地解释了金融与经济之间的联系，将金融工具、金融部门、贷款途径、组织机构等方面的内容均列入该理论当中。基于，金融结构理论得以完善，Goldsmith（1969）在《金融结构与金融发展》中对金融结构理论进行了详细阐述。基于金融结构理论，金融结构的含义有了更加明确的解释，此理论界定了金融结构及金融工具的存在方式及其呈现出来的规模，它强调任何国家的金融结构均是一个不断完善的动态过程。究其关键，金融结构理论在更深层次上明确了金融体系的规划以及制度建设，并强调一个国家的金融运作机制与金融运行效率会影响金融发展走向。

（2）金融抑制和金融深化理论

Mckinnon（1973）在《经济发展中的货币和资本》中详细阐述了金融抑制理论，而Shaw（1973）在《经济发展与金融深化》中对金融深化理论进行了全新的解释，构建了较为完备的金融深化理论，并将研究重点聚焦在发展中国家的金融抑制现象上。Shaw（1973）指出，金融抑制对经济发展存在限制作用，不利于金融体系发展与完善。金融抑制主要表现为金融市场上的价格管制，从而引发资本市场与货币市场的资金流通受阻，投资与社会储蓄降低，经济缺乏发展活力。由于金融体系与经济发展两者间具有相互影响、相互制约的作用，金融深化理论还在一定程度上指出，只有持续促进金融深化，才能更好地发挥出金融在经济发展中的作用。此外，金融深化理论指出，社会储蓄的不断提升会刺激市场主体的金融服务需求，依托于完备的金融体制，社会储蓄更容易转化为社会投资，从而使经济处于良性循环之中。金融抑制的核心是利率管制，而金融深化的关键在于消除利率管制，不断优化金融结构与金融服务工具，实现金融规模的逐步扩大。基于此，加尔比斯（1977）、卡弗莱（1980）等学者丰富和发展了金融深化理论，强调取消利率管制以实现利率自由化的重要性，使得金融深化理论的适用范围变得更宽。

（3）金融约束理论

考虑到20世纪末期部分国家未采取金融自由化政策，因此躲过了金融危机对国家经济的冲击。Hellman等（1997）在《金融约束：一个新的分析框架》中构建了金融约束理论框架。根据该理论的主要内容，金融抑制以及金融深化理论存在着一些不足之处，所构想出的诸多政策与主张相对激进。从发展中国家或者正处于转型期的经济体角度来看，更加符合实际情况的政策选择是金融约束，而并非金融自由化。所谓"金融约束"指的是政府颁布众多金融政策，帮助相应部门如生产与金融部门等创造出更多的租金机遇。这里所主张的租金并非如经济学家所普遍认为的那样，来自无供给弹性状态下生产要素的收入，实际上是超过竞争性市场所产生的系列收入。金融约束理论的核心内涵是提倡政府应当将金融发展放到重要的位置上，而不应让金融发展太过落后，使得与经济增长不相匹配。此理论还主张政府有必要借助宏观调控来适当干预金融，因为在现实经济发展中，发展中国家的金融市场不可能是一个完全竞争市场，由于存在信息不对称、代理行为以及道德风险等因素，市场很难合理有效地配置资金资源，即存在市场失效，因此仅仅依靠市场机制是很难培育出社会所需要的金融市场的，这就需要政府通过适当的干预来矫正，这就是"金融约束"。金融约束理论还系统论述了为什么金融市场会存在市场失灵的现象，建议政府按照科学合理的原则将监管制度与标准确定下来，实施间接性的控制机制。金融约束理论的中心思想在于进一步确定了政府适当干预的地位。颁布相适应的政策可以有效地对金融市场价格进行调节，最大限度地激发市场主体的活力。

2.1.2 农村金融发展理论

农村金融发展理论派生于现代金融发展理论,农村金融发展理论的重要构成部分为农业信贷补贴理论、农村金融市场理论、不完全竞争市场理论等。此外,还包括农村金融发展评价标准理论和农村金融发展模式理论。该理论鼓励、支持发展农村的民间金融,并主张政府应当持续加强在农村金融市场上的支持、监管以及宏观调控职能。同时,该理论将农村金融市场主体的自我维系和对经济发展的贡献作为农村金融发展的评价标准。农村金融发展模式的选择应当具体情况具体分析,在不同时期应选择最恰当的农村金融发展模式。

(1) 农业信贷补贴理论

20世纪80年代之前,农村金融理论界的主流学术理论为农业信贷补贴理论,该理论基于金融抑制理论,其适用范围为众多的发展中国家所显现出来的农村金融问题。该理论认为农业产业的弱质性以及农村居民和贫困阶层较弱的储蓄能力,使得商业银行很难将其纳入信贷范围,导致农村资金供给严重不足。为了摆脱农村金融的发展困境,只有从农村外围寻求相关的政策性资金,依托非营利性的金融服务工具与金融机构配置资金。农业信贷补贴理论指出,尽管农村可以从非正规金融筹得借款,但该金融组织的利率颇高,这会让原本生活困难的农户雪上加霜,从而不利于农业生产的可持续发展。为此,该理论强调农业融资利率应当低于其他行业,以缩小农业同其他行业之间所存在的收入鸿沟。除此之外,政府还可以借助贴息贷款、专项贷款等支持政策来切实有效地减少农业融资成本,并充分发挥宏观调控作用,推动农业稳步发展。此外,政府还应大力监管并保护与农业密切相关的金融机构,因为它们体现出高风险以及高成本的特点。然而,随着市场化的推进,该理论逐渐暴露出信贷配给不均衡、金融机构缺乏活力、道德风险频发等缺陷。

(2) 农村金融市场理论

20世纪80年代后期,针对农业信贷补贴理论的诸多不足与缺陷,农村金融市场理论对其进行了优化与弥补，在实践中该理论逐渐成为主流学术理论，并取代了农业信贷补贴理论。相比于农业信贷补贴理论，农村金融市场理论更强调市场机制的作用。农村金融市场理论指出，即使是农村中的贫困阶层等生产主体也具有较强的储蓄潜力，农村市场的资金来源十分广泛，低利率政策使得农民不愿意将钱存入银行，不利于激发市场活力，在一定程度上限制了农村的金融市场发展，进而限制了农村经济的发展。考虑到高风险成本，农村地区高息民间金融的存在具有合理性，农村居民在当地储蓄也是至关重要的。确定利率应当借助市场机制而非通过行政手段，实际储蓄的利率也不能变成负值，所以需要正规金融与民间金融两种市场相辅相成，共同建构出完备的农村金融市场。

（3）不完全竞争市场理论

20世纪90年代以后，亚洲金融危机充分体现出了市场机制存在着失灵的现象。而形成于金融约束理论的不完全竞争市场理论被广泛地应用到农村金融领域。在不完全竞争市场理论的影响之下，发展中国家的农村金融市场借贷双方之间的信息不对称问题日益凸显，仅依靠市场机制不可能建立起满足社会发展需要的金融市场。为了更好地解决市场失灵问题，政府职能下的宏观调控势在必行。根据不完全竞争市场理论，发展金融市场的核心关键点在于宏观经济能够维持稳定的状态，通货膨胀率较低则是其中的目标之一。在金融市场还未发展到相应的高度时，利率自由化不得完全付诸实施。应采取一系列的政策措施，使实际存款利率的符号为正，最大限度地抑制各种利率的野蛮生长，应采取限制新参与者等保护措施，促进金融机构的发展。鼓励政策性金融在不损害银行最基本利润的范围内，面向特定部门开展低息融资，采用担保融资、使用权担保以及互助储金会等方式将有效改善信息的非对称性。多措并举、加强合作可以在一定程度上弥补农村金融市场上由于信息不对称而导致的低贷款回收率，政府的相关职能部门应当果断采取介入措施来改进当前民间金融市场效率低下的不足。

(4) 农村金融发展评价标准理论

Yaron 等学者（1997）将研究重心集中在发展中国家农村金融机构与市场上。学者从农村金融领域的服务范围层面，认为其中的自主性以及可持续性是评判金融发展的两项重要指标。农村金融对于经济发展的贡献程度主要借助经济的增长与公平这两项评判尺度。自主性以及可持续性主要借助以下要素来评判：农村金融机构调动储蓄的能力、盈利能力、补贴依赖性、资金回报率等。基于该标准理论，由于农村金融机构效率低下，因此应当从其所服务的范围以及自我维系来判断农村金融机构的效益。其中，衡量金融服务广度的具体指标取决于农村金融机构服务的多元化以及客户的类型。从自我维系角度来分析，当农村金融机构的营业收入等于或者高于支出时，就能够达到自我维系的程度。

(5) 农村金融发展模式理论

美国耶鲁大学经济学家 Patrick 对发展中国家金融支持农业和农村经济发展提出两种模式。其一，需求领先的金融模型，它在更深层次上强调用金融需求指导金融发展。其二，供应主导型金融模型，它在更深层次上强调金融供应在促进经济增长中的重要作用。Patrick 指出，发展中国家的农业发展模式应在不同时间匹配不同的模式，有必要在早期增长阶段实施以供应为导向的金融模式，在经济进一步发展之后，金融需求所存在的不足将会体现出来，这时则有必要转向以需求为导向的金融模式。根据此种金融模式，政府应放松原来的高压管制，更好地发挥市场配置资源的决定性作用。

2.1.3 产业经济基本理论

(1) 产业链理论

伴随着技术以及生产的飞跃式发展，诸多相关联的生产环节共同组成了生产过程。由于分工同贸易之间的关系相对复杂，分工同贸易如何更紧密结合是一个难以解决的问题。而企业的组织结构与分工发展程度成正比关系，所以，企业需要寻找相适应的组织结构以节省交易成本，在更深层次上优化分工潜力，使其远远超过生产潜力。这样呈现出来的关联才能让企业更好地应对越来越复杂的分工与贸易活动。此外，寻找最佳组织结构的动机与大量的实践活动在一定程度上构成了相应的产业链，产业链术语归属于产业经济学，它以各个产业部门之间所存在的技术与经济关联性为基础。产业链是一个具有四维度的概念：空间、价值、供需、企业，这四个维度在相互对接均衡的过程中构成了产业链。此种类型的"对接机制"在一定意义上构建出了产业链的结构。作为客观法则，它像"看不见的手"一样规范着产业链的形成。

之所以会形成产业链，其根本是因为能够更好地实现产业的价值以及增值。所有的产品均只会通过最终消费来得到满足，任意中间产品均没有办法实现生产。与此同时，产业链也在一定意义上分割了产业的价值。在产业链持续发展的情况下，产业价值从原来的部门分割模式转换成为节点分割模式，其意义在于充分实现最大的产业价值，这在一定程度上体现出了"1+1>2"的再增值效应。这种升值从一般意义上而言指的是产业链中的乘数效应，如果在产业链一个节点上收入发生变化，则产业链中其他相关产业也会实现收入的变化。产业链在一定程度上创造价值的内在需求，就是要使生产效率高于协同乘数效应，并且交易成本需要小于或等于分工网络效应。从本质属性的角度而言，产业链是用来阐释具有一定内部联系的企业集团结构。它属于宏观性质的概念，具有两个维度：结构、价值。围绕产业链实际上拥有海量的上下游关系以及共同价值的交换。上游链路将产品或服务传输到下游链路，而下游链路将信息反馈给上游链路。本书研究的农村产业融合发展就是借助延长农业产业链来降低交易成本，科学合理地提升生产效率，在更深层次上提高农村产业的经营利润。

（2）产业结构理论

产业结构理论的主要研究对象为产业间的经济联系与技术关联方

式，从内涵界定上产业结构既可以是产业内部组织中各部门的关联性（常被称为"产业组织理论"），又可以是不同产业间的关联性，这种界定主要源于日本。不同于此种说法的解释是将产业的地区异质性分布也算在产业结构内涵中。所以广义上的产业结构理论是涵盖产业组织理论的，而狭义的产业结构理论主要研究产业间的关联性结构。具体而言，产业间的关联结构主要表现为以下状态：一是侧重探究各产业间占比的变动情况，将其归纳为产业发展形态理论；二是侧重探究各产业间的投入与产出比例变化与联系，将其归纳为投入—产出理论。李斯特在《政治经济学的国民体系》（1984年）中首次对产业结构阶段理论进行了阐述，并依据该理论将国家经济发展历程划分为五个阶段：第一阶段为未开化的原始期，第二阶段为以游牧为主的畜牧期，第三阶段为以耕种为主的农业生产期，第四阶段为农产品加工的农工业期，第五阶段为农业商业期。李斯特还强调提升工商业发展与生产力的重要因素包括劳动力素质、国家政治环境、民族文化精神及技术发展等。此外，还要充分发挥国家的宏观调控职能，关注小规模产业发展等。李斯特的相关学术思想与理论基础为日韩国家政策实施以及后期产业经济学理论的发展奠定了基础。

综观产业结构理论，其中最为著名的是配第—克拉克定理。该理论深刻研究了经济发展过程中产业结构变化的基本规律。威廉·配第在17世纪的《政治算术》中阐释了制造业相比于农业更容易赚取收入，而商业比制造业更容易获取高收入。他对不同行业所产生收入的差异性描述，表明行业之间收入差异存在着一定的规律。克拉克基于三次产业的分类模式，详细阐释了劳动力在不同产业之间的迁移规律。库兹涅茨根据三部门的组成进行了充分的时间序列分析以及横截面分析，他总结如下：世界上大部分国家的第一产业所带来的相对收入小于1，但是第二产业与第三产业所带来的相对收入均大于1。在时间序列分析层面上，国民收入的下降率大于劳动力的下降率，农业劳动率的不断下滑是大势所趋，并且随着农业劳动力相对权重的降低，农业所占GDP的总体比重也会不断下滑，这是国家发展到一定阶段不可避免的现象。而第二产业中的国民收入比重逐步提升属于经济发展过程中的普遍现象，不同国家之间的工业化能力存在较大的差异性，劳动力的相对比重并没有出现较大幅度的提升，甚至没有发生明显变化，所以相对国民收入是不断提高的。这说明工业化在发展到一定阶段后，尽管第二产业不再能够解决大量劳动力就业问题，但是第二产业对一国经济发展具有重大作用。从时间序列层面分析可知，虽然第三产业的增长势头有下降趋势，但是劳动力的相对比重却在不断增加。这表明第三产业的劳动力吸收特征依旧表现得十分强势，然而在劳动生产率上并未得到迅速提升。

（3）产业融合理论

产业融合是一个动态的发展过程，是不同产业或同一产业之间相互融合、渗透、交汇的过程，最终融合为一个新产业。世界经济正在形成一个大熔炉，前沿科学技术也正呈现出飞跃式的发展，产业融合在一定程度上成为提升产业核心竞争力的重要模式。技术创新是产业融合的内生动力，能够对过时的相关技术、工艺和产品进行更新，逐渐渗透进其他产业当中去，在更深层次上改变原始工业产品和服务的技术路线，源源不断地促进产业间融合。与此同时，技术创新在一定程度上将原本的市场需求特征加以改变，创造出新的市场需求，为产业融合提供了更加广阔的市场空间。多元化的竞争压力以及对规模经济的追求大大推进了产业融合的过程。在波诡云谲的市场竞争环境中，公司如何寻求不断发展与提升竞争力，其关键在于持续地进行技术创新以更好地满足不同客户的需求，维持竞争优势以求得最大化利润。

当技术研发与创新提供了满足需求的多种途径时，为了使企业能够在波诡云谲的市场竞争中获取长远优势，在竞争中协同合作是必不可少的。放松管制可以将具有外部条件的行业融合在一起，不同行业之间的壁垒是不同行业必然存在的界限。根据美国学者 George Stigler

(1984)的研究，新公司想要加入行业所碰到的壁垒相较于旧公司的成本要高，世界上不同国家政府存在的宏观调控政策是造成这种壁垒的重要原因。进一步放松管制会致使其他产业的相关业务也渗透到行业竞争中。产业一体化能够在一定程度上推动新兴产业与经济新增长点的显现，而借助农村产业相互融合，各种新兴的农村产业业态应运而生，例如采摘、休闲旅游、工业农业等，在一定程度上实现了生产与销售一站式服务，充分解决了农村就业问题，拓展了农村地区的产业价值链，实现农村产业价值的提升。

(4) 产业组织理论

产业组织理论是研究市场在不完全竞争条件下的企业行为和市场构造的微观经济学理论。产业组织理论的研究对象就是产业组织。产业组织理论主要是为了解决所谓的"马歇尔冲突"难题，即产业内企业的规模经济效应与企业之间竞争活力的冲突。产业组织理论基本内容是研究企业之间的交易关系、资源占有关系、利益关系和行为关系等，这些关系的变化与发展不仅影响企业本身的生存与发展，而且影响产业的生存和发展，也涉及该产业对国民经济发展的影响。传统的产业组织理论认为，市场结构是决定市场行为和市场绩效的基础，市场行为取决于市场结构，而市场行为又决定着市场绩效，市场绩效受市场结构和市场行为的共同制约，是反映产业资源配置优劣的最终评估标志。市场行为和市场绩效又会反作用于市场结构，影响未来的市场结构。SCP模型主要分析在行业或者企业受到外部冲击时可能的战略调整及行为变化。SCP模型从特定行业结构、企业行为和经营绩效三个角度分析外部冲击的影响。外部冲击，主要是指企业外部经济环境、政治、技术、文化变迁、消费习惯等因素的变化。一是行业结构。主要是指外部各种环境的变化对企业所在行业可能产生的影响，包括行业竞争的变化、产品需求的变化、细分市场的变化、营销模式的变化等。二是企业行为。主要是指企业针对外部的冲击和行业结构的变化，有可能采取的应对措施，包括企业方面对相关业务单元的整合、业务的扩张与收缩、营运方式的转变、管理的变革等一系列变动。三是经营绩效。主要是指在外部环境发生变化的情况下，企业在经营利润、产品成本、市场份额等方面的变化趋势［沃德曼和詹森（Wakman，Jensen），2009］。

农村金融服务与农村产业融合发展研究也有产业组织问题。借鉴这些经典理论，我们可以从理论上分析农村金融服务组织深化与农村产业融合发展组织优化的关系。农村产业融合发展的组织形式决定着农村金融服务的组织形式，农村产业结构决定着农村金融服务结构，农村市场结构决定着农村金融市场结构，农村产业融合主体行为制约着农村金融组织的服务行为，农村产业融合绩效决定着农村金融服务绩效。相反，农村金融服务组织形式、组织结构、市场结构以及服务行为制约着农村产业融合的可持续发展。关于农村金融服务深化与农村产业融合发展的关系原理，我们将在理论分析框架中进行系统而深入的研究。

2.2 国内外文献综述

2.2.1 农村金融服务深化研究

（1）在农村金融服务与经济增长方面

自20世纪70年代以来，不同国家的学者立足于不同视角、采用多种计量经济学方法对农村金融服务与经济增长间的关系进行了系列研究。Mckinnan和Shaw（1973）认为，农村金融服务的意义重大，不仅可以降低农村金融市场的摩擦成本，还有利于提高资本使用效率，发挥农村金融市场的资本活力，从而促进农村经济的可持续发展。Schumpter（1992）强调，随着农村金融的不断深入与完善，要实现农村金融资源的优化配置，农村金融机构还需吸纳农民储蓄，以此推动地区经济的繁荣与发展。King和Levine（1993）通过案例的形式对84个国家的金融服务与经济增长的关系进行了探究。他们研究

第2章 农村金融服务深化与农村产业融合发展的理论基础

发现,两者间表现出显著的正向关系,即农村金融服务有助于地区经济增长,但两者间的促进作用需要考虑金融资本利用率水平。倘若金融资金利用率较低,那么农村金融促进农村经济发展的积极性就会降低;反之亦然。Stiglitz(1993)则指出,在经济增长模型中还需考虑内生金融中介以及经济增长中的信息不对称等要素。此外,还要兼顾金融服务与经济发展间的联合作用。Burgess 和 Pande(2005)利用印度银行的相关数据,研究了农村金融服务对农村金融发展与农户收入的影响,实证得出印度国家内部的农村金融服务可以改善农村生活与生产状况,有助于提升农村资本配置效率,改善农民生活水平,并最终促进印度农村经济发展。

熊德平等(2017)在制度经济学与结构经济学的基础上,探究了中国农民收入增长与金融发展间的关系,他们指出,中国农民收入的不断提高与农村金融服务保持着相对协调、长期稳定的关系。谭崇台和唐道远(2015)从社会实践的角度分析了襄阳市农村金融发展情况。他们研究发现,农村经济要获得长久发展,必须倚赖农村金融服务,农村金融服务对农村经济发展有显著的需求效应与经济效应。焦瑾璞(2009)指出,农村要实现普惠金融发展,就需要完善相关配套的金融服务,以服务于贫困农户。该行为不仅有助于缓解城乡二元化金融机构,还可以解决金融排斥问题,从而积极促进地区经济发展。然而,目前我国农村经济的主要问题是农村经济需求与农村金融供给间的失调,具体表现为农村经济中的实际金融服务需求与实际金融供给间的资源错配等(冉光和等,2008)。还有学者对我国西部地区农村金融与农业经济发展间的关系进行了实证分析,得出农村金融效率水平越高,农业经济发展水平就越低,两者间的负相关关系显著(贾立和王红明,2010)。所出现的所谓的"反事实"现象,可能是由于该地区整体金融效率较低,不同于经济较发达的东部地区,该地区经济发展对金融服务的依赖性较小(黎翠梅和曹建珍,2012)。

(2)在农村金融深化与收入增长方面

通常而言,事前机会与事后结果的不平等均会受到金融发展的影响。国内外学者由此开始探究一般意义上的金融深化与收入增长之间的关系。Galor 和 Zeira（1993）强调，考虑到资本市场的不完善性与投资的不可分性，收入不平衡的现状会在较长时间内存在。而不断完善资本市场的过程就是金融不断深化的过程，金融深化的重要效应是调节收入的不均衡。相似研究（Clarke et al.，2003；Honohan，2004；Beck et al.，2010）也围绕金融深化或金融发展对收入分配的关系而展开。随着研究的不断深入，金融深化与收入分配间的因果关系研究纷纷出现，这时，纯粹意义上的单向因果关系就无法实质性地阐述金融深化与收入分配的关系，尤其是在特定的经济条件下，并非所有金融发展都一定会带来农民收入增长。Jeanneney 和 Kpodar（2011）研究证实，发展中国家的农业信贷体系属于政府主导型，其农业信贷资金扭曲较严重，农业投资效率较低。由此可知，农村中农民收入并不会因农业信贷规模的扩大而获得显著增长。Gonzalez（2003）也强调，尽管宏观经济环境与地区产业政策会影响农村金融的深化程度，但是农村金融深化的结果与上述改革的影响并不是分不开的。

张杰（2003）指出，发展中国家的政府对于农村经济发展大都有支持政策，在相关政策中政府更倾向于农业信贷补贴，然而该政策并不能与农民切身需要相匹配，其对农村经济发展、农业增收与农民收入的影响并不显著。温涛等（2005）研究得出，当前中国金融发展具有明显的地区异质性，金融异化效应导致农民增收并不受制于农村金融深化的影响，并且对农村资金流动起到了反向作用。丁志国等（2011）研究发现，自改革开放以来，中国农村金融深化政策的实施并未实质性地缩小城乡收入差距，而且部分农村的金融深化政策还在一定程度上扩大了城乡差距。温涛和王煜宇（2005）指出，农民提高收入、农业获得增收的关键影响因素并非增加农村金融贷款，相反，国家支出的农业财政资金会对农民增收起到抑制作用。所以，明确农民增收与农村金融深化之间的关系，除了要考虑助农资金的投入外，还要精准匹配农村金融供给与需求间的均衡关系。黄祖辉等（2009）

通过实地调研中国贫困地区农户的信贷参与情况，发现影响农村金融供需关系的关键是农村中农户较低的信贷参与度，工资收入对农户正规信贷需求具有显著的负向影响，农户工资收入越高，农户正规信贷需求就越小。

(3) 在农村金融服务改革方面

关于农村金融服务改革的西方经济学相关论述，多基于新古典经济学的分析方法，主流学术思想在政府与市场间关系的争论中获得了逐渐发展与完善。学者的实证研究表明，如何处理政府与市场间的关系还存在着较大的不确定性与挑战性。诸多国家借助丰富的经济政策试图拓宽与加强农村金融服务的广度与深度，然而始终没有达到政府预期的农村金融深化程度。Gonzalez（2003）强调，农村金融服务深化的充分条件是国家具备较好的产业政策与宏观经济环境，然而，其相关政策变革并不是加强农村金融服务深化的必要条件。该主张的提出说明政策干预经济失灵的主要原因在于政策效力发挥的条件尚不充分。这也从一定程度上证实，深化农村金融服务必然要依托国家的体制与经济环境。Schrieder 和 Heidhues（1998）指出，经济系统与金融系统是相互关联的，金融部门的发展、稳定与完善需要稳定的经济发展环境作为依托，宏观经济环境的完善与稳定也有助于农村金融服务体系的正规运行。Yaron 等（1998）强调，要促进农村金融服务改革，务必发挥政府的宏观调控作用，将政府相关政策落实到农村金融体系的发展过程中。

从 20 世纪 80 年代以来，我国不断加强经济结构调整与工业化发展步伐，伴随着我国经济飞速发展而来的是农村大量剩余劳动力投入工业发展中，较早期的农村乡镇企业如雨后春笋般出现，由此改变了原始的农村劳动结构与经济结构，农民收入随之提升，在农村经济发展中新的金融需求也不断产生。农户金融需求的产生催生了国家建立多层次的农村金融体系，然而，农村金融体系并未真正形成，受制于农村金融发展，农村金融借贷行为不规范等问题频发（王芳，2005；

朱喜和李子奈，2006；李锐和朱喜，2007）。总结农村金融发展历程可以发现，农村金融改革主要有两种范式，即旧范式改革与新范式改革。其中，旧范式改革主要强调政府干预，新范式改革主要关注政府干预与市场经济的兼容性。在中国新农村建设中，农村金融服务改革的重要基础，一是在进行旧范式改革过程中吸取相关经验与失败的教训，二是微观层面的金融革命（何广文，2008）。金融革命的主要内容如下：逐渐提升金融市场服务水平，推出适合农户需求的理财产品；充分了解农户需求，拓宽融资渠道，不断改进新技术，减少融资交易成本；实现农村金融服务监管政策化、标准化等。农村金融服务改革新范式相比于旧范式的创新之处在于：一是政府干预经济要立足于优化市场经济环境，着力于基础设施与信息系统的建立与完善，成立监管部门实时监测与管理农村金融市场。二是从宏观层面把握、完善相关法律法规与规章制度，为农村金融服务改革奠定制度条件与基础。三是兼顾农户金融需求，逐步拓宽农村金融服务范围。旧范式与新范式的存在充分展示了我国农村金融改革的变迁，但立足于当前金融市场经济与金融技术的全面发展，新范式改革相较于旧范式改革更适合农村金融发展与农村金融市场需要。

2.2.2 农村产业融合发展研究

（1）农村产业融合发展的内涵研究

在20世纪80年代末90年代初，国外学者逐步聚焦农业相关领域的产业融合，并在诸多国家的农业发展中获得了应用。以美国为首的新型产业形态诸如生态农业、旅游观光农业与生物农业等不断兴起，并形成了农业产业融合与农业产业集聚的盛况。在农村产业融合过程中，农业科技水平与农村经济条件等具有举足轻重的作用。而对于广大的发展中国家而言，考虑到与美国等西方国家在地理环境上的差异性，要借鉴相关国家的成功经验应多关注日本与韩国的做法。此外，Gilbert（1989）还界定了法国乡村旅游概念，并将其作为农村产业融合模式,只是限于经济环境,此模式的农村产业融合并未得到深入研究。鉴于此,日本学者今村奈良辰(1996)第一次正式提出"六次产业"概念。所谓"六次产业"是指鼓励农户发展多样化经营,促进农村旅游业、农产品加工业、农村服务业等的发展,实现集农村农业生产、农产品加工、农产品销售与农业服务于一体的新型农业发展形态。在 20 世纪末期,韩国为了解决农村"老龄化"等问题,逐渐重视农村产业融合发展。金玉姬等(2013)指出,作为农村产业经济活动的农村产业融合,其最终目标是创造更多的经济价值与就业岗位,主要作用地区为农村,主要方式为农业与工业、商业、服务业的相互结合,主要途径是实现生产、加工、销售的全产业链。Swinnen 和 Vandeplas(2014)研究发现,在农业现代化发展中,要加深农业商品化、促进农村经济发展还需不断完善农业专业化产业组织。

关于农村产业融合发展的内涵界定,我国学者做了大量的文献研究,何立胜等(2005)、王昕坤(2007)指出,农村产业融合发展既是农业与其他产业的融合,又是农业产业内部间的融合。梁伟军(2011)强调,与其使用农村产业融合发展的说法,不如运用农业与相关产业融合发展的表述更清晰、合理。赵海(2015)认为,农村产业融合发展是一二三产业利用农户与企业、合作社间的利益链接延长农村产业链,建立农村产品生产、加工及销售之间的相互关系,以实现农村产业融合发展的新型产业形态。姜长云(2016)研究发现,农村产业融合发展还需借助农业技术进步与研发,通过产业链延伸,发挥农业产业多元化与多功能化的作用,转变农村发展模式与产业生产方式,在保证农产品生产与销售融合性的基础上,实现农村产业结构的优化升级与农业产业布局的科学合理。赵霞等(2017)认为,所谓的农村产业融合是基于农业发展,实现农业与二、三产业间的融合以及农业产业内部的融合,通过拓宽农业产业链的延展性,充分展现农业多元化功能,最终实现农民增收、农村繁荣的目标。刘清和程勤阳

(2017)强调，狭义上的农村产业融合发展，是农业经营主体将农业生产与农业旅游及农产品加工等环节相联系，实现农民增收、农业经济价值提升、农村经济增长的目的；广义的农村产业融合发展，是农业经营主体借助农业，进行农业与二、三产业间的相关影响、相互渗透、有机整合，以形成农业发展新模式，实现农业产业链与价值链的延长，农业多功能拓展、农村就业率提升、农民增收与农村经济发展繁荣。

（2）农村产业融合发展的评价研究

对于农村产业融合发展的评价研究主要分为两大类：一类是对农村产业融合发展水平进行直接研究。李芸等（2017）立足于农村产业融合发展的行为与经济效益两个层面，建立了农村产业融合发展水平综合评价体系，并利用综合指数与层次分析法从时间序列角度评价了2011—2014年北京市农村产业融合发展水平。蒋一卉（2017）也构建了系统的农村产业融合发展评价框架，该框架主要涉及农民就业增收、农业多功能性、农业产业链延展程度、城乡差距等维度，基于此，采用熵值法测评并分析了农村产业融合发展水平。蒋辉和张康洁等（2017）从空间经济学的角度，利用耦合协调度模型与熵值法，探究了中国农村产业融合发展的时间与空间异质性。谭明交（2017）则利用产业融合发展模型，运用综合指数法评价了中国农村产业融合发展的质量。冯伟等（2016）建立了四个层次的农村产业融合发展评价体系：第一层次为农产品加工与农村产业融合发展，第二层次为农村产业融合发展的行为表现与经济效益，第三层次为农民就业与农民增收、农业多功能性、城乡差距、农业产业链延展程度、农业与服务业融合程度等，第四层次为三级指标的具体变量层。姜峥（2018）所建立的农村产业融合发展体系主要涉及两个方面：一是农村产业融合的广度与深度，二是农村产业融合发展的具体效应。具体来讲，第一方面包括农业发展中的金融支持、农业产业化经营表现、农业与服务业融合程度、农业的多功能性表现；第二方面包括经济效应与社会效应,所采用的主要方法为耦合法与层次分析法。

另一类重点研究农业与相关产业间的关系。侯兵和周晓倩（2015）为了研究长江三角洲地区农业与文化产业间的关系,建立了系统的农业与文化产业的评价指标体系,并利用熵值法等方法实证研究农业与文化产业间的融合发展水平。梁伟军（2010）主要研究现代农业与旅游业等相关产业间的融合发展关系,并依托交易成本理论,构建了系统的农业与旅游业及相关产业的融合发展评价体系。梁树广和马中东（2018）将农业与相关产业的关系研究拓展到了18个产业上,采用灰色关联方法对上述产业进行排序,研究发现,农业产业融合的具体效应主要表现在产业结构优化、农村产业融合的行为表现、产业融合绩效以及市场结构等方面。此外,对农村产业融合效果显著的是农村的基础运输条件、农产品储藏环境、农业市场信息、农村金融供给及农村公共管理情况等。

（3）农村产业融合发展的模式研究

Bramwell 和 Lane（1994）重点分析了乡村旅游业的主要经营模式,并归纳整理出乡村旅游业的主要表现,即乡村文化旅游、乡村健康旅游以及乡村生态旅游等,不同类型的乡村旅游模式均是农村产业融合的具体表现。韩国学者金泰坤（2013）基于一、二、三产业融合的作用效应,将农村产业融合分为社区型、社交型及销售型等类型。姜长云（2016）按照产业融合带动形式,将农村产业融合划分为单一型以及复合型。不同的学者对产业融合的形式有各自不同的总结,对产业融合的含义也有不同的认识。融合方法包括产业链扩展、产业重叠、产业整合、技术渗透等（梁伟军,2010；马晓河,2015）。

有多种方法可以对农村产业融合模式进行分类。从整合方向上看,既可以通过顺向融合将第一产业农业向第三产业农产品加工以及服务业发展转变,又可以通过逆向融合将农产品加工与服务业向第一产业农业融合（郑风田,2015）。站在融合业态的角度上看,农村产业融合涵盖了数字农业、系统农业、工厂农业、观光农业、生态农业等多种形式（何立胜和李世新，2005；孙中叶，2005）。游玉婷等（2016）认为，按照农村产业融合主体划分，产业融合主要由外部型融合与内部型融合构成。按照农村产业融合路径划分，产业融合主要由组织间融合与组织内融合构成。赵霞等（2017）立足于农村产业融合的具体实践表现，总结出农村产业融合的四种模式：一是种植业与养殖业间的融合所形成的农村产业内部整合式融合，主要作用在于优化与升级产业结构；二是农业"产销服"一站式服务所形成的产业链扩展式融合，主要作用在于提升农产品附加价值；三是结合文化、观光以及休闲的概念所形成的交叉型融合；四是农业发展依赖先进技术所形成的渗透型融合。徐广涛（2017）则指出，农村产业融合模式主要包括产业链延伸、农业功能拓展、农村集体经济股份权能改革。戴紫芸（2017）提出，农村产业融合模型在纵向与横向整合模型中得到了充分的彰显。纵向整合模型涵盖了深层次加工、整条产业链模型等，而横向整合模型涵盖了社会化服务、多元化拓宽等。田聪华等（2017）将研究的重心放在了南疆的农村产业融合方面，通过大量的问卷调查以及实地访谈，构建出了六种产业融合发展方式：第一类型为循环型农业融合，第二类型为集聚型农业融合，第三类型为嵌入式农业融合，第四类型为多功能型农业融合，第五类型为"Internet +"农业集成类型，第六类型为持续发展沙漠生态系统的融合类型。孙鸿雁（2017）通过对黑龙江省调研发现的农村产业融合发展模式，既可以实现农产品加工同农产品原材料的联系，又可以实现农产品加工与产品销售的联系，借助农业产业链的延伸，实现乡村旅游观光农业与农村生产加工的融合。

（4）农村产业融合发展的路径研究

在"六次产业"概念提出后，学者将研究重点集中到农村产业融合发展的路径上来。其中，日本学者佐藤正之（2012）指出，"六次产业"发展的根本在于农业产业价值链的延伸。韩国学者吕寅弘（2013）也认同日本学者的观点，并强调要实现农村产业融合应着力拓展产业链条。Su 等（2013）立足于农村的生态环境、经济发展基础以及农村资源等方面，采用层次分析法探究了农村旅游业的发展现状。以往实现农村产业化依靠的是企业垂直融合发展方式，由于我国农村不具备大面积培育龙头企业的外部环境，因此，农村产业便朝着横向融合的方向发展，并带动农村第一产业与第二产业以及第三产业的融合（何立胜和李世新，2005）。现代农业作为先进的农业产业化形式，由市场化农业与相关产业构成（曹利群，2007）。从技术供应层面上看，技术变革在一定程度上促使农业同其他产业之间的融合与渗透（王昕坤，2007）；从社会需求层面上看，多元化的农业需求在一定意义上使得农业与其他产业呈现出系统发展（席晓丽，2007）。徐哲根（2011）指出，促进农村产业之间的相互融合，更加有效利用农村资源，借助第一产业作为发展的基础，使得农村的第二产业与第三产业有机融合。蓝建中（2011）认为，农民可以从事农业、林业、畜牧业、渔业等第一产业，也可以深度发展农村肥料生产加工、食品包装加工等第二产业，还可以从事商品流通、农产品特色化销售、乡村旅游服务等第三产业，从而形成一体化的产业链发展模式。李华（2014）强调，农村产业融合发展要把农业从第一产业属性转变为复合型产业，提高农产品的附加值，提高农民收入水平。赵海（2015）归纳了内外部的两种融合途径，其一是基于农场、农民大户、家庭农场或农民合作社的内部融合，其二是基于农产品加工和流通的外部融合。姜长云（2016）总结了融合方向上的两种方式：一是通过前向融合方法对农业产业链的延伸，二是通过向后融合方法对农业产业链的延伸，即产业链的向前和向后延伸。

2.2.3 农村金融与农村产业融合研究

（1）关于金融支持农村产业融合的现状研究

针对金融发展与农村产业间的发展关系，国内外学者进行了较为深入而系统的分析，探究了金融的经济助推功能，在更深层次上构建了现代金融发展理论，并开展了大量的理论研究与实证分析。Pischke（1987）研究了发展中国家农村金融发展对农村产业一体化所产生的诸多影响，发现这些国家金融市场的不平衡在一定程度上限制了农村产业的发展。King 和 Levine（1993）采集了 80 个国家的数据，对样本数据进行了实证研究，得出各个国家的金融发展水平与农村产业发展水平之间存在着紧密的关联性，两者之间呈现出正相关关系，并且证实农村金融在农村经济发展中具有先导性作用，农村金融服务对农业产业化具有显著的促进效应。因此，部分低收入国家农村金融环境的低效率可能在一定程度上制约了产业融合发展。Parivash 和 Torkamani（2008）发现，农业部门在伊朗国内生产总值中占很大比例，运用 VAR 模型和 Granger 因果关系检验发现，农村金融市场越完备，农村产业融合发展水平就越高。Cui 等（2011）构建了相应的模型，并进行了实证研究，结果显示，农民收入的增加、农业贷款以及财政支持水平具备长期均衡，财政支持能力在一定程度上属于农民收入增长的格兰杰原因。

刘金全和刘达禹（2015）认为，要实现农村经济的增长需要保证农村金融相关率超过门槛水平。敬志红和杨中（2016）强调，正规金融与非正规金融在满足农民金融需求中均存在不足，一方面支持农村金融需求的正规金融本来就供给不足，金融服务农村的效率较低；另一方面，非正规金融由于监管不到位，金融资金的供给渠道较窄，农村金融服务体系的融资风险相对较高。刘雨川（2018）指出，整体而言，中国当前的农村金融抑制性较强，而农村产业融合还处于起步期，针对农村产业发展的金融产品供给、金融服务功能及相关的金融监督管理也处于探索阶段，尚未有相对完整、系统的农村金融配套政策。金融在中国农村依旧是稀缺资源，目前仍需化解农村金融市场中金融资源的供给与需求矛盾。范亚辰等（2018）研究发现，在中国农村金融改革过程中，小额贷款逐步发展起来，伴随着农村产业融合发展的金融需求日益多样化、多元化，农业产业链融资与抵押贷款逐渐成为中国农村产业融资的新业态。谭伟（2019）立足于实践从黑龙江产业融合发展实际中探究金融支持农村发展的概况，他指出在金融支持农村产业融合发展过程中还存在金融资源与财政资源的供给不匹配、农村金融机构信贷供给不足、农村投融资结构不平衡等问题。张林（2019）指出，在乡村振兴战略实施下，尽管金融支持农村产业融合发展尚处于起步阶段，但随着中国农村金融发展体系逐渐完善，以农村商业性金融、政策性与合作性金融为代表的农村金融机构体系也会不断健全与发展。

（2）关于金融支持农村产业融合的影响因素研究

Koestex 和 Jensen（2000）指出，发展中国家的金融市场尚缺乏某些金融产品和金融服务，因此导致农村金融资源的配置效率低下，农村产业融合发展水平因受农村金融资源错配的影响而难以提高。关于农村产业融合发展中的农村金融问题，其他学者也给出了相关证据。Iqbal（1983）研究发现，农村产业融合发展水平的提升受农村普惠金融的影响，普惠金融提高了农村金融市场上资金的流动性与资金使用效率。但是，受限于农村金融活动的范围较窄，农村金融对农村经济的影响很难直接反映在农村产业融合发展上。Mapesa 和 Haruni（2015）强调，尽管在农村产业融合发展中政府只起着宏观调控作用，但是农村产业融合发展中的农村经济繁荣离不开政府金融政策的颁布与实施。Abate 和 Rashid（2016）也指出，农村金融要更好地服务于农村产业融合发展，金融部门务必要保证农村金融市场的完整性以及体系运行的高效性。Khandker 和 Samad（2016）认为，影响农村金融机构效率的原因可能与农村产业季节性特点有关，所以在安排农村产业融合发展上要兼顾季节因素，适当引入银行季节性贷款业务。Bruhn 和 Miriam（2018）指出，在金融支持农村产业融合发展过程中，降低金融运营成本、提升金融风险管理水平等，均能提高金融资金回报率并遏制农村产业不良贷款的产生。

邹小芳和姜学勤（2014）指出，要完善农村金融环境还需提升金融资源在农村市场上的配置效率。朱战威（2016）则认为，要想提升金融资源在农村市场上的配置效率与提高农业发展效率，重点在于农村金融体系的建立，多元化的农村金融体系有助于减少农村金融市场上的诸多壁垒，促进农村信贷机构的升级与优化，最终提升农村金融的信贷转化水平。杨慧和倪鹏飞（2015）指出，在分析农村产业融合发展中的金融因素时，不能忽视金融专业人员投入与资本投入的影响。张晓琳（2017）研究发现，在影响农村产业融合发展水平的诸多要素中，农村金融环境、农村贷款水平以及农村抵押贷款等是重要的影响因素。高东光（2017）指出，金融影响农村产业融合发展的主要因素在于，农村金融产品的普惠度较低、农村金融产品的公众辨识度低、农村金融机构供给不足等。宋宜农（2017）强调，农村金融产品创新度不够与农村金融服务供给不足等是农村金融发展不健全的重要表现。蔺鹏（2017）指出，农村产业融合发展的制约因素主要是农村金融市场结构失衡与组织体系不完善。刘海燕（2018）则认为，导致农村金融市场发展滞后的关键原因在于国家约束金融规范的相关法律法规不足，并造成农村金融活动中多方主体职责分配不清。其中，农村金融产品的普惠度较低以及农村金融组织结构不健全等，也会影响金融助力农村产业融合发展的实现效应（朱晓哲，2017）。

（3）关于金融支持农村产业融合的改进措施研究

Schaubert（1992）指出，尽管农村开展金融贷款活动受限，但是充分发挥金融服务支持，从农村产业发展实际与现实需求出发依旧有助于合理配置农村闲置资金，而要实现金融服务支持农村产业融合以及农村地区经济繁荣仍需不断探索。Thorsten Beck（2014）强调，适用于农村经济发展的农村金融机构应着眼于农村产业实际需求，提供服务于农村产业融合发展的前景性项目，借助技术进步推动农业机械化生产与现代化进步。Berjan 和 Elbilali（2014）研究发现，要实现农业产业融合水平的提升，前提条件是具备高效率的农业生产活动，基本保障是具有健全的农村金融体系。Jin 和 Fan（2014）则强调，在农村产业融合发展过程中农业信贷资金的支持离不开地方政府的政策激励，当然不同的地方政府政策在不同的农村地区以及不同的农村产业政策效果存在异质性。Badulescu和Giurjiu（2015）认为，在发挥金融支持农村旅游业等新业态发展时，发展中国家不仅要重视农村产业融合发展中的农户、企业以及政府的融资内渠道，还应拓展农村产业融合发展中的农村借贷公司、商业银行及农村金融机构的融资外渠道。

张红宇（2016）指出，农村产业融合发展离不开金融服务支持，既要重视政策性发展基金的支持作用，凸显产业链金融发展优势，又要充分发挥政府、银行、保险等多元主体的服务模式，强调互联网金融的信用合作，共同服务农村产业融合。李乾（2017）认为，农户对农村产业融合的贡献度有限，要提升农村产业融合水平还需激发新型农业经营主体的积极性与主动性，利用不同政策的应用偏好为农村产业融合发展主体供给异质性的政策支持。谷壮海（2017）强调，金融支持农村产业融合发展应重视金融服务的支持力度，充分激活金融主体服务主动性，引导并鼓励在农村设立金融机构的产业融合部门。同时，针对农村产业融合发展需要，地方政府应设立专项的农业风险补偿基金以及产业融合发展基金。朱信凯（2017）认为，为了在更大范围内推广普及农业技术、宣传农村金融服务及农业保险的重要性，应搭建综合性的信息技术平台。李小丽和杨海宁（2017）指出，金融服务农村产业融合发展还需要支持符合上市条件的农业企业挂牌上市，逐步提升农村产业融合的直接融资占比，丰富农产品期货种类并构建完善的农产品期货市场。鲜文博（2018）则认为，在促进农村产业融合发展中不能忽视农业经营的风险性，既要成立农业风险基金、健全农业保险机制，又要适当分散农村金融风险。

2.2.4 国内外文献的研究述评

综上可见，现有国内外文献大多从农村金融服务与经济增长、农村金融深化与收入增长、农村金融服务改革，农村产业融合发展内涵、农村产业融合发展评价、金融支持农村产业融合的影响因素、金融支持农村产业融合的改进措施等多个方面对农村金融与农村产业化进行了梳理与总结，这些对于本书研究内容具有重要的学术借鉴与参考意义。但是，无论是国内学者还是国外学者的研究成果，均有进一步深入和完善的方面。第一，关于农村产业融合与农村金融服务深化的直接研究相对较少，大多数文献集中于农村金融对农村产业化的影响研究，即关于农村金融服务深化与农村产业融合发展的研究更多地隐含于金融发展与产业经济增长关系的研究中。第二，现有文献并未构建农村金融服务农村产业融合的理论与实证研究框架，针对农村金融服务深化与农村产业融合发展的研究还缺少系统性。第三，现有国内外文献对于农村产业融合发展的研究主要是省际层面的经验证据，对于县域层面农村产业融合发展现状，以及农村金融服务深化对县域农村产业融合发展影响的研究并未涉及。另外，众多文献在数学建模、评价指标体系构建、分析视角及研究方法等方面均存在较大差异，研究结论还没有相对统一。基于此，无论从理论上还是从实证上对农村金融服务深化与县域农村产业融合发展都是有待进一步深化的新研究领域。

2.3 国外的实践经验

2.3.1 美国的实践经验

美国在农村地区产业融合方面的成效显著，美国农业经历过三次革命，分别是农业机械化、农业电气化以及农业化学化。自 20 世纪 70 年代以来，美国发展模式下的农业经济已经从过去的劳动力、资本投入向无形资产投入转换，也同政府职能调控以及世界农产品形势存在着紧密的相关性，在一定程度上具有较好的农业生产效果。美国现代农业借助前沿的科学技术，以现代工商业科学技术作为基础，拥有

第 2 章　农村金融服务深化与农村产业融合发展的理论基础

诸多优势：劳动力投入少、产量高、商品率高、技术含量高、资本投入高、消费高等，形成了高度社会化的现代农业，并与自然科学和社会科学，例如生物学、生态学、经济学、物理学、地理、气象学、化学等存在着紧密的相关性。在产业部门层面，现代农业涉及农业的产前、产中和产后等部门，且涵盖了众多的工业部门，例如商业分销、信息服务、金融支持、工农生产等，农村一二三产业融合的特点得到了彰显。美国现代农业商品化已经相当成熟，流通交换领域除众多农产品之外，还包括多种农业生产要素，如劳动力、中间产品等，构成了农业要素市场协同发展的良好局面。并且，现代农业开始从社会分工层面蔓延到生产过程的重要工序上，通过每个专业公司完成农场建设以及实施各项工序。农民的所有民生消费都变成了商业消费，农业同第二产业、第三产业以及流通消费领域协同，构建形成了不同层次的市场交易模式。因此，直接从事农业生产的部门和人员的数量将减少，从事产前部门（例如原材料供应）的人员数量以及产后部门（例如农产品加工）的人员数量将增加，呈现倒"金字塔"形状。由于现代农业机械的深入普及，信息管理与计算机科学技术应用更加广泛，像基因育种这样的新兴科学成果也较普遍地应用于农业。自动化、精准化农业科技逐步深入大型农场，并与农业交叉融合在一起，在更深层次上提升了农业生产效益。

美国农业产业化发展在世界范围内保持着领先水平，其发展的关键在于拥有享誉国内外的系统性的农村金融发展体系，该体系主要具有以下几个特性：合作性、政策性、商业性。其中合作性农村金融系统的作用尤为突出。该系统主要涉及以下主体：合作社银行、联邦中间信贷银行、联邦土地银行等。这些主体分别用于支持合作社资金、短期贷款以及长期贷款等方面。在农村金融支持体系中，农业生产者要想从联邦土地银行获得农业发展贷款，须购买5%的股份，成为合作银行的股东，合作社也会向联邦土地银行购买股份，并成为联邦土地银行的股东。在满足上述情况后，联邦土地银行将以长期不动产作为抵押向借款人发放贷款。联邦中间信贷银行则从城市收集闲置资金用于农村金融贷款。合作社银行还可以帮助农业企业更好地开展进出口业务，为其提供一定金额的国际贷款。政策性农村金融支持系统涵盖农户局、中小企业管理局、农村电气化管理局、商品信贷公司等，其核心宗旨在于稳定价格，推进农业目标的实现，并为基于农业政策的公共利益投资项目提供必要的资金支撑作用。在这当中，农户局主要向无法从商业金融机构获得贷款的农村业主提供融资服务。中小企业管理局为无法从商业金融机构获得贷款的农业中小企业提供融资服务。农村电气化管理局为农业发展所需配套基础设施及农业投资项目供给融合服务产品。商品信贷公司的职能在于根据市场环境调控农产品价格以向农村农户以及企业提供融资服务。商业性农村金融支持系统的实施主体主要涵盖信贷公司、商业银行、保险公司等。其宗旨在于借助商业银行提供融资服务，主要业务集中于中短期与长期贷款，其中长期贷款需要贷款主体提供相应的抵押物。农村信用机构的服务功能在于为农村需要长期贷款的农户提供较低门槛的贷款支持。综上可见，美国系统性的农村金融服务体系在一定程度上支撑了农业产业化发展与科技创新。此外，倘若商业银行中的农业贷款总额占比超过了四分之一，美国相关政府部门还会给予适当的税收优惠，在更深层次上增加了商业银行对农业创新项目的贷款信心。

2.3.2　法国的实践经验

法国在世界上农产品出口额排名方面仅处于美国之后。自1950年以来，法国政府的相关职能不断优化并调整了第一产业结构，合理平衡粮食作物和经济作物，水产养殖和种植业的发展，以实现农业生产的本地化，并促使其朝着更加专业化的方向发展，在一定程度上推动了农业产业化经营。例如，法国划分了22个农业区，其中一些地区主要生产小麦、玉米和其他谷物。法国政府从20世纪70年代以来，先后颁布了一系列政策文件，鼓励食品加工业的发展。受政策激励效应的影响，这一时期法国的农产品对外贸易发展飞速。此外，法国的农产品加工业也获得了显著发展。法国政府陆续颁布了一系列指导性政策以及法律法规，实行有关老年农户的养老金制度，降低农场的租金促使农场主扩大其经营范围与规模，在一定程度上实现农业生产和资本集约化经营，开拓了市场空间。借助不同种类的政策指导，法国逐步完成了关于农业行业的综合管理，大大拓展了农业产业化规模及链条，推动了农村产业化的迅速发展。其中，农业机械化普及、农业技术研发与创新、农业专业化教育等方面的发展速度也相当可观，自1950年以来，由于耕地的集约化经营加上从事农业人口的急速减少，农业机械化大行其道，1970年，法国已经基本实现了农业机械化。农民除了获得相应的农产品价格补贴支持外，还可以申请五年以上的低利息金融贷款。不同于其他的市场经济国家，法国政府对农村产业化发展的宏观调控较强，政府为了确保农村经济发展中农用机械的普惠性与使用质量，特别颁布"特许经营证"，并成立专门的农业服务型企业、设立销售和服务网点，使农机价廉物美，售后服务有保障。

法国在农业产业化发展方面也有自己独特的金融支持体系，并于1894年成立第一个农业产业化政策性银行。其中最具特色的当属法国农村合作金融，在此基础上，法国成立了以农业信贷银行为主，并与多个合作金融机构共同存在、共同发展的农业产业化金融体系。农业信贷银行是法国规模最大的农村金融银行，法国的大部分农业信贷都源于农业信贷合作银行，某些短期贷款则可以通过其他的农业金融机构来发放。农业信贷银行在一定程度上搭建了政府与相应的贷款机构沟通与交流的平台，该银行能够对于国家相关政策的制定提供一些参考性的建议与方案，配合地方监管部门的监管工作并遵守政府的农业发展政策。其组织架构包括三个层次：中央农业信用贷款银行、区域农业信贷银行以及地方农业信贷银行。中央农业信用贷款银行是基于政府相关职能部门的管理、带有官方性质的管理组织，它对于区域和地方农业信用贷款合作银行具有强大的控制权；区域农业信贷银行具有很强的独立性，而地方农业信贷银行则属于半官方性质，拥有决定业务运作、建立组织结构、人员分配、利率调整等方面的权力，独立自主性程度很高。农业信贷银行则呈现出相对较明显的政策性银行性质，属于"上官下民、半官半民"的组织管理体制，并具有政府干预少、政府财政负担轻、经营管理灵活、盈利能力强等特点。除此之外，法国还拥有以下几种金融服务组织。互助信贷联合银行完全由政府控制，属于全国性质的农业信贷银行。大众银行由合作方集体管理，属于合作性质的农村信用银行，主要承担中小企业的中期或短期银行贷款业务。土地银行则属于半官方性质的有限公司，企业的高级管理层通常由国家任命，从事的业务主要体现在土地以及地方政府贷款方面，目的是购买农业的相关地块、农业机械设备，从事市政工程建设等。为了维护自身利益，农民自行发起成立了地方性的农业互助公司，在一般情况下，法国的农业保险基金主要负责保险赔付，当商业保险公司面临无法承担的巨额灾害险时，政府会适当进行干预，通过政策支持以实现农业保险的持续发展。

2.3.3 日本的实践经验

日本在促进农村产业一体化方面已经取得了十分明显的效果。日本政府颁布了一系列具有针对性的措施以确保日本农业拥有一定的独立自主性，保障农村产业化发展的增值部分留在广大的农村地区或农业相关部门，并长期支持日本传统农业向现代化农业转型升级。农业专家今村奈良臣构建的"六次产业化"发展模型得到日本学界及政界的认同与支持。今村奈良臣通过大量的实证研究发现，农民收入的提高离不开农业产业链的延伸，系统整合农产品的生产、加工、销售及服务过程，畅通农产品的生产流通与销售渠道更容易促进农业与第二产业及第三产业的融合与农民增收，借助农业产业融合为发展乡村旅游提供优良条件。从长远来看，这有利于充分发挥农业发展活力。通

第2章 农村金融服务深化与农村产业融合发展的理论基础

过借鉴农业"六次产业化"发展理念,日本将农产品的各个环节同服务业有机结合起来,制定了管理、链条和规模多元化的发展规划。基于此,日本设计出了关于农业的"六次产业化"白皮书,以增加生产地区农产品的附加值,通过支持农民的多元化生产与经营活动,在更深层次上迎合消费者的购买诉求,大力发展农业与商业、贸易等的合作,积极提高出口等措施,进一步支持了白皮书政策的实施。此后,日本内阁宣布了关于农业发展的新的年度规划,需要紧密依托于"六次产业化"来大幅度提高农民收入,打造全新的发展模式。在持续推动日本农业实现"六次产业化"的过程中,日本农业发展活力明显提升,农民可支配收入自然也就水涨船高。在该过程中,日本政府所颁布的关于农业发展的白皮书也并非一纸空文,而是立足于日本农业发展实际与所面临的困境,为摆脱农业现代化困局与促进农村经济发展实施其中所提出的政策。

日本在金融支持农业产业化发展过程中,主要采取合作性金融与政策性金融相结合的方式,重点发挥政策性金融的补充作用,农业信用保险制度的保障作用。第一,在合作金融体系中,农业协同组合(简称"农协")占据主导地位。从层级划分上而言,最低层级是农业协同组合,主要特点是农户信贷业务的贷款利率较低;中间层次是信用农业协调组合,主要表现在其协调作用的发挥,尤其是处理日本农林与基层农协间的相互关系,并在结束信贷业务后,上缴剩余部分资金;农林中央银行的主要职责是引导作用的发挥,重点提供农业合作社中的财务运行服务。第二,在政策性金融体系中,日本还设立了专门机构投资农村基础设施,发放农产品流通短期贷款,其中农林渔业金融公库起着重要作用,它为农业活动者提供贷款支持,倘若农户申请不到贷款,农林渔业金融公库在一定程度上可以相对优惠的方式提供贷款服务。用于政策融资的重点贷款,例如农林公库,主要涵盖了下列四种类型:农业现代化贷款为农民、合作社提供农业发展所必需的资金;灾害贷款为受到自然灾害影响的农户提供低息贷款服务;

农业改良贷款为实施技术创新与改造的相关农户与企业提供低息贷款服务；农林渔贷款主要为购买农业机械等的农业主体提供贷款服务。如果政策性金融机构譬如农林公库等存在不能如期偿还的贷款时，日本政府可以根据具体情况减少或免除部分利息，相对应的这部分损失均由日本政府负责。第三，日本的农业信用保险体系通过担保服务与保险业务，为农业协同的相关债务做担保，一旦农协破产，农业信用保险还将为每个用户提供一定数额的保险金。

2.4　小结

本章首先系统地回顾了金融结构理论、金融抑制与金融深化理论、金融约束理论等重要的现代金融发展理论，农业信贷补贴理论、农村金融市场理论、不完全竞争市场理论、农村金融发展评价标准理论等农村金融理论、产业链理论、产业结构理论、产业融合理论以及产业组织理论等经典的产业经济学理论。在此基础上，从农村金融服务与经济增长、农村金融深化与收入增长、农村金融服务改革，农村产业融合发展内涵、农村产业融合发展评价、农村产业融合发展模式、农村产业融合发展路径，金融支持农村产业融合的现状、金融支持农村产业融合的影响因素、金融支持农村产业融合的改进措施等多个方面对国内外相关研究文献进行了全面归纳、总结和评述。最后，本章还系统总结了美国、法国和日本等发达国家农业实体经济发展的实践经验及其对中国农村金融服务农村产业融合发展的实践启示。借鉴前人研究的理论成果和实践经验对系统深入研究农村金融服务深化与农村产业融合发展有着重要的参考价值，也将为我们的研究奠定坚实的理论与实践基础。

第 3 章 农村金融服务深化与农村产业融合发展的理论框架

要全面系统地分析农村金融服务深化与农村产业融合发展之间的关系，首先必须构建农村金融服务深化与农村产业融合发展的理论分析框架，不仅需要弄清楚农村金融服务深化、农村产业融合发展等相关概念的内涵，还需要厘清农村金融服务深化与农村产业融合发展之间的相互机理。因此，本章将在对农村金融服务深化、农村产业融合发展等概念进行界定的基础上，阐述农村金融服务深化与农村产业融合发展的内在机理，构建农村金融服务深化与农村产业融合发展的理论模型。

3.1 农村金融服务深化与农村产业融合发展的概念界定

3.1.1 农村金融服务深化的概念内涵

金融深化的概念最早是由 Mckinnon 和 Shaw（1973）提出的，指的是政府持续减少甚至取消对金融体系和金融市场的过度人为干预，使得利率与汇率可以真实地反映资本市场和外汇市场的供求状况，金融市场能够实现对社会资金的有效动员及配置，进而促进经济快速增长。此后，在金融深化理论发展的过程中，学者结合自己的理解，对金融深化作了不同定义。饶余庆（1983）指出，金融深化是指政府不再过度干预金融市场，利率水平可以充分反映资金的供需状况，并且完全由金融市场来决定。Williamson 和 Mahar（1998）将金融深化的内涵扩展为六个方面，包括贷款控制消除、利率管制放松、银行机构私有化、金融机构自主化、金融服务业市场化以及国际资本流动自由化。李炳炎（2000）认为，金融深化是指金融机构、金融市场和金融工具的现代化。彭兴韵（2002）指出，金融深化是通过不断完善、扩充金融功能以促进金融效率提升和经济增长的过程。刘翔峰（2014）认为，金融深化是金融改革中不断减少政府干预、放松金融管制、提高金融效率的过程。在概括、总结前人相关研究的基础之上，本书认为，金融深化是一个动态的过程，具体包括两个维度：一是金融广度，即金融机构种类和数量的增长，金融规模的不断扩大；二是金融深度，即金融结构的优化以及金融效率的提高。

农村金融服务是指农村金融机构向当地农户、中小企业和地方政府等农村金融需求主体提供包括存款、贷款、结算、保险、期货和证券等在内的各种金融活动，其中既包括由正规金融机构即农村特色金融机构提供的服务，也包括非正式金融机构即民间金融机构提供的服务（陈曼，2019）。

结合金融深化及农村金融服务的相关界定，本书的农村金融服务深化是指农村金融的业务及制度等变革创新，以最小的业务及制度成本获得最大的农村经济社会福利改进的过程，具体表现为农村金融服务规模持续扩张、农村金融服务结构不断优化、农村金融服务效率逐步提升以及农村金融制度不断创新的状态及过程，是农村领域金融深化的综合表现。农村金融服务深化的最终结果在于农村金融服务能力的提升，也就是说，农村金融服务深化是过程，农村金融服务能力提升是结果。一般而言，农村金融服务深化程度越高，农村金融服务能力越高，农村金融支持农村产业融合发展的作用就越大。从中国农村实践的角度来看，农村金融服务深化主要表现出以下三个方面的特征：一是农村金融改革的渐进性。中国农村金融领域采取的是一种渐进式改革，即由"试点"到"深化"再到"扩大"，这种体制变革带有一定的强制性色彩。二是农村金融机构的多元性。近年来，新型农村金融机构和非正规金融机构不断涌现，在一定程度上对农村正规金融机构形成了有益补充。三是农村金融市场的细分性。农村金融市场的细分性主要源于农村金融机构的多元性，当然，这种细分性又会进一步诱发农村金融机构的多元性（叶维武，2013）。

3.1.2 农村产业融合发展的概念内涵

现有文献对农村产业融合发展概念内涵的分析视角、侧重点不同，由此产生了不同的理解或者阐释。在参考和借鉴上述定义的基础上，本书尝试将农村产业融合发展的概念概括为：农村产业的新型农业经营主体以农业为依托，以农产品加工业为引领，以利益联结机制为纽带，以技术创新、制度创新和商业模式创新为动力，以产业链延伸、产业功能拓展和新兴业态形成为表征，将农村一、二、三产业有机整合、产业链一体化推进，最终实现农业增效、农民增收以及农村经济社会兴旺繁荣的动态发展过程。要正确把握农村产业融合发展的内涵，就必须系统、深刻地理解以下几个要点：

第一，从融合主体来看，农村产业融合发展是由新型农业经营主体作为基本载体推动的，这些主体包括农民合作社、农业企业、专业大户以及家庭农场等。其中，农民合作社的核心功能在于将大量散户和一些大户带动起来，同时与农业企业和市场进行对接；农业企业的核心功能在于对农产品进行加工、流通以及销售；专业大户和家庭农场的核心功能在于从事农产品的规模化生产，从而为农业企业的功能发挥奠定基础。

第二，从融合客体来看，农业作为国民经济第一产业，是农村产业融合发展的客体。从农业融合的形式来看，一方面是农业内部融合，主要涉及对种、养殖结构进行调整优化实现的融合，或者依靠农业内部农、林、牧、渔复合经营以及发展生态循环农业实现的融合；另一方面是农业外部融合，主要涉及一、二产业融合，一、三产业融合以及一、二、三产业融合。目前最为常见的一、二、三产业融合形式是第二产业（农产品加工业）带动一、三产发展，以及第三产业（休闲农业）引领一、二产业发展，进而实现一、二、三产业的融合。

第三，从利益联结来看，与传统的"产加销一体化"的利益联结机制所不同的是，农村产业融合发展非常强调参与主体契约关系与分配机制的稳健性，因此要求各方主体通过股份合作以及订单农业等方式积极参与产业融合过程。与此同时，为了避免二、三产业窃取产业融合所产生的巨大收益，必须对风险防范机制进行健全与完善，从而不仅能够共享利益，同时还可以确保农村获得更多的增值利益。作为不同产业融合主体之间的桥梁和纽带，利益联结机制的有效建立，能够促使其形成分工协作、互利共赢的新格局。

第四，从融合目的来看，具备明确的目的性对于推进农村产业融合发展至关重要。其核心目的在于打破农业产业链各个环节（包括生产、流通、加工、销售等）之间互相分割的发展状态，从而持续延伸农业产业链、提升农业价值链，以及不断催生出新的农业技术、新的农业业态与新的农业商业模式，最终要通过二、三产业的发展创造出更多的价值增值并回馈农业，使农民更多地分享来自二、三产业创造的价值增值和收益分配，最终实现农民增收、农业增效、农村繁荣。

3.2 农村金融服务深化与农村产业融合发展的内在机理

经济决定金融，金融反作用于经济。农村金融服务是我国金融服务体系的重要组成部分，农村金融服务深化与农村产业融合发展之间是一种相互影响、相互作用的关系。一方面，农村产业融合发展是决定农村金融服务深化的重要力量；另一方面，农村金融服务深化是影响农村产业融合发展的关键因素。接下来，本书将详细、系统阐述农村产业融合发展决定农村金融服务深化的作用机理和农村金融服务深化影响农村产业融合发展的作用机理。

3.2.1 农村产业融合发展决定农村金融服务深化的作用机理

农村产业融合发展决定农村金融服务深化表现在这些方面：农村产业融合发展决定农村金融服务深化的绩效、制约农村金融服务的资本积累深化、影响农村金融服务深化的发展阶段、制约农村金融服务组织功能完善。

（1）农村产业融合发展提供农村金融服务深化的初始条件

对于农村金融服务机构而言，其网点设立与组建不仅需要大量成本，后期运营同样需要耗费不少资金。因而，只有当农村产业发展到一定规模时，才能够支撑农村金融服务体系的有效运行。具体而言，随着农村产业朝着融合发展的方向不断迈进，农村产业融合主体的生产经营收入可以得到明显提升，收入增加导致储蓄上升，有利于扩大农村资金剩余规模，从而形成农村金融资本。由此可见，农村产业融合发展可以为农村金融服务的产生和深化提供初始条件。随着农村产业融合发展的不断推进，其对金融服务需求的规模将不断增大，从而在扩大农村金融服务规模的同时，进一步优化现有的农村金融服务结构。农村产业融合发展决定着农村金融服务的深化，具体而言，首先，农村产业融合发展促使农村产业结构不断转型升级，农村产业结构升级也将改变农村金融服务的需求结构，最终会对农村金融服务系统的运行结构产生深远影响；其次，农村产业融合发展有利于增加农民收入，进而带动农村储蓄能力的提升，并对农村金融服务的供给结构产生影响；最后，农村产业融合发展会产生大量的投融资活动，有助于扩大农村金融服务的交易数量和交易规模，并进一步完善优化农村金融服务质量，因此，农村产业融合发展状况决定了农村金融服务的深化。

（2）农村产业融合发展引致农村金融服务量的累积和功能的进化

农村金融服务体系并非天然形成，其产生和发展的过程与农村产业融合发展所处的阶段密切相关。随着农村产业融合发展的不断推进，其金融服务需求日益多元化和复杂化，农村金融服务是为了满足这些需求而产生的，并进一步形成农村金融服务体系。在农村经济发展的过程中，农村产业融合发展带来了农村资本财富的增加，农村金融系统按照不同形式将这些资金资源积累起来，这种积累一方面增加了资本量，另一方面也集聚形成了金融功能。具体而言，上述过程反映了农村金融服务规模的不断扩张，包括农村金融服务产品的增多、农村资金供给量的增加以及农村金融服务体系的优化等。通常而言，在日常经济活动中的诸多经济行为必须依托金融中介这个载体才能实现，越来越频繁的经济交易活动会带动金融中介的发展。随着农村产业逐步迈向深度融合发展，农村金融机构所扮演的角色也越来越重要，从而日益深化农村金融服务。换言之，农村金融服务功能会随着农村产业的融合发展而不断完善，由最初的信贷配置、支付中介等功能，逐步向企业管理水平提升、农业风险平滑、交易信息咨询以及农业产业升级等功能持续进化。然而，要确保农村金融服务体系的有效运行，必须配备更多的专业人员以及更先进的办公设备，由此需要付出更加高昂的成本。农村产业融合发展通过繁荣农村经济可以承担更高的农村金融服务体系运行成本，促使其创新推出更加丰富、更加高级的农村金融服务功能，总而言之，农村金融服务的功能升级在一定程度上取决于农村产业融合发展，农村产业融合发展可以加速农村金融服务量的累积与功能的进化。

(3) 农村产业融合发展推动农村金融服务的阶段性发展

农村金融服务深化的阶段性由经济活动中实体所能承担的成本决定，农村产业融合主体之所以愿意主动获取金融服务，是因为通过金融服务所获得的收益要大于获取金融服务所支付的成本。农村产业融合发展对农村金融服务深化的影响存在着"门槛效应"，由此可以将农村金融服务深化划分为三个阶段：第一阶段，处于自给自足状态。该阶段农村产业融合发展水平还比较低，由于农村产业融合主体的收入水平比较低，哪怕其存在金融需求，也不愿意支付农村金融服务的成本，或者愿意支付但限于成本高昂而作罢，因此缺乏动机去建设农村金融服务机构和农村金融服务市场。第二阶段，只存在农村金融服务中介状态。随着农村产业融合发展的不断推进，一些产业融合主体收入水平得到了极大提升，同时也积累了一定规模的财富，由此开始涉足农村金融服务活动。产业融合催生了旺盛的金融服务需求，带动了金融交易频次的提高和规模的扩张，也减少了个体需要支付的金融服务成本，从而有效带动了农村金融服务中介机构的快速发展。第三阶段，只存在金融市场状态。伴随着农村产业进入深度融合发展阶段，农村金融市场扮演着越来越重要的角色，各类产业融合主体积极进入农村金融市场获取金融服务以满足自身发展的需要，从而不断优化完善农村金融服务体系。由此可见，农村金融服务发展与农村产业融合发展息息相关，农村产业融合发展推动了农村金融服务体系的阶段性演进。

(4) 农村产业融合发展促进农村金融服务机构功能的完善

在农村产业融合发展水平较为落后时，产业融合主体对金融服务需求的层次也比较低，主要为出于资金安全考虑的存贷款需求，尚未出现资本增值的服务需求。伴随着产业融合主体规模的不断扩大，其投融资服务需求也因积累的财富愈来愈多而日益旺盛，传统农村金融服务体系已经难以满足产业融合主体的金融服务需求。随着农村产业融合主体所拥有的资本财富越来越多，这些资本财富通过农村金融机构的聚集不断增加可用资金，加快了农村资本的积累，从而有效推动了农村金融服务机构的快速发展。与农村金融服务机构发展同步的是农村金融服务功能的不断演进，通过开发创新农村金融产品和服务方式，优化农村金融服务结构。在此过程中，为了满足产业融合主体多元化金融服务需求的多层次金融机构（如证券公司、基金公司以及保险公司等）也获得了快速发展，由此不断深化完善农村金融服务体系。愈来愈多的融合主体通过投融资活动参与农村产业融合发展，其所涉及的金融服务也愈发多元化,除了最基础的信贷服务之外,还包括信息咨询、风险分散、资源配置以及企业运营管理等。正是由于产业融合主体对金融服务的多元化和复杂化需求,不断倒逼农村金融服务机构对金融产品和服务方式进行创新升级。总的来看,农村产业融合发展的推进提高了产业融合主体的收入水平以及财富水平,由此促使农村金融服务功能逐步完善以及农村金融服务体系日益健全。

3.2.2 农村金融服务深化影响农村产业融合发展的作用机理

农村金融服务深化制约、影响农村产业融合发展表现在这些方面:农村金融资本积累深化、农村金融资源配置深化、农村金融组织功能深化以及技术创新深化影响着农村产业融合的有效发展。

(1) 农村金融服务深化、资本积累与农村产业融合发展

同生产原料一样,资本作为一种稀缺资源,既是经济发展的核心动力,也是推动农村产业融合发展的关键所在。农村金融服务深化可以提高储蓄率,提高储蓄向投资的转化率,使得投资量增加,资本总量增加,由此提高了农村产业融合发展的水平。而这个功能主要依托于金融机构、金融工具和金融市场作为其载体来实现。首先,作为农村金融服务的提供者,农村金融机构可以通过集聚农村居民的闲置资金以扩大储蓄规模。农村金融机构的多样化使得农村居民有了更多的渠道进行储蓄投资,同时其获取金融服务的成本大大减少,从而使资本潜力得到极大挖掘。资本潜力提升可以从两个方面发挥动员储蓄功能:一是经济货币化程度会因农村金融机构数量的增加而不断提高,相对于实物储蓄而言,金融机构存款所产生的收益明显更多,因此农村金融机构数量的扩大可以引导农村居民将闲置资金进行存款储蓄,从而改变过去农村长期存在的实物储蓄传统;二是随着经济货币化程度的提升,利用交易成本降低以及利率刺激两条途径,农村金融机构可以有效调低农村居民的货币需求量,以此增加农村金融机构的储蓄存款数量。其次,金融工具为促使储蓄向投资转化提供了必要中介。

拥有丰富、多样的金融工具可以有效积累金融资本，但如果缺乏多样化的金融工具，则可能促使储蓄向不匹配的载体转移，这既会因储蓄规模扩大而造成阻碍，也将不利于实现储蓄向投资的有效转化。多样化的金融工具可以实现对不同风险和收益的有效匹配，进而开发出各种类型的金融资产组合，有助于发挥金融服务的多种功能。一方面，农村储蓄者更容易找到适合自己风险承受能力的金融产品，金融机构的储蓄水平由此能够得到一定程度的提高；另一方面，资金需求者可以选择更多不同的筹资手段，有效降低筹资风险和筹资成本。因此，金融工具既可以提供载体以完成储蓄向投资转化，同时还可以提高储蓄规模以及降低筹资成本。最后，金融市场为促使储蓄转化为投资提供了重要场所。随着金融市场的快速发展，与储蓄投资转化相关的成本费用可以得到极大降低，从而加速资本向金融机构集中，然后将资本投资到发展前景较好、有巨大潜力的农村产业融合发展项目上。具体而言：一是伴随着金融市场建设越来越完善，只需要耗费较少的搜寻成本，就能够准确寻找到合适的金融资产交易对象，从而顺利完成投融资活动；二是利用保证金制度等规则，金融市场可以为投融资双方创造安全、舒适的交易环境，从而有效提升资本形成规模与效率；三是通过将整个社会的分散资金有效集中起来，金融市场可以实现对金融资源的重组和分配，从而使得资本形成效率得到大大提升。

（2）农村金融服务深化、资源配置与农村产业融合发展

现代金融服务体系的核心功能在于实现资源配置，只有在动员储蓄的基础上，将更多分散资金集中配置到发展潜力更大、前景更好的产业部门，才可以实现金融资源的高效配置。在配置金融资源的过程中，农村金融服务深化须依靠以下两种机制对资金配置结构进行优化调整，从而影响农村产业融合发展。一是资金形成机制。所谓资金形成机制，指的是通过提高产业发展投入要素中资金的数量和比例，从而促进经济增长。随着农村金融服务深化的不断推进，农村金融结构持续优化，可为产业融合主体拓宽外部融资途径，增加资金来源渠

道，从而推动农村产业融合发展。随着农村金融生态的逐步完善，农村金融产品数量不断增加，农村金融服务方式日益改善，为促进农村产业融合发展创造了良好的外部环境。对于产业融合主体来说，融资难融资贵是长期以来制约其发展的关键问题所在。农村金融服务深化使得产业融合主体的融资渠道更加多样化，可以有效满足其生产经营所需的正常资金需求。从激励产业融合主体的角度来看，农村金融服务获取的便捷性可以提高产业融合主体扩大自身潜在生产经营的积极性，激励其逐步涉猎潜在效益更高、领域更广的产业融合领域，从而促进农村产业融合发展。从农村金融机构的角度来看，通过对产业融资渠道的拓宽，可以使农村金融机构的资金获得充分、高效的利用。在市场利率由资金供给者和需求者共同决定的情况下，为高效产业融合项目配置更多的资金可以获得更高的收益，提高农村产业资本的形成率，形成完善的产业金融服务体系，从而有助于推动农村产业融合发展。

二是资金导向机制。利益竞争机制在商业性金融中，其本质就是资金导向机制。这种利益竞争机制和政策性金融相辅相成，能够优化资源配置，促进农村产业融合发展。目前，中国不同地区之间的农村经济发展水平极为不均衡，由于缺乏足够的生产资金，一些农村地区拥有丰富的经济资源却难以被有效利用起来。与此同时，由于投资渠道的匮乏，一些农村地区资本资源较为丰富却难以得到充分利用。上述困境将因农村金融服务的不断深化而得到有效缓解，农村金融机构通过将资本丰裕区域的资金利用储蓄等渠道收集起来，然后利用资金跨区域合理流动，将充足的资金提供给资金需求较为旺盛的区域，实现资金有效配置。伴随着中国利率市场化进程的不断加快，通过调节存贷款利率既可以满足资金盈余者的高收益率需求，也可以满足资金需求者的低成本需求。在甄选农村产业融合发展项目进行投资时，应该重点比较农村金融机构贷款利率与投资项目的预期收益率，进而摈弃那些预期收益率相较贷款利率更低的产业融合项目，投资那些预期收益率比贷款利率更高的产业融合项目,从而合理配置信贷资金投放方向,推动农村产业的深度融合发展。

(3) 农村金融服务深化、技术进步与农村产业融合发展

从理论上讲,所谓技术进步是指在原有生产要素投入不发生改变的情况之下,因采用新的管理方式、组织形式以及生产技术,导致产量得以增加或者质量获得提升。技术进步是农村产业融合发展的核心推动力所在,具体而言,资本积累在推动农村产业融合发展的初期发挥着十分重要的作用,然而,伴随着农村产业融合发展的不断推进,技术进步将会日益成为促进农村产业融合发展的核心力量。作为一个异常复杂且困难的系统工程,技术进步所需要的人力、物力特别是财力(资金)非常多,迫切需要农村金融服务的大力支持。农村金融服务深化侧重通过动员储蓄、信息揭示以及风险管理等功能影响技术进步。一是储蓄动员。对于技术创新活动而言,不能缺少足够的研发资金,所以资本积累决定了技术进步状况,而资本积累的根本在于储蓄。一般而言,一家企业经营所必需的资金规模比较大,个人投资者往往难以满足其资金需求,因此有必要利用农村金融服务机构广泛动员储蓄,将众多分散投资者的闲置资金集中起来,然后投入技术创新研发活动,如此才能有效推动技术进步。金融服务体系通过利用金融工具的多样化(比如债券、保单、存单以及股票等),将社会上分散化的资金集中到一起,进而利用资源配置把资金投放到高新产业部门,从而推动产业(或企业)技术创新和技术进步。

二是信息揭示。鉴于金融服务体系所具备的专业优势,即作为一个采集、处理信息的中介机构,它可以对技术研发创新项目进行有效甄选,一方面对企业研发方向成功概率进行判断,另一方面对技术先进性进行判断,从而提升技术创新能力,推动技术进步。

三是风险管理。技术创新投资一般都属于长期投资,具有很大的流动性风险,使得许多投资者望而却步。而金融体系的流动性创造功能降低了投资者将资金变现的难度,更愿意进行收益更高的长期投

资，使得创新企业能够更容易获得资金，从而推动技术创新。

四是公司治理。利用多种治理机制，金融服务体系可以积极参与到公司治理过程当中，进而对技术进步产生影响。通过代理监督权力的执行，金融机构可以采取派遣董事（或者监事）入驻融资企业、实时监测融资企业的现金流量等方式，全方位监控融资企业的运营情况，有利于推动企业技术创新研发活动的顺利进行，进而促进技术进步。此外，投资者通过利用金融机构所提供的监控机制（包括董事会控制、公司控制以及股价机制等），可以更加积极地投资于企业技术创新项目，从而促进技术进步。

3.3 农村金融服务深化与农村产业融合发展的理论模型

3.3.1 农村产业融合发展融资困境的理论模型

（1）信贷配给与农村产业融合发展融资困境

一般意义上的"信贷配给"是指以下两种情况之一：一是针对没有任何差别的贷款申请人而言，其中一部分申请人没能获得贷款而另外一部分申请人却获得了贷款，即便是支付的利率更高一些，那部分没能获得贷款的申请人依旧难以获得贷款；二是哪怕拥有非常充足的贷款供给，仍然有部分申请人尽管愿意支付任何水平的利率但依旧难以获得贷款。Stiglits 和 Weiss（1981）对不完全信息下逆向选择导致作为长期均衡现象存在的信贷配给做了经典性的证明，在此基础上，Bester 和 Hellwing（1987）进一步对事后借款者的道德风险行为所造成的信贷配给现象做了补充说明。从中国农业信贷市场的情况来看，尽管信贷政策一直向农村倾斜，但农业贷款在全部贷款中的比例却没有出现明显增长。这说明在中国农业信贷市场上，因信息不对称问题而导致的均衡信贷配给起到了重要作用，当然，这也是农村产业融合发展面临融资困境的关键成因。接下来，本书将利用不完全信息动态博弈理论，详细分析信贷配给在农业贷款市场上的形成过程，探寻农村产业融合发展存在"贷款难"问题的原因所在。

1）相关基本假设

① 参与人包括两类：一是银行，二是农村产业融合主体（即借款人）。这两类参与人都是风险中性，并且目标在于最大化自身利益，亦即理性经济人。

② 借款人（农村产业融合主体）的风险类型 q 包括两类：一是低风险农村产业融合主体（L），这类主体在申请农业贷款时对自己所属风险类型加以真实显示，如实提供相应资料，并且会按照要求偿还贷款；二是高风险农村产业融合主体（H），这类主体在申请农业贷款时往往提供虚假材料，以便顺利骗取贷款，因而有极大的可能性会产生不良贷款。

③ 银行将贷款发放给低风险农村产业融合主体 L 的收益为 R_L，银行将贷款发放给高风险农村产业融合主体 H 的收益为 R_H。

④ 考虑到信息不对称现象在借款人（农村产业融合主体）与银行之间普遍存在，作为一种私有信息，借款人所属的风险类型 θ，只有农村产业融合主体自己知道，银行无从了解，只有通过对农村产业融合主体的行为进行判断，所以就银行与农村产业融合主体之间的信贷博弈而言，其在本质上属于不完全信息动态博弈。

2）农村产业融合主体与银行在贷款申请时的动态博弈

① 在不完全信息动态博弈过程中，农村产业融合主体的风险类型及其收益函数难以被银行所掌握，考虑到后续分析的便利，引入"自然"这个虚拟参与人，进行海萨尼转换，从而将不完全信息动态博弈转换成完全但不完美信息动态博弈。在第一阶段博弈中，由"自然"开始行动，对农村产业融合主体所属的风险类型进行选择，从而将其划分为低风险农村产业融合主体 L 和高风险农村产业融合主体 H，$P(H)$ 与 $P(L)$ 分别表示 H 和 L 的概率分布。

② 在第二阶段博弈中，是否进行贷款申请由农村产业融合主体自

主决定。本书假定，无论是低风险农村产业融合主体 L 还是高风险农村产业融合主体 H 均会进行贷款申请。

③ 在第三阶段博弈中，依据申请贷款的农村产业融合主体风险程度高低，银行决定是否发放贷款。考虑到"自然"已经对农村产业融合主体的风险类型进行了选择，为此，尽管在农业贷款市场上的每个农村产业融合主体所属风险类型不为银行所知，但银行可以较好地掌握农村产业融合主体为低风险类型的概率分布 $P(L)$ 与高风险类型的概率分布 $P(H)$。与此同时，本博弈属于动态博弈过程，在行动方面是存在先后顺序的，为此，银行对于农村产业融合主体风险类型的"先验概率"并非一直保持不变，而是可以利用对其申请贷款行为的具体观察来进行修正。假定贷款申请人农村产业融合主体为 α，银行依照贝叶斯法则能够计算出高风险农村产业融合主体 H 与低风险农村产业融合主体 L 的概率：

$$P\langle H|\alpha\rangle = \frac{P(H)P\langle\alpha|H\rangle}{P(H)P\langle\alpha|H\rangle + P(L)P\langle\alpha|L\rangle} \quad (3.1)$$

$$P\langle L|\alpha\rangle = \frac{P(L)P\langle\alpha|L\rangle}{P(L)P\langle\alpha|L\rangle + P(H)P\langle\alpha|H\rangle} \quad (3.2)$$

在上式中，$P\langle\alpha|L\rangle = P\langle\alpha|H\rangle = 1$，同理可以得到：$P(L) + P(H) = 1$。

换言之，在农业信贷市场中高风险农村产业融合主体与低风险农村产业融合主体分布的概率，即为贷款申请人中高风险农村产业融合主体与低风险农村产业融合主体的概率。由于对贷款申请人所属的风险类型难以准确把握，贷款期望收益便成为决定银行是否发放贷款的关键因素。本书假定银行发放贷款可以获得的期望收益为：

$$E(R) = P(L)R_L + P(H)R_H = P(L)R_L + [1-P(L)]R_H \quad (3.3)$$

只有当 $E(R) \geq R_f$，$[R_f = (1+r_f)B$，B 为贷款金额，r_f 为无风险收益率]，即

第3章 农村金融服务深化与农村产业融合发展的理论框架

$$P(L)R_L+\left[1-P(L)\right]R_H \geq R_f \tag{3.4}$$

当 $P(L) \geq (R_f - R_H)/(R_L - R_H)$ 时,银行才会贷款。

上述属于一个典型的混同均衡,意味着银行愿意发放贷款的基本前提是农村产业融合主体(贷款申请人)的生产经营状况普遍较好,此时对银行而言产生不良贷款的风险比较小。因此,如果由于农村产业融合主体整体信用较差、农业生产经营风险较大等因素的存在,导致低风险农村产业融合主体的分布概率 $P(L)$ 大幅下降并满足 $P(L) < (R_f - R_H)/(R_L - R_H)$,考虑到风险因素,银行普遍会对农村产业融合主体采取"少贷""不贷"等惜贷行为。此时对于低风险农村产业融合主体而言,同样难以从银行获取贷款。

3)农村产业融合主体与银行在偿还贷款上的动态博弈

当贷款到了偿还日期,有两种选择摆在农村产业融合主体和银行面前。对于农村产业融合主体而言,一是选择按期还款,二是选择赖账不还;对于银行而言,一是选择追究债务,二是选择接受损失。假定当农村产业融合主体选择赖账不还时,银行为了追究债务所付出的成本为 C_1,农村产业融合主体被追究赖账所付出的成本为 C_2,农村产业融合主体通过贷款所获得的收益为 F,银行追究债务的成功概率为 p,由此可知银行追究债务时的期望收益为:

$$(R-C_1)p+(-R-C_1)(1-p),\text{其中}R=(1+r)B \tag{3.5}$$

如果银行选择追究,农村产业融合主体赖账不还的期望收益为:

$$(R+F-C_2)(1-p)+(-R+F-C_2)p \tag{3.6}$$

显而易见,对于理性的银行而言,只有在 $(R-C_1)p + (-R-C_1)(1-p) > -R$ 的情形下才会选择追究债务;而对于理性的农村产业融合主体而言,只有在 $(R+F-C_2)(1-p)+(-R+F-C_2)p > -R$ 的情形之下才会选择赖账不还。

接下来,本书将结合具体数字展开分析。假定交易成本为0,银行同农村产业融合主体的博弈关系和博弈结果包括四种类型:第一,当银行选择不发放贷款时，银行与农村产业融合主体所获得的收益同时为0，博弈结果为（0，0）[①]；第二，当银行发放的贷款到偿还期时，农村产业融合主体选择按时还款，银行与农村产业融合主体所获得的收益均等于2，博弈结果为（2，2）；第三，当银行发放的贷款到偿还期时，农村产业融合主体选择赖账不还，银行选择对债务进行追究，此时虽然付出了追债成本，但银行也在一定程度上保护了自身利益，而农村产业融合主体由于选择赖账不还而遭受一定程度的惩罚，因而两者的综合收益均等于1，博弈结果为（1，1）；第四，当银行发放的贷款到偿还期时，农村产业融合主体选择赖账不还，而银行却选择接受损失，此时银行的收益等于 –2，而农村产业融合主体因不用偿还贷款所获得的收益等于2，博弈结果为（–2，2）。

通过对不同博弈关系所产生的结果进行比较可以发现，如果农村产业融合主体选择赖账不还，作为理性的银行，肯定会选择对其债务进行追究。与此同时，对于理性的农村产业融合主体而言，通过比较按期还款收益与赖账不还的收益，最终还是将选择按期还款。因此，银行同农村产业融合主体博弈的均衡状态为（银行贷款，农村产业融合主体还款），这个时候双方收益等于（2，2）。然而，交易费用为0的假定在现实经济活动中不可能存在，一方面，银行监督农村产业融合主体会产生相应成本，另一方面，由于可供抵押或担保物的缺乏，银行对农村产业融合主体的债务追究成本较高，成功概率较小。因此，如果农村产业融合主体选择赖账不还，银行在大多数时刻会选择接受损失，长此以往，银行从一开始便会选择"少贷"，甚至"不贷"等"惜贷"策略，最终使得两者的博弈结果倾向于（0，0）。

综上所述，通过对农村产业融合主体与银行在申请贷款和偿还贷款阶段的动态博弈分析可以发现，借贷主体之间信息不对称、农业的脆弱性以及缺乏抵押担保物品等，都是导致农业贷款市场存在信贷配

[①] 括号中第一个数字代表银行收益，第二个数字代表农村产业融合主体收益。

给的关键因素。

（2）信用担保配给与农村产业融合发展融资困境

为了缓解农业贷款市场上存在的严重的信贷配给状况，作为一种新的行业和风险分担机制，信用担保被逐渐引入农业贷款市场，这一方面可以对农村产业融合主体所面临的融资困境起到较好的缓解作用，另一方面也能够在一定程度上帮助银行分担部分信贷风险。但是，因信息不对称现象所导致的逆向选择和道德风险问题，在涉农信用担保机构（担保供给方）与农村产业融合主体（担保需求方）之间依然普遍存在，因此，便产生了另一个制约农村产业融合主体顺利融资的关键问题——信用担保配给。接下来，本书基于不对称信息条件，建立农村产业融合主体信用担保市场的信用担保配给模型，以分析信用担保市场上所存在的农村产业融合主体信用担保配给现象。

1）假设与模型的建立

① 假定存在一个普遍风险中性者的经济。在农村产业融合主体信用担保市场上有着多个农村产业融合主体和商业性的担保机构，其中，农村产业融合主体通过产业融合投资项目来追求自身利润最大化，信用担保机构通过设定反担保品、担保费率等担保条件最大化自身利润。

② 农村产业融合主体主要依赖外源性融资而非内源性融资，而垄断性质的银行贷款是外源性融资的主要途径。

③ 信用担保机构有一批农村产业融合投资项目可以做担保，每一个项目 θ 的总收益 R 具有一个概率分布，该分布不能够为农村产业融合主体所改变。

④ 信用担保机构对农村产业融合投资项目的甄选主要依赖的是不同收益均值，因此一旦两个甚至多个项目的收益均值相同便会促使信用担保机构做出决策。需要注意的是，对不同的农村产业融合投资项目的具体风险大小，信用担保机构是没有办法确定的。

⑤ 对于农村产业融合主体而言，它在选择产业融合项目时，每次

只能选择一个，并且不同农村产业融合主体所获得的收益概率分布不一样。

⑥ 本书用$F(R,\theta)$表示农村产业融合主体投资项目所获得收益的概率分布，$f(R,\theta_1)$为农村产业融合主体投资项目所获得收益的概率密度函数，并且对于均值不变的分布而言，如果θ的取值越大，表明农村产业融合项目所存在的风险也越大，换言之，对于$\theta_1 > \theta_2$，如若

$$\int_0^\infty Rf(R,\theta_1) = \int_0^\infty Rf(R,\theta_2) \tag{3.7}$$

那么对于$y \geq 0$，

$$\int_0^\infty F(R,\theta_1)dR \geq \int_0^\infty F(R,\theta_2)dR \tag{3.8}$$

⑦ 农村产业融合主体需要向银行举借贷款B来投资产业融合项目，同时农村产业融合主体自身所拥有的资金不计算任何成本①，r表示银行贷款利率，r_f表示无风险利率。

⑧ 信用担保机构的承保比例为η，担保费按实际承保金额$(1+r)B\eta$计算，g为担保费率。农村产业融合主体提供数额为W的反担保金，同时有$W < (1+r)B$。如果农村产业融合主体有待偿还给银行的资金高出其反担保W加上收益R之和，其有可能选择对银行违约（赖账不还），进而使得贷款偿付责任落在信用担保机构身上。此时有：

$$R + W < (1+r)B \tag{3.9}$$

因此，由上述假设可将农村产业融合主体所获得的净收益π表示为：

$$\pi = \max\left[R - (1+r)B - g(1+r)B\eta; -W - g(1+r)B\eta\right] \tag{3.10}$$

担保机构的净收益ρ可以表述为：

$$\rho = \min\left[g(1+r)B\eta; g(1+r)B\eta + R + W - (1+r)B\right] \tag{3.11}$$

本书是对基于不对称信息条件所建立的农村产业融合主体信用担

---

① 这一假定的目的在于简化分析过程，不对推导结果产生影响。

保市场进行考察，该市场上有着多个农村产业融合主体和商业性的担保机构，并且各个信用担保机构是互相竞争的关系，所以本书所构建模型的均衡乃是竞争性均衡。该模型中存在令担保供给等于担保需求的担保条件，但总体而言，其并非均衡的担保条件。

2）模型分析

对于信用担保机构而言，其关注的焦点在于两点：一是担保条件，二是农村产业融合投资担保项目的风险。事实上，担保条件也会对信用担保机构担保项目风险产生影响，其具体途径在于：首先是逆向选择效应，即担保条件会对潜在担保需求方的风险程度造成影响；其次是激励效应，即担保条件会对担保需求已被满足的主体的行为产生影响。正是信用担保市场的不完全信息，导致产生上述两种效应。

由于对不同的担保需求方而言，其在贷款到期时的还款概率不一致，因此需要信用担保机构为此负有的偿还责任的概率也有差异，进而使得信用担保条件存在逆向选择。信用担保机构承担偿付责任的概率决定其期望收益水平，所以担保需求方还款概率是信用担保机构最希望清楚掌握的信息，尽管其根本没有办法做到。对于高风险农村产业融合主体来说，由于其意识到未来不能还款的可能性较大，因此其愿意支付的担保条件比较高。反过来，随着信用担保条件进一步提高，就会加剧农村产业融合主体所面临的平均风险，从而对信用担保机构的收益带来损失。与此类似，担保条件变化也会改变农村产业融合主体的行为，因为农村产业融合项目投资收益会因信用担保条件的不断提高而持续降低。为此，随着担保条件越来越高，对于那些尽管成功概率较低但一旦成功则收益较高的农村产业融合项目，农村产业融合主体越发青睐。

如果是在对称信息的条件下，无论农村产业融合主体采取何种行为，银行和担保机构等金融机构均能够准确掌握。然而，在信息不对称的情形之下，如何设计担保合同便变得至关重要，一方面既要能够对低风险农村产业融合主体产生较强的吸引作用，另一方面又要能够将担保机构的利益纳入农村产业融合主体采取行动时的考量范围。

通过上述分析，得到的结论主要包括：

① 第一个结论：对于一定的利率水平 r，存在一个临界值 $\hat{\theta}$，使农村产业融合主体只有在 $\theta > \hat{\theta}$ 时，才会向信用担保机构申请担保。该结论可通过对图3.1观察得到。

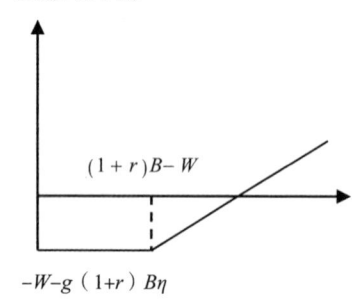

图3.1 农村产业融合主体的净收益函数

由图3.1可知，农村产业融合主体的净收益 R 会随着风险的不断上升而上升（凸状函数）。对于每一个净收益为0时的 θ 值（即 $\hat{\theta}$ 值），满足：

$$\pi(\hat{\theta}) = \int_0^\infty \max\left[R-(1+r)B-g(1+r)B\eta; -W-g(1+r)B\eta\right] dF(R,\hat{\theta}) = 0 \tag{3.12}$$

在临界值 $\hat{\theta}$ 处，与此相对应的临界值 $\hat{R}$ 可表述为 $(1+r)B + g(1+r)B\eta$。

由此，我们可以得出第二个结论。

② 第二个结论：随着担保条件不断提升，θ 的临界值（在低于该值时，农村产业融合主体不会进行担保申请）也将持续上升。

显而易见，随着担保条件的增加，农村产业融合主体的净收益曲线 R 与横坐标轴的交点会往右边移动，从而使得临界值 $\hat{R}$ 上升，因此临界值 θ 也将随之上升。

③ 第三个结论：信用担保机构对每笔农村产业融合项目贷款担保的期望收益，是关于该项目风险程度的递减函数。该结论可通过图

第3章 农村金融服务深化与农村产业融合发展的理论框架

3.2 观察得到。

由图 3.2 可知，ρ 是 R 的一个凹状函数。

综合上述三个结论可以发现，提高担保条件对于信用担保机构而言可能是把双刃剑，一方面，它可以提升信用担保机构的期望收益，另一方面，它也可能通过逆向选择功能而降低信用担保机构的期望收益（详见图3.3）。

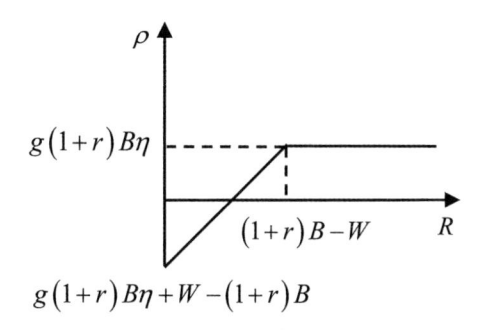

图 3.2 每笔农村产业融合项目担保的期望收益

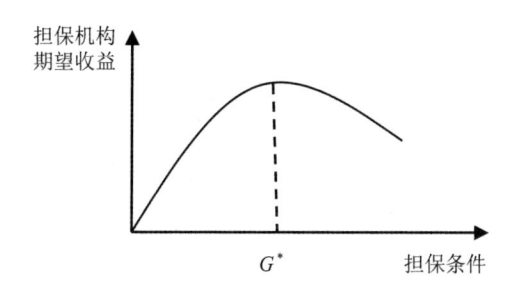

图 3.3 担保机构的期望收益函数

从图 3.3 中可以看出，如果提升担保条件超过一定幅度，这种逆向选择所产生的间接作用甚至会大于直接的提升作用，最终降低信用担保机构的期望收益。在图 3.3 中，G^* 为最优担保条件，担保条件设定在此处能够最大化担保机构的期望收益。在担保条件 G^* 处，担保供给被担保需求所超过。尽管此时担保需求与担保供给并不相等，但此处确是均衡担保条件，哪怕有农村产业融合主体愿意支付比 G^* 更高的担保条件，担保机构也不会为其提供担保，从而便产生了农村产业融合主体信用担保配给均衡。换言之，在农村产业融合主体信用担保市场的均衡状态下，信用担保配给现象仍旧普遍存在，部分农村产业融合主体难以获得信用担保，最终导致其没有办法从银行获得贷款。

3.3.2 农村金融服务深化作用于农村产业融合发展的理论模型

针对农村金融服务深化作用于农村经济增长的内在机理，经典的金融深化理论与内生金融发展理论均已经做过系统阐释。本书在借鉴这些研究的基础上，结合 Pagano（1993）的 AK 模型以及 Mckinnon 和 Shaw（1973）的金融深化理论，分析农村金融服务深化作用于农村产业融合发展的内在机理。

假设农村是一个封闭的经济系统，农村经济中仅生产一种产品，该产品既可用于消费也可用于投资；在人口规模一定的情况下，农村经济总产出是农村总资本存量的线性函数。因此，农村生产函数可以表示为：

$$Y_t = AK_t \tag{3.13}$$

其中，Y_t 表示农村经济的总产出水平，A 表示农村资本边际生产率，K_t 表示农村总资本存量。农村产出可以看作在一定的农村产业融合发展下的结果，本书进一步假设农村经济的总产出水平是农村产业融合发展水平的线性函数，此时的农村生产函数可以表示为：

$$Y_t = BQ_t \tag{3.14}$$

其中，Q_t 表示农村产业融合发展水平，B 为农村产业融合发展的产出率。

结合式（3.13）和式（3.14）可知：

$$AK_t = BQ_t \tag{3.15}$$

可转化为：

第3章 农村金融服务深化与农村产业融合发展的理论框架

$$Q_t = \frac{A}{B} K_t \qquad (3.16)$$

令 $\frac{A}{B} = \eta$,则有:

$$Q_t = \eta K_t \qquad (3.17)$$

令农村产业融合发展水平的增长率为 φ,第 t 期农村产业融合发展水平的增长率可表示为 φ_t,则有:

$$\varphi_t = \frac{Q_t}{Q_{t-1}} - 1 \qquad (3.18)$$

由于该模型中生产的产品是用于投资 I,假设资本折旧率为 δ,则 t 期的总投资水平为 I_t:

$$I_t = K_{t+1} - (1-\delta) K_t \qquad (3.19)$$

在没有政府参与的封闭经济系统中,资本市场的均衡表现为总储蓄(S)全部转化为总投资,即 $I = S$。然而,在储蓄向投资转化的过程中,存在一定比例的消耗,假设消耗比例为 $1-\theta$($0 < \theta < 1$),则储蓄—投资转化率为 θ($0 < \theta < 1$),则:

$$I_t = \theta S_t \qquad (3.20)$$

根据式(3.19)、式(3.20)可知:

$$K_{t+1} = \theta S_t + (1-\delta) K_t \qquad (3.21)$$

由式(3.17)、式(3.18)、式(3.21)可知,$t+1$ 期农村产业融合发展水平的增长率为:

$$\varphi_{t+1} = \frac{Q_{t+1}}{Q_t} - 1 = \frac{\eta K_{t+1}}{\eta K_t} - 1 = \frac{\theta S_t + (1-\delta) K_t}{K_t} - 1 = \theta \frac{S_t}{K_t} - \delta \qquad (3.22)$$

结合式(3.13)、式(3.22)可得:

$$\varphi_{t+1} = \theta \frac{S_t}{Y_t/A} - \delta = A\theta \frac{S_t}{Y_t} - \delta \qquad (3.23)$$

令总储蓄率 $\frac{S}{Y} = s$,则式(3.23)可转化为:

$$\varphi_{t+1} = A\theta s_t - \delta \qquad (3.24)$$

65

式（3.24）表明，农村产业融合发展水平增长率受到农村储蓄率 s、农村总储蓄转化为投资的比例 θ 以及农村资本的边际生产率 A 即资源配置效率的共同影响。

进一步根据 Mckinnon 和 Shaw（1973）的金融深化理论[①]可知，农村储蓄率、总储蓄转化为投资的比例以及资本的边际生产率均不是恒定不变的，而是会受到农村金融服务深化（F）的影响，则有：

$$s = s(F) \tag{3.25}$$

$$\theta = \theta(F) \tag{3.26}$$

$$A = A(F) \tag{3.27}$$

结合式（3.25）、式（3.26）、式（3.27），将其代入式（3.24）可得：

$$\varphi_{t+1} = A(F)\theta(F)s(F) - \delta \tag{3.28}$$

由式（3.28）可知，随着农村金融服务深化程度的不断提升，农村储蓄率、储蓄转化为投资的比例以及资本的边际生产率不断上升，农村产业融合发展水平增长率也不断攀升。换句话说，储蓄效应、投资效应和资本配置效应是农村金融服务深化影响农村产业融合发展的重要传导机理，农村金融服务深化可以通过储蓄效应、投资效应和资本配置效应促进农村产业融合发展。

3.4 农村金融服务深化与县域农村产业融合发展的评估方法

3.4.1 农村金融服务深化评估的基本方法

（1）县域农村金融服务深化指数构建方法

考虑到农村金融服务的普惠性质，本书采用 Sarma（2015）提出

---

① 在 Mckinnon 和 Shaw 看来，金融深化的本质在于不断降低金融交易的成本，提高资金的配置效率，最终促进经济的增长。具体而言，金融深化的作用一方面体现在提高一国的储蓄水平，并将其高效地转化为投资，另一方面体现在优化投资产出效率，这两个方面共同影响一国的经济增长。

的基于距离的普惠金融指数构建方法,从金融机构渗透性、金融服务可得性和服务使用效用性三个维度构建县域农村金融服务深化指数。该方法可有效避免县域农村金融服务深化各个维度的"完全可替代性"问题。基于距离的县域农村金融服务深化指数(以下简称"RFD指数")的构建方法是,假设县域农村金融服务深化包括 n 个维度,d_i 表示某县域农村金融服务深化程度在第 i 维的得分,其具体形式为:

$$d_i = w_i \frac{A_i - m_i}{M_i - m_i} \tag{3.29}$$

在式(3.29)中,w_i 表示维度 i 被赋予的权重,$0 \leq w_i \leq 1$;A_i 表示维度 i 的实际值;m_i 表示维度 i 的下限;M_i 表示维度 i 的上限。d_i 的取值介于 0 和 1 之间,d_i 越大,表明一个县域在维度 i 的金融服务深化程度越高。一个县域各个维度的金融服务深化程度将由 n 维空间上的点 $X = (d_1, d_2, \cdots, d_n)$ 表示。在 n 维空间中,点 $O = (0, 0, \cdots, 0)$ 表示最差的点;点 $W = (w_1, w_2, \cdots, w_n)$ 则表示 n 个维度的实际值均达到上限时金融服务深化程度最高的点。基于距离的 RFD 即为 X 与 O 之间的欧氏距离(X_1)和 X 与 W 之间的逆欧氏距离(X_2)的平均值,通过对 O 和 W 之间的距离进行标准化处理,可使 RFD 的取值介于 0 和 1 之间。X_1、X_2 和 RFD 的表达式为:

$$X_1 = \frac{\sqrt{d_1^2 + d_2^2 + \cdots + d_n^2}}{\sqrt{w_1^2 + w_2^2 + \cdots + w_n^2}} \tag{3.30}$$

$$X_2 = \frac{\sqrt{(w_1 - d_1)^2 + (w_2 - d_2)^2 + \cdots + (w_n - d_n)^2}}{\sqrt{w_1^2 + w_2^2 + \cdots + w_n^2}} \tag{3.31}$$

$$RFD = \frac{1}{2}(X_1 + X_2) \tag{3.32}$$

(2)县域农村金融服务深化指标体系

本书拟从金融机构渗透性、金融服务可得性以及金融服务使用效用性三个维度构建县域农村金融服务深化指标体系,诸多研究都使用这三个维度(Chakravarty and Pal,2013;张珩等,2017;张栋浩、尹志超,2018)展开分析。具体指标采用 Beck et al.（2007）提出的衡量普惠金融服务水平的六项宏观汇总指标（见表3.1），通过与微观数据对比的方式进行了有效性检验,结果表明,这六项指标能够近似代表微观层面的家庭和企业的金融服务获得水平,能有效衡量普惠金融服务水平。

表3.1　县域农村金融服务深化程度评价指标体系

	维度	指标名称	指标定义
县域农村金融服务深化程度	金融机构渗透性	地理分支机构渗透率	百平方公里金融机构数量（个/百平方公里）
		人口分支机构渗透率	万人金融机构数量（个/万人）
	金融服务可得性	人均储蓄存款	千人储蓄存款额（万元/千人）
		人均贷款余额	千人贷款额（万元/千人）
	金融服务使用效用性	储蓄率	储蓄存款总额与地区生产总值之比
		贷款率	贷款总额与地区生产总值之比

3.4.2　县域农村产业融合发展的评估方法

（1）县域农村产业融合发展水平综合评价指标体系构建

针对农村产业融合发展水平的评价指标构建,国内学者的做法并不一致,也未能形成一套统一的综合评价指标体系。本书在参考借鉴李晓龙和冉光和（2019a、2019b）、张林和温涛（2019）等学者思路框架的基础之上,从农村产业融合发展的基本内涵出发,结合评价指标选取的系统性、可比性、科学性以及可得性等原则,以推进农业供给侧结构性改革作为主线,将农业产业链延伸、农业多功能拓展性、农业服务业融合发展、经济效益、社会效益作为农村产业融合发展的目标，从上述五个维度构建了具体包含10个分项指标的县域农村产业融合发展水平综合评价指标体系（详见表3.2）。

考虑到县域统计数据的可获取性，本书将样本区间确定为2011—2018年，研究对象为中国134个农村产业融合发展示范县。相关指标原始数据主要来源于《中国县域统计年鉴》、EPS数据平台（中国区域经济数据库、县市统计数据库）以及各县域统计年鉴和国民经济与社会发展统计公报。

表3.2　　县域农村产业融合发展水平评价指标体系

	一级指标	二级指标	三级指标
县域农村产业融合发展水平	农村产业融合发展深度和广度	农业产业链延伸	人均拥有农产品加工企业个数
			人均拥有农业专业合作社个数
		农业多功能拓展	农村二、三产业就业人数占比
			人均拥有主要农产品产量
			设施农业面积占耕地面积比重
		农业服务业融合发展	人均农林牧渔服务业产值
	农村产业融合发展效果	经济效益	第一产业增加值增速
			农村居民人均可支配收入增速
		社会效益	农村与城镇居民人均可支配收入之比
			农村与城镇人均固定资产投资之比

（2）县域农村产业融合发展水平评价指标权重设定方法

为了确保县域农村产业融合发展水平测度结果的科学性，避免出现客观失实和主观倾向两个方面的问题，本书拟采用复合权重法来确定各个评价指标的具体权重。其中，主观权重确定方面主要利用层次分析法；客观权重确定方面主要利用变异系数法；在此基础上，利用加权求和法获得复合权重。

表3.3　　　　　　　　　判断矩阵重要性标度定义

重要性标度	标度的具体含义
1	将两个因素进行相互比较，两者具备的重要性一致
3	将两个因素进行相互比较，前者比后者稍微重要一些
5	将两个因素进行相互比较，前者比后者明显重要一些
7	将两个因素进行相互比较，前者比后者强烈重要一些
9	将两个因素进行相互比较，前者比后者极端重要一些
2，4，6，8	上述两个相邻判断之间的中间值

假定因素 i 同因素 j 的重要性之比为 a_{ij}，那么 $1/a_{ij}$ 表示因素 j 与因素 i 的重要性之比

1）主观权重确定方法

本书利用层次分析法来确定主观权重。层次分析法作为一种层次权重分析方法，最早由运筹学家 Satty 于 20 世纪 70 年代提出，其核心思想在于把一个内含多因素的复杂问题看作一个总体目标进行研究，同时运用多个分目标对总体目标进行分解，再进一步利用多个层次的指标对分目标进行分解，然后依靠对各个指标性质的判断作定性分析，进而对比、排序各个指标，最后计算得到各个指标的权重大小。具体而言，层次分析法的关键步骤如下：

首先，构建层次结构分析模型。结合上文的县域农村产业融合发展水平评价指标体系，本书的层次结构分析模型具体分为目标层、准则层以及指标层三个层级。其中，目标层为最上层，是县域农村产业融合发展水平；准则层为中间层，指标层为最下层。

其次，构建判断矩阵。所谓判断矩阵，指的是根据已构建的层次结构分析模型，决策者两两对比各个层级（第二层到最后一层）的各项指标所形成的矩阵。本书在构建判断矩阵时拟采用1—9比较尺度法，结合农村产业融合发展的内涵特点，进而对各项指标的性质进行

判别。

最后，层次单排序及其一致性检验。所谓层次单排序，指的是依据重要性程度大小，将每层级指标同上层某个指标进行排序。一致性检验的主要环节包括：第一步，计算一致性指标 CI，该指标数值越小，说明判断矩阵一致性较好，数值越大，说明判断矩阵一致性偏离程度较大。CI 的具体公式如下：

$$CI = \frac{\lambda_{\max} - n}{n-1} \tag{3.33}$$

第二步，引入平均随机一致性指标 RI 标准值（详见表3.4）。

表3.4　　　　　平均随机一致性指标 RI 标准值

矩阵阶数（n）	1	2	3	4	5	6	7	8	9	10
RI	0	0	0.58	0.9	1.12	1.24	1.32	1.41	1.45	1.49

第三步，计算随机一致性比例 CR，具体公式如下：

$$CR = \frac{CI}{RI} \tag{3.34}$$

CR 判别一致性可以分为三个等级：其中，第一个等级为 $CR = 0$，此时可知判断矩阵具有完全一致性；第二个等级为 $0 < CR < 0.1$，此时可知判断矩阵具有满意一致性；第三个等级 $CR > 0.1$，此时可知判断矩阵不具有一致性。要尽量将 CR 由第三等级向第二等级调整，从而使判断矩阵具有一致性。

2）客观权重设定方法

首先，计算各项指标的平均值与标准差，公式如下：

平均值：

$$\bar{X}_i = \frac{1}{n}\sum_{i=1}^{n} X_i \tag{3.35}$$

标准差：

$$S_i = \sqrt{\frac{1}{n}\sum_{i=1}^{n}\left(X_{ij} - \bar{X}_i\right)^2} \tag{3.36}$$

变异系数：

$$V_i = \frac{S_i}{\bar{X}_i} \tag{3.37}$$

在式（3.37）中，V_i表示第i项指标的变异系数；S_i表示第i项指标经过标准化处理后的标准差；$\bar{X}_i$表示第i项指标经过标准化处理后的平均数。

其次，计算各项指标的权重大小，具体公式如下：

$$A_i = \frac{V_i}{\sum_{i=1}^{n} V_i} \tag{3.38}$$

在式（3.38）中，A_i表示第i项指标的权重。

3）复合权重确定方法

在利用层次分析法和变异系数法分别获得主观权重和客观权重的基础上，本书进一步计算复合权重，公式如下：

$$\lambda_i = \frac{W_i A_i}{\sum_{i=1}^{n} W_i A_i} \tag{3.39}$$

在式（3.39）中，W_i表示借助层次分析法获得的主观权重，A_i表示利用变异系数法获得的客观权重，λ_i表示复合权重。

（3）县域农村产业融合发展水平综合评价

考虑到各项具体指标的数值类别有所不同，并且相互之间的数值差别较大，因此，为了避免各项指标因单位不同或数据差别较大而对综合评价造成不利影响，有必要对原始数据进行标准化处理。由于本书构建的县域农村产业融合发展水平评价指标均为正向指标，因此采用最大—最小法对原始数据进行标准化处理，该方法标准化后数值范围在[0，1]，公式如下：

$$C_{ij} = \frac{X_{ij} - \min(X_{ij})}{\max(X_{ij}) - \min(X_{ij})} \tag{3.40}$$

在式3.40中，C_{ij}表示标准化指数，X_{ij}表示第j个县域第i项指标的实际值，$\max(X_{ij})$表示该项指标的最大值，$\min(X_{ij})$表示该项指标的最小值。

在获得经标准化处理的数据之后，本书进一步利用加权求和法来计算 2011—2018 年 134 个示范县的农村产业融合发展水平，具体公式如下：

$$CON_j = \sum_{i=1}^{n} \lambda_i C_{ij}, \text{其中} \sum_{i}^{n} \lambda_i = 1 \quad (3.41)$$

在式 3.41 中，λ_i 为县域农村产业融合发展水平评价指标的复合权重。

3.5 小结

本章在明确农村金融服务深化与农村产业融合发展的相关概念及内涵的基础上，首先论述了农村产业融合发展决定农村金融服务深化的作用机理、农村金融服务深化影响农村产业融合发展的作用机理；其次从信贷配给和信用担保配给两个方面构建了农村产业融合发展融资困境的理论模型，并结合 Pagano（1993）的 AK 模型以及 Mckinnon 和 Shaw（1973）的金融深化理论，构建了农村金融服务深化作用于农村产业融合发展的理论模型；最后，本章构建了农村金融深化与县域农村产业融合发展的测度指标体系，并将在实证考察中加以运用。

第4章 农村金融服务深化与县域农村产业融合发展状况与问题

研究农村金融服务深化与县域农村产业融合发展之间的关系，不仅需要从理论角度对农村金融服务深化与县域农村产业融合发展的相互机理进行详细阐述，而且需要明确农村金融服务深化与县域农村产业融合发展的历史进程、发展现状及其面临的主要问题。为此，本章首先基于我国改革开放以来的历史演进视角，对农村金融服务深化与县域农村产业融合发展的历程进行分析；其次分析农村金融服务深化与县域农村产业融合发展的现状，以及农村金融服务深化支持县域农村产业融合发展的实践；最后指出农村金融服务深化与县域农村产业融合发展的问题，以期为后续研究提供较为充分的现实依据。

4.1 农村金融服务深化与县域农村产业融合发展的历程

农村产业融合发展问题的提出是基于我国不断演进的农业与农村经济发展。自改革开放以来，我国采取了一系列市场化措施，如取消人民公社、提出家庭联产承包责任制以及取消农产品统购统销制度等，这些政策促使农村经济发展的动力得到全面释放，从而为后续推进农村产业融合发展奠定了良好的基础。20世纪80年代最早打破我国农村一、二、三产业之间割裂发展局面的是乡镇企业的异军突起；20世纪90年代开始探索农工商一体化发展模式和农产品产供销一体化发展模式，逐步引导农业发展迈向产业化和市场化；到了21世纪第一个10年，快速推进的农业产业化进程促使农业同相关产业之间融合发展的态势越发明显；而进入21世纪第二个10年，农产品加工业和休闲农业与乡村旅游业逐渐成为推动农村产业融合发展的关键力量，促使农村产业融合朝着新产业、新业态、新领域以及新模式的方向迈进。通过梳理分析我国农村产业融合的发展过程以及围绕支持农村产业融合发展的金融服务相关政策的实施过程，能够较为清晰地划分改革开放以来我国农村产业融合发展的不同阶段，并能对金融服务政策支撑农村产业融合发展进行全面的嵌入式概括。接下来将分四个阶段详细介绍我国农村金融服务深化与农村产业融合发展的历程。

4.1.1 萌芽起步阶段（1978—1992年）

在改革开放初期，乡镇企业"异军突起"，为促进"三农"问题的解决发挥了重要作用，是推动这一阶段农村产业融合发展的关键力量。由于乡镇企业内部职工几乎均为农民，同时兴办主体都为乡（镇）村集体所有制，因此早期大部分乡镇企业均诞生于农村地区，其业务也主要来源于农业及其延伸产业，但这些乡镇企业毫无疑问是最早的农业与其他产业融合互动的组织模式。这一时期，中央发布的1984年一号文件首次将乡镇企业（当时称为"社队企业"）作为推动农村经济发展的重要支柱，要求各级政府部门要加大对当时在农村刚刚兴起的食品工业以及饲料工业的政策支持，认为这几个产业部门可以促进农村经济的快速发展。当年，原农牧渔业部（现农业农村部）发布《关于开创社队企业新局面的报告》，指出乡镇企业是对国有企业的重要补充，是国民经济发展的重要组成部分，同时将全部社队企业调整更名为乡镇企业。同一时期，促进工农互动发展和城乡互动发展的相关政策也陆续推出。1984年的中央一号文件要求国家设在农村的一切企事业单位，按照互惠原则，积极为当地农民提供各种服务，为强化工农互动、促进商品生产以及推进社会主义新农村建设做出应有的贡献。该时期得益于政策环境的变化，我国正式改变了计划经济时期农村一二三产业割裂的局面，乡镇企业开始蓬勃发展，我国农村产业融合发展的进程正式开始。

为了适应农村产业发展的需要，迫切需要成立专门服务"三农"的金融机构，由此也拉开了这一时期农村金融体制改革的序幕。这轮改革的主要内容包括：一是恢复中国农业银行。1979年，国务院正式批准恢复中国农业银行，同时明确其主要任务在于对农村信贷进行集中办理、对支农资金进行统一管理、对农村信用社进行有效管理以及推动农村金融事业的快速发展。二是恢复农村信用社的"三性"。1981年，中国农业银行出台《关于改革农村信用合作社体制，搞活信用合作工作的意见》，指出农村信用社改革的主要内容包括业务范围、资金来源与管理、利率与分红以及组织机构等。1984年，国务院批准转发的《〈关于改革信用合作社管理体制的报告〉的通知》，强调恢复与强化农村信用社的"三性"，即经营的灵活性、管理的民主性以及组织的群众性，秉持农村信用社主要定位为服务群众的合作型金融组织，并通过资金供给形式为农村产业发展与经济合作提供支持。三是强调多角度、多功能性、多元化的农村金融组织发展。在《关于把农村改革引向深入的通知》（1987年）中，中共中央明确提出，为适应农村经济改革与商品发展诉求，依靠乡镇、农村、企业等多元主体合作建立的信托投资公司、基金会等，可以将公众的部分闲置资金重新集中分配，以满足农村经济发展对资金的需求，对此类公司或基金会，政府原则上是大力支持的。在《关于加强农村合作基金会规范化、制度化建设若干问题的意见》（1991年）中，农业部强调，应不断强化对集体资金的监督与管理，充分发挥农村合作基金会的功能，适当调高对"三农"资金的投入力度。通过这一阶段的农村金融体制改革与建设，农村金融体制获得了较好发展，农业银行管理更加科学、统一，农村信用社与农业银行间的协作与职能分工更加规范、科学。除此之外，这一阶段的农业经济现代化也因农业保险业务的逐渐完善而获得较大发展，期货市场与证券机构等也逐步建立，银行与证券通力合作农村产业融合发展的格局。

4.1.2 调整优化阶段（1993—2002年）

经过十几年的快速发展，我国农业生产力整体水平得到了极大提高，然而，由于市场经济体制的不完善，导致部分农产品开始出现滞销现象。为了解决分散农户难以适应市场经济的问题，全国各地进行了农业市场化探索，创新推出了能够有效促进三次产业协调发展的全新模式——贸工农、产供销一体化。1993年，国务院办公厅印发了《九十年代中国农业发展纲要》，强调将贸工农与种养加有效结合，创新农村新型业态的发展。1997年，原国家经贸委（现商务部）等联合印发的《〈关于发展贸工农一体化的意见〉的通知》，提出要适当扩大贸工农一体化试点的品种和范围，探索建立有效运行机制和利益联结机制以推动贸工农一体化发展，完善贸工农产业链构建，从资源利用、技术改造以及银企合作等几个方面出发，持续加大对贸工农一体化龙头企业发展的支持，加强农产品基地建设，提倡跨区域、跨部门、跨所有制联合发展。与此同时，各级政府与不同行业为了支持贸工农、产供销一体化发展，也相继出台了一系列扶持政策措施。这一时期是我国农村产业融合发展的关键时期，农业产业化和农业市场化受到了学术界和实务界的关注，最终逐步形成了农工商、产供销一体化的农业发展模式。

这一阶段金融机构改革的目的在于建立健全以合作金融为基础，政策性金融与商业性金融之间分工合作的农村金融体系。围绕这一目标，该阶段进行农村金融改革的内容主要包括成立中国农业发展银行、推进中国农业银行的商业化改革、实行"行社分离"以及清理整顿农村合作基金会等。在这一时期的农村金融体制改革建设中，"三位一体"的农村金融机构逐步确立，其中包括农村信用社、中国农业银行以及中国农业发展银行。然而，我国农村金融供给与需求之间的矛盾并未因该体系的形成而得到有效缓解。首先，从农村信用社的角度来看，它从中国农业银行脱离出来以后，尽管在资产质量、内部管理以及经营状况等方面得到明显改善，但仍然存在政府过度干预、治理结构冗杂、产权关系模糊以及管理效率缺乏等诸多问题。其次，从中国农业银行的角度来看，作为商业银行，其核心目标在于盈利，其经营业务的"非农化"特征也在退出农村市场之后变得更加明显。最后，从农业发展银行的角度来看，其业务范围相对比较单一，在拓展支农业务方面行动非常缓慢，主要业务在于代理国家粮食收购贷款，同时资金来源不足的问题也导致其政策性金融的作用难以得到有效发挥。总的来看，这一时期金融机构改革主要是金融商业化改革，尚存在间接融资渠道依旧不畅通、直接融资渠道才开始起步以及农业保险发展徘徊不前等突出问题，导致农村产业融合发展的金融服务状况出现反复局面。

4.1.3　深化改革阶段（2003—2014年）

进入21世纪，由于加入了WTO，我国农业的对外开放也步入了一个新的阶段，农业的国际竞争力亟待提高，因此，需要加快农业结构改革，建立多元种养结构。政府加大对农业产业化的支持力度，于20世纪90年代实现了"贸工农、产供销一体化"模式的升级。2004—2010年，支持农业龙头企业发展和农业产业化经营连续七年被中央一号文件重点提及。2006年，农业部开始组织实施"农业产业化和农产品加工推进行动"，该行动的重点在于发展壮大农民合作社与龙头企业，加强农产品品牌培育，促进农产品加工转化率提升，并从财政支持、税收支持、融资支持以及贸易支持等方面给予了政策倾斜。随着农业产业化的快速发展，相关支持政策更加重视农业产业化基地、农产品产地初加工和休闲农业发展。2011年，农业部发布《关于创建国家农业产业化示范基地的意见》，要求将现有的农业产业化专项资金向农业产业化示范基地予以重点倾斜。自2012年起，农

第4章 农村金融服务深化与县域农村产业融合发展状况与问题

业部和财政部开始对农产品产地初加工进行补助,提高农产品初加工质量。2014年农业部发布通知,从休闲农业融资保险、用水用电、品牌宣传以及公共服务等方面完善休闲农业发展支持政策。此外,自2012年以来,安徽省、陕西省以及浙江等地区陆续出台相关扶持政策,积极支持新型农业经营主体培育工作。这一时期,我国农业的跨产业发展以及农业与相关产业的融合发展已经日趋明显,同时也取得了一定的成效。

对于我国金融体制改革而言,其重点和关键在于改革农村金融体制。作为农村最重要的正规金融机构,农村信用社是新一轮农村金融体制改革的核心所在。2003年,国务院办公厅发布《关于做好农业和农村的意见》,强调要深化改革农村信用社体制。随后,国务院办公厅专门印发了《关于深化农村信用社改革试点方案的通知》,规定农村信用社改革的方向是社区性的地方金融机构。通过此次改革,农村信用社在资产质量、产权关系以及支农能力等方面收效非常显著。同一时期,农村金融改革在由过去"存量调整"转变为"增量培育"的过程中同样成绩喜人,相关政策措施陆续出台,具体体现在以下方面:放宽农村金融市场准入政策、推进中国农业银行与中国农业发展银行改革创新、成立邮政储蓄银行、推进农村商业银行上市、推进农村金融产品和服务创新。通过这一系列改革,基本形成了包括政策性金融机构(中国农业发展银行)、合作性金融机构(农村信用合作社)以及商业性金融机构(中国农业银行、农村商业银行、邮政储蓄银行)在内的正规金融供给体系,以及由民间金融组织和小额信贷公司等主体构成的非正规金融供给体系。总的来看,这一阶段农村金融机构组织体系获得了极大的完善,诞生了许多新型农村金融机构,金融机构针对动态的"三农",持续创新金融支农产品和服务,金融支持农村产业融合发展的成效明显提升,但仍然存在产业融合主体融资难融资贵、金融产品和服务单一等问题。

4.1.4 融合引领阶段（2015年至今）

2015年12月，国务院办公厅发布《关于推进农村一二三产业融合发展的指导意见》，这是继2015年一号文件首次提出推进农村产业融合发展之后，我国围绕农村产业融合发展专门出台的政策文件，为农村产业融合发展奠定了政策基础和发展依据，由此也推动农村产业融合发展迈向新的阶段。基于该指导意见，各部委以及各级农业部门积极出台配套措施和实施意见[①]，进一步延伸和拓展该指导意见所规定的各项政策，农村产业融合发展已逐步形成一个政策体系。随着农村产业融合发展相关政策措施的逐步落地，农村产业融合发展焕发出巨大活力。各地区以农产品加工业、休闲农业、乡村旅游和电子商务等新产业新业态新模式为引领，促进农业与第二产业、第三产业深度融合，实现产业链相加、供应链相通以及价值链提升。与此同时，各地区因地制宜、因产制宜，积极探索产城融合、农业内部融合、产业延伸融合、功能拓展融合、新技术渗透融合、复合型融合等具有可类比性的经验模式，逐步形成以龙头企业作为引领、以新型经营主体作为主体以及广大农户积极参与的农村产业融合发展格局，并通过项目引导和典型带动等形式，引导各类融合主体与农户建立紧密的利益联结关系，使农户可以得到更多的利益，将产业链各主体的风险、收益统一并结合起来，形成风险共同承担，收益共同占有的利益共同体。整体而言，现阶段农村产业融合发展的态势良好，呈现出多主体参与、多要素发力、多机制联结、多模式推进以及多业态打造的发展格

---

① 这些政策文件主要包括发改委、财政部、农业部、工信部等七部委《关于印发农村产业融合发展试点示范方案的通知》（发改农经〔2016〕833号）；农业部、中国农业银行《关于金融支持农村一二三产业融合发展试点示范项目的通知》（农办加〔2016〕15号）；农业部关于《全国农产品加工业与农村一二三产业融合发展规划（2016—2020年）》；国务院办公厅《关于支持返乡下乡人员创业创新促进农村一二三产业融合发展的意见》（国办发〔2016〕84号）、《关于进一步促进农产品加工业发展的意见》（国办发〔2016〕93号）；中共中央国务院《关于实施乡村振兴战略的意见》（中发〔2018〕1号）；农业农村部《关于实施农村一二三产业融合发展推进行动的通知》（农加发〔2018〕5号）。

局,为促进农民增收、农业增效、农村繁荣做出了重大贡献。

2015年11月,在中央财经领导小组召开的第十一次会议上,习近平总书记提出要推进供给侧结构性改革,与此同时,农业领域的供给侧结构性改革也对农村金融服务提出了新的要求。2015年以来,以中国人民银行为主导的金融部门,为了推进农业供给侧结构性改革,对相关金融支持政策进行了修改完善,引导涉农金融机构在产品和服务创新方面下足功夫,从而显著促进了农村金融服务的深化。首先,在农村金融改革方面。中国邮政储蓄银行的"三农"金融事业部获批成立,其试点改革顺利开展;中国农业银行关于"三农"金融事业部方面的改革试点经验由部分省市逐步推广到全国范围;同时围绕新型农村金融组织(包括村镇银行、农村信用社以及小贷公司等)的改革也在逐渐步入深水区。其次,在扶持政策方面。针对当前主要的涉农金融机构,存款准备金率采取优惠政策;同时适时对其在支持农业发展方面的再贷款利率进行适度下调,鼓励其围绕信贷资产质押积极创新再贷款方式,持续强化涉农金融机构支持农业发展的动力。再次,在创新产品与服务方面。积极拓宽了涉农信贷的担保物品范围,大力推进了"两权"抵押贷款试点,围绕信贷、保险、证券、担保以及期货的协同创新持续进行。最后,在发展普惠金融方面。以中国人民银行为主导的金融部门,根据《推进普惠金融发展规则(2016—2020年)》要求,为了使金融服务的可得性、覆盖率以及满意度得到有效提升,积极推出了相关政策措施与保障手段。总的来看,这一阶段围绕农业供给侧结构性改革的需要,农村金融服务方面的改革措施也得到创新与完善,从而形成了以合作性、政策性以及商业性金融机构为主体、多种农村金融机构并存的格局,拓宽了农村金融服务领域,扩大了农村金融服务需求,从而为农村产业融合发展提供了重要的金融支撑。

4.2 农村金融服务深化与县域农村产业融合发展的状况

4.2.1 农村金融服务深化的实际情况

（1）金融机构的渗透性

金融机构分布密度可以较好地反映一个地区金融机构的渗透性，而金融机构渗透性在一定程度上决定了金融服务的供给水平。从县域层面来讲，如果某县域辖区内的金融机构网点的种类和数量越多，则该县域辖区内金融体系所提供的金融产品与服务覆盖广度就越宽，在地理维度方面，每单位土地面积所承载的金融服务基础设施就越发完善；在人口维度方面，人均拥有的金融产品与服务也越发丰富。综上所述，可以认为该县域辖区内的金融深化程度相对较高，金融排斥程度较低。图4.1显示了2011—2018年我国134个农村产业融合发展示范县的金融机构网点数量。从图4.1中可以看出，在样本期间，示范县金融机构网点数量经历了一定幅度的增长，相比于2011年的8856个，2018年，示范县金融机构网点已经达到11165个，年均增长330个，年均增长率为3.37%。其中，重庆市江津县拥有的金融机构网点数量最多，2018年达到310个；相比而言，金融机构网点最少的示范县是山南市乃东县，仅有10个。总的来看，尽管样本期间农村产业融合发展示范县的金融机构网点数量不断增加，但是在示范县之间的分布极不均衡。

图4.2报告了2011—2018年134个农村产业融合发展示范县地理维度每百平方公里拥有金融机构网点数变化趋势和人口维度每万人拥有金融网点数变化趋势。根据图4.2可以发现，在本研究样本期间，不管是地理维度的金融服务供给还是人口维度的金融服务供给均获得了一定程度的提升，其中，地理维度每百平方公里拥有金融机构网点数从4.07个上升至5.21个，人口维度每万人拥有金融机构网点

第4章 农村金融服务深化与县域农村产业融合发展状况与问题

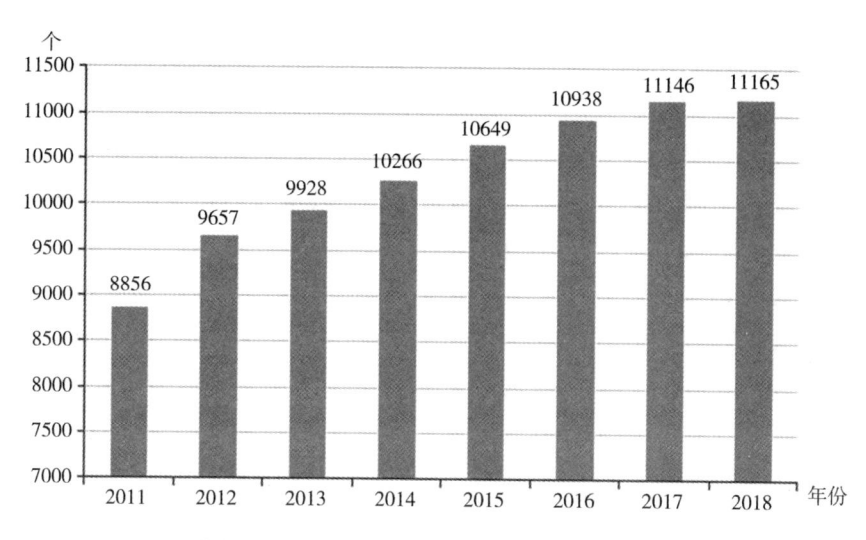

图4.1 2011—2018年示范县金融机构数量

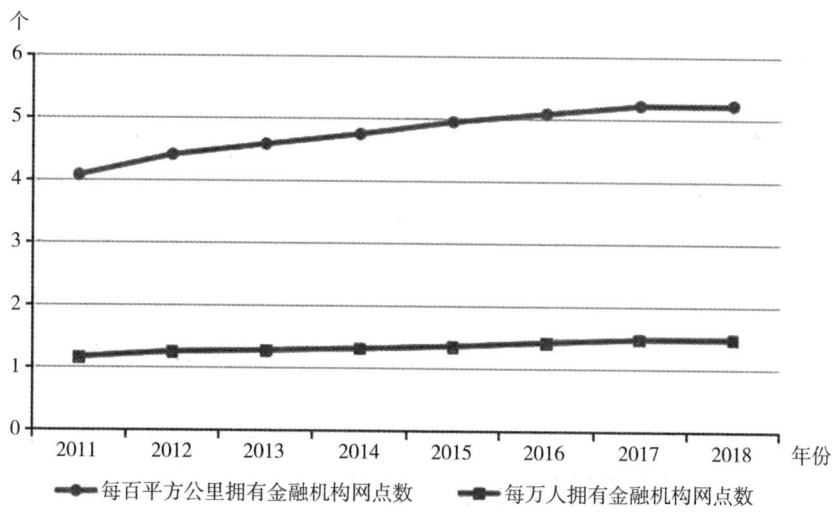

图4.2 2011—2018年示范县金融机构总数变化趋势

数从2011年的1.16个上升至2018年末的1.48个。总的来看,这两个方面的金融服务供给状况改善十分明显。从示范县的具体情况来看,海北自治州的海晏县每万人平均拥有的金融机构网点数最多,达到5.59个,最少的是亳州市谯城区;每百平方公里拥有金融机构网

83

点数最多的是杭州市余杭市，达 23.73 个，最少的是巴音郭楞自治州和静县，为 0.71 个，示范县之间金融资源差异较大。

（2）金融服务可得性

目前，从县域层面来看，县域金融体系能够提供的金融服务主要为储蓄与贷款，作为县域核心金融服务，储蓄与信贷对于缓解农户"储蓄排斥"与"信贷排斥"至关重要，其供给状况在很大程度上决定了县域金融服务的可得性。图 4.3 描绘了 2011—2018 年 134 个农村产业融合发展示范县年末居民储蓄存款余额与金融机构贷款余额。由图 4.3 可知，在本研究样本期间，不管是示范县居民储蓄存款余额还是示范县金融机构贷款余额的增长态势都十分明显，其中，示范县居民储蓄存款余额由 2011 年的 14644.12 亿元上升至 33812.49 亿元，金融机构贷款余额从 14233.51 亿元上升至 36717.54 亿元；从示范县之间来看，2018 年居民储蓄存款余额最多的是北京市大兴区，达到 1358.25 亿元，最低的是林芝市米林县，为 3.78 亿元；金融机构贷款余额最多的是杭州市余杭区，高达 2066.71 亿元，最低的是黄南自治州河南蒙古族自治县，仅为 7.10 亿元。总的来看，样本期间示范县的存贷款金融

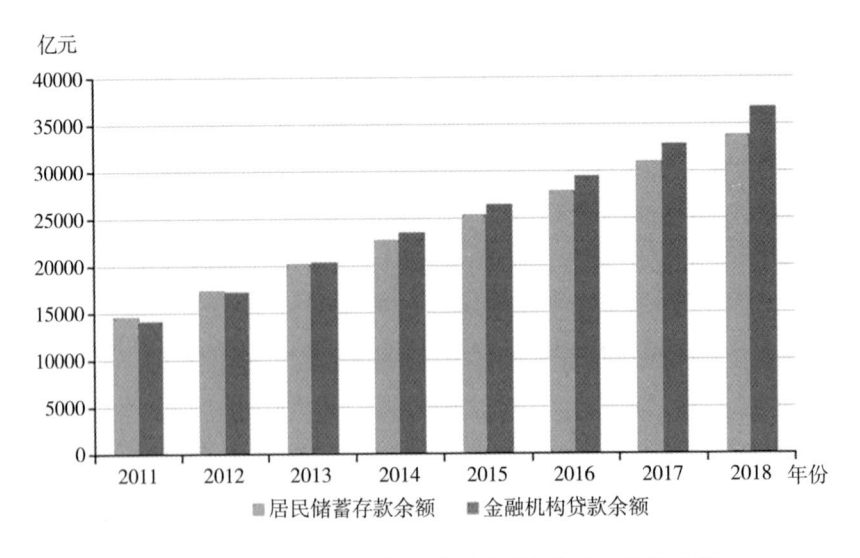

图 4.3　2011—2018 年示范县金融机构存、贷款余额

第 4 章 农村金融服务深化与县域农村产业融合发展状况与问题

服务需求均在不断上升,其中,2011—2012 年储蓄服务需求大于贷款服务需求,从 2013 年开始,贷款服务需求超过储蓄服务需求。

图 4.4 绘制了 2011—2018 年 134 个农村产业融合发展示范县人均存、贷款余额的变化趋势,总体而言,在本研究样本期间,示范县人均储蓄存款与人均贷款余额均呈现出明显的上升趋势,人均储蓄存款从 2011 年的 16233.64 元升到 2018 年的 37351.18 元,人均贷款余额从 2011 年的 16090.85 元上升到 2018 年的 43080.52 元。2018 年人均储蓄存款最多的示范县是杭州市余杭区,人均 112733.48 元;最少的示范县是日喀则市桑珠牧区,人均为 3437.45 亿元。2018 年人均贷款余额最多的示范县同样是杭州市余杭区,人均为 188122.16 元;最少的示范县是信阳市商城县,人均为 9785.43 亿元。上述结果表明,农村产业融合发展示范县之间的人均存、贷款差距十分明显,部分示范县居民未能接触存、贷款等基本金融服务,县域居民的金融服务可得性整体水平还比较低。

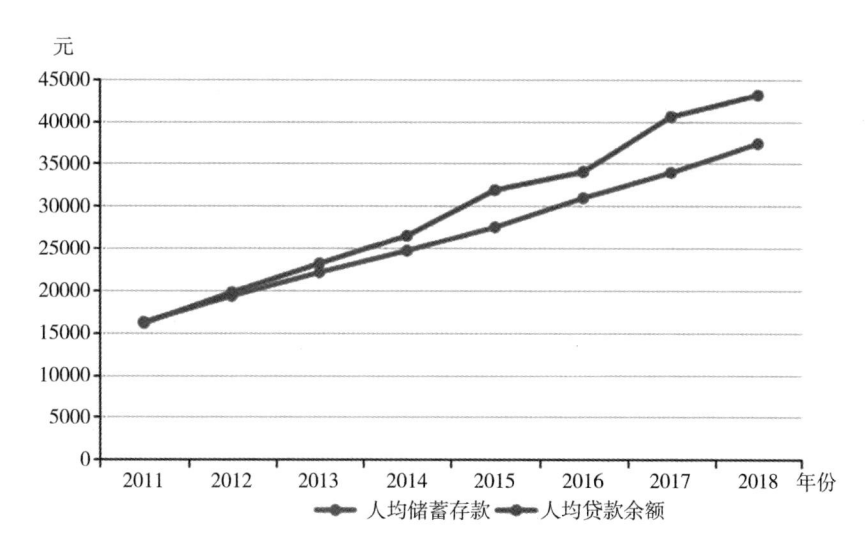

图 4.4 2011—2018 年示范县人均存、贷款余额变化趋势

(3) 服务使用效用性

服务使用效用性指的是县域辖区内金融体系所提供的金融服务效率，反映该地区对金融产品与服务的使用程度，主要包括存款使用效用性和贷款使用效用性，分别用储蓄率（储蓄存款余额占GDP的比重）和贷款率（贷款余额占GDP的比重）来衡量。图4.5绘制了2011—2018年134个农村产业融合发展示范县储蓄率和贷款率的变化趋势。从图4.5中可以看出，样本期间示范县储蓄率和贷款率均呈现出明显的上升趋势，储蓄率从2011年的0.65%上升到2018年的0.88%，贷款率从2011年的0.56%上升到2018年的0.88%。2018年储蓄率最高的示范县是吕梁市石楼县，高达2.26%；最低的示范县是林芝市米林县，仅为0.23%；2018年贷款率最高的示范县是上海市金山区，达到2.44%；最低的示范县是山南市乃东县，低至0.14%。由此可见，农村产业融合发展示范县之间的金融服务使用效用差距明显。

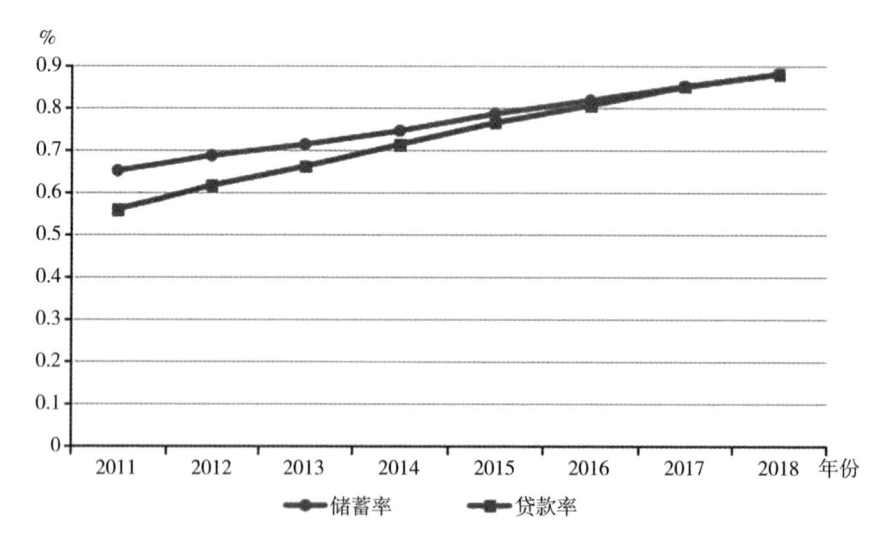

图4.5 2011—2018年示范县储蓄率、贷款率变化趋势

第4章 农村金融服务深化与县域农村产业融合发展状况与问题

（4）农村金融服务深化程度的变动趋势

根据上一章"3.4.1节"的测算结果，图4.6绘制了2011—2018年农村产业融合发展示范县全国样本及分区域样本[①]农村金融服务深化程度的变化趋势。由图4.6可知，样本期间，示范县农村金融服务深化程度提升势头较好，整体水平提高十分明显，农村金融服务深化程度指数从2011年的0.1519，逐步提升到2018年的0.2525，年均增长率高达7.52%。这反映出样本期间党和政府高度重视推进农村金融改革以及完善农村金融服务供给，促使示范县农村金融服务不断深化。分区域样本的结果与全国样本保持一致，不论是东部示范县、中部示范县，还是西部示范县的农村金融服务深化程度的增长态势均十分明显。但必须注意的是，农村金融服务深化程度存在显著的区域差异。其中，东部示范县农村金融服务深化程度指数在2018年高达

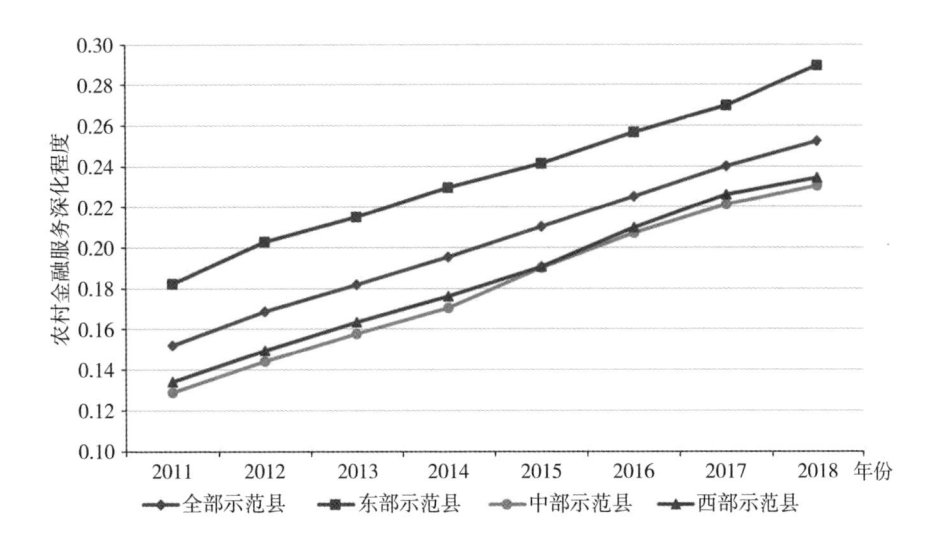

图4.6 2011—2018年示范县农村金融服务深化程度变化趋势

[①] 本书根据中国地域分布将全样本划分为东部地区、中部地区和西部地区，其中，东部地区包括北京、天津、河北、辽宁、上海、江苏、浙江、福建、山东、广东和海南；中部地区包括山西、吉林、黑龙江、安徽、江西、河南、湖北、湖南；西部地区包括内蒙古、广西、重庆、四川、贵州、云南、陕西、甘肃、青海、西藏、宁夏和新疆。

0.2895，相比 2011 年提高了 0.1071，年均增长率为 6.83%；中部示范县农村金融服务深化程度指数由 2011 年的 0.1287 提升到 2018 年的 0.2306，增长了近一倍，年均增长率高达 8.69%；西部示范县农村金融服务深化程度指数从 2011 年的 0.1342 增长至 2018 年的 0.2345，年均增长率为 8.30%。由此可见，2011—2018 年，从农村金融服务深化程度上看，中部示范县低于东部示范县和西部示范县；但从增长速度上看，中部示范县要高于东部示范县和西部示范县。

4.2.2 县域农村产业融合发展状况

（1）农业产业链延伸

农业产业链延伸是指依托农业进行纵向延伸，将农业生产、加工以及销售等环节紧密结合起来，不断优化农业产业链条，从而建立起现代化的农业产业体系（李晓龙和冉光和，2019）。农产品加工企业和农民专业合作社等是推动农业产业链延伸的关键主体。图 4.7 显示了 2011—2018 年全国 134 个农村产业融合发展示范县的农产品加工企业和农民专业合作社数量。从图 4.7 中可以看出，在样本期间，示范县农产品加工企业和农民专业合作社数量经历了较大幅度的增长，农产品加工企业从 2011 年的 60280 个增加到 2018 年的 193310 个，年均增长率为 18.11%；农民专业合作社从 2011 年的 36413 个增加到 2018 年的 164080 个，年均增长率高达 23.99%。2018 年，农产品加工企业最多的示范县是宿迁市沭阳县，多达 8607 个；最少的示范县是林芝市米林县，仅有 53 个；2018 年，农民专业合作社最多的示范县是潍坊市诸城市，达到 3360 个；最少的示范县是呼伦贝尔市阿荣旗，有 1273 个。总的来看，样本期间示范县农产品加工企业和农民专业合作社增长速度非常快，但同样存在示范县之间分布不均衡问题。

第4章 农村金融服务深化与县域农村产业融合发展状况与问题

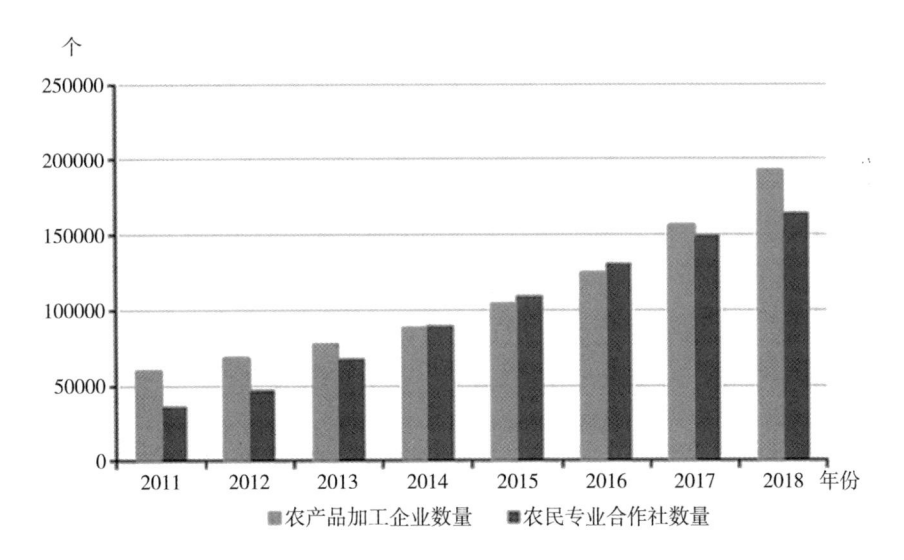

图4.7 2011—2018年示范县农产品加工企业和农民专业合作社数量

图4.8报告了2011—2018年134个农村产业融合发展示范县人口层面每万人拥有农产品加工企业数量和每万人拥有农民专业合作社数量变化趋势。从图4.8中可以看出,在样本期间,无论是人口层面的农产品加工企业数量还是农民专业合作社数量均获得了巨大增长,每万人拥有农产品加工企业数量从6.83个上升至23.57个,每万人拥有农民专业合作社数量从2011年的4.71个上升至2018年末的22.43个,融合主体数量增长趋势十分明显。其中,每万人拥有农产品加工企业数量最多的是湖州市安吉县,多达136.75个,最少的是信阳市商城县,仅为5.51个;每万人拥有农民专业合作社数量最多的是承德市围场满族蒙古族自治县,达63.77个,最少的是黔西南自治州兴义市,为2.35个,示范县之间所拥有的产业融合主体数量差异较大。

（2）农业多功能拓展

农业多功能拓展是指推动农业与旅游、文化以及健康养老等产业深度融合,充分发挥农业的生产、生活以及生态功能（李晓龙和冉光

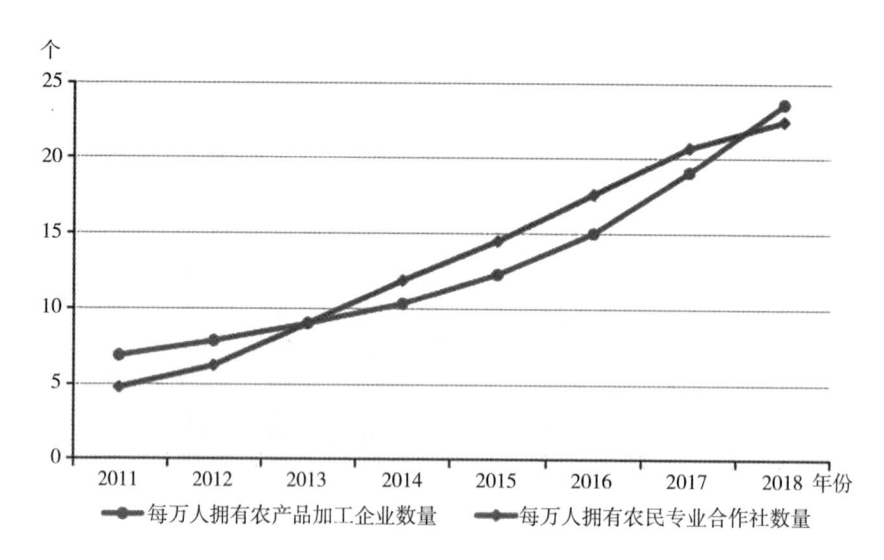

图 4.8 2011—2018 年示范县农产品加工企业和农民专业合作社数量变化趋势

和，2019）。一般而言，在二、三产业就业的人数越多，对第一产业的带动作用越强，就越能推动一、二、三产业之间的融合发展。图4.9 描绘了 2011—2018 年 134 个农村产业融合发展示范县二、三产业的就业占总就业的比重。从图 4.9 中可以看出，样本期间，示范县二、三产业的就业占总就业的比重不断提高，从 2011 年的 0.4895%上升至 2018 年的 0.5448%，年均增长率为 1.54%；从示范县之间来看，2018 年二、三产业的就业占总就业比重最高的是杭州市余杭区，达到 0.9656%；二、三产业的就业占总就业比重最低的是阜新市阜新蒙古族自治县，为 0.207%。总的来看，样本期间示范县二、三产业的就业占总就业的比重获得了明显提升，但示范县之间差别非常大。

作为我国目前重点发展的农业新型业态，设施农业在促进农业生产方面发挥着重要功能。图 4.10 显示了 2011—2018 年我国农村产业融合发展示范县的设施农业占地面积占耕地面积的比重变化趋势。从图 4.10 中可以看出，在样本期间，农村产业融合发展示范县的设施农业占地面积占耕地面积的比重呈现出波动式变化趋势。其中，2011—2017 年，设施农业占地面积占耕地面积的比重呈现出波动下降

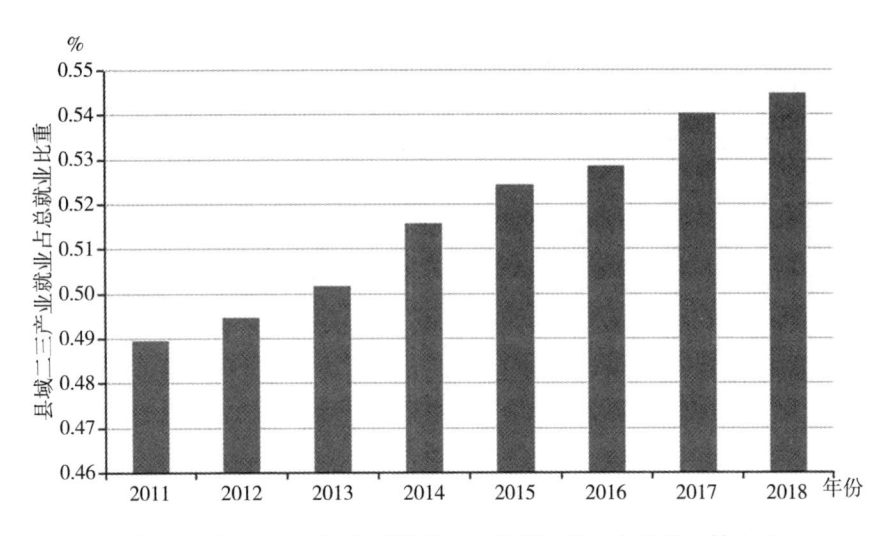

第4章 农村金融服务深化与县域农村产业融合发展状况与问题

图 4.9 2011—2018 年示范县二、三产业就业占总就业的比重

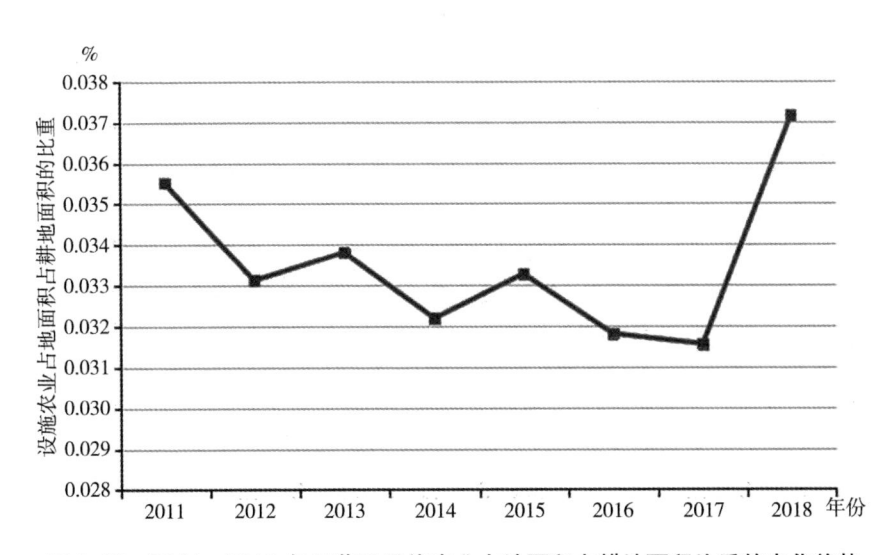

图 4.10 2011—2018 年示范县设施农业占地面积占耕地面积比重的变化趋势

趋势，从 2011 年的 0.0355% 降到 2017 年的 0.0316%，然后，在 2017 年触底反弹，升至 2018 年的 0.0371%。从示范县之间的比较来看，2018 年设施农业占地面积占耕地面积比重最高的农村产业融合发展示范县是湖州市安吉县，高达 0.3279%；设施农业占地面积占耕地

面积比重最低的农村产业融合发展示范县是吕梁市石楼县，低至0.0001%，由此可见示范县之间设施农业的发展极不平衡。

农业作为农村产业融合发展的基础产业，农业生产能力的提升可以为农村产业融合发展奠定良好的基础。图4.11绘制了2011—2018年农村产业融合发展示范县人均拥有农产品数量变化趋势。从图4.11中可以看出，在样本期间，农村产业融合发展示范县人均拥有农产品的数量呈现出波动式上升趋势，从2011年的0.8274吨上升到2018年的0.8605吨。从示范县之间的比较来看，2018年人均拥有农产品数量最多的农村产业融合发展示范县是呼伦贝尔市阿荣旗，多达5.6671吨；最少的农村产业融合发展示范县是北京市大兴区，仅为0.0229吨。由此可见，传统农业地区的农业生产能力相对来说要更强一些。

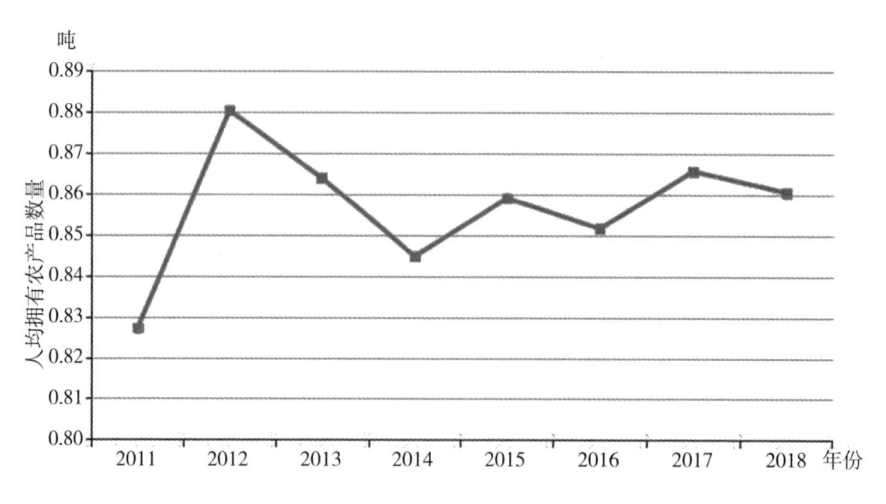

图4.11　2011—2018年示范县人均拥有农产品数量变化趋势

（3）农业服务业融合发展

农业服务业作为一个为农业产前、产中及产后环节提供中间服务的产业，是现代农业产业体系的重要组成部分，也是推进农村产业融合发展的重要业态和关键切入点。图4.12报告了2011—2018年农村产业融合发展示范县农林牧渔服务业产值和人均农林牧渔服务业产值变化趋势。从图4.12中可以看出，在样本期间，无论是整体层面还是人口层面农林牧渔服务业产值均获得了明显增长，农林牧渔服务业产值从2011年的301.61亿元上升至2018年的458.46亿元，人均农林牧渔服务业产值从2011年的373.54元增长至2018年的592.68元。其中，农林牧渔服务业产值最高的是福州市连江县，达到11.64亿元，最低的是山南市乃东县，仅为0.11亿元；人均农林牧渔服务业产值最多的同样是福州市连江县，达1962.07元，最少的是日喀则市桑珠孜区，为1438.68元，示范县之间农业服务业融合发展差异较大。

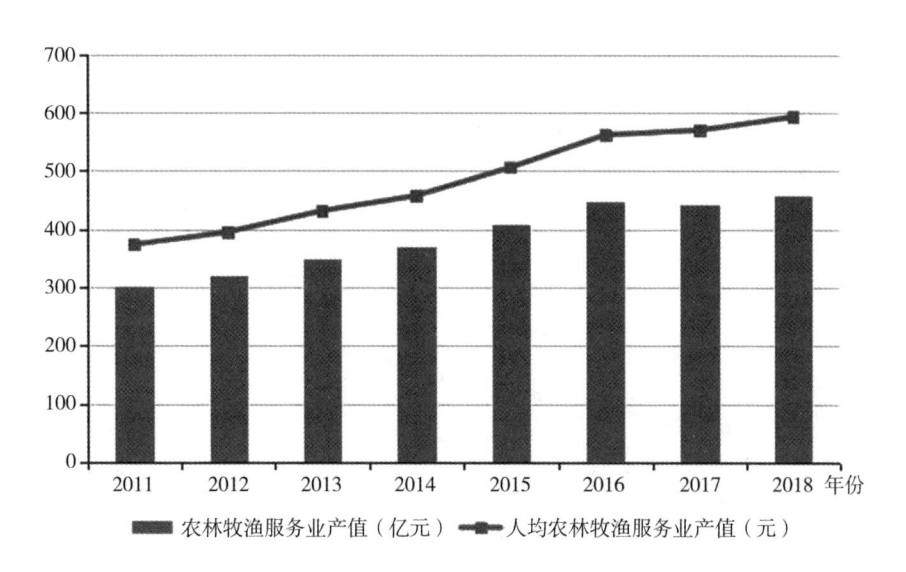

图4.12　2011—2018年示范县农林牧渔服务业产值变化趋势

（4）农村产业融合发展水平的变动趋势

根据上一章"3.4.2节"的测算结果，图4.13绘制了2011—2018年134个示范县全国样本及分区域样本农村产业融合发展水平的变动趋势。由图4.13可知，在样本期间，示范县农村产业融合发展水平趋势保持较好，整体水平提升十分明显，农村产业融合发展水平指数从2011年的0.1886，逐步提升到2018年的0.2711，年均增长率高达5.32%。分区域样本的结果与全国样本保持一致，不论是东部示范县、中部示范县，还是西部示范县的农村产业融合发展水平提高态势均十分明显。然而，农村产业融合发展水平的区域差异也值得关注。其中，东部示范县农村产业融合发展水平指数在2018年高达0.3091，相比2011年提高了约0.081，年均增长率为4.44%；中部示范县农村产业融合发展水平指数由2011年的0.1928提升到2018年的0.2639，年均增长率为4.59%；西部示范县农村产业融合发展水平指数从2011年的0.1483增长至2018年的0.2406，年均增长率高达7.16%。由此可见，2011—2018年，从农村产业融合发展水平上看，西部示范县低于东部示范县和中部示范县；但从增长速度上看，西部示范县要高于东部示范县和中部示范县。

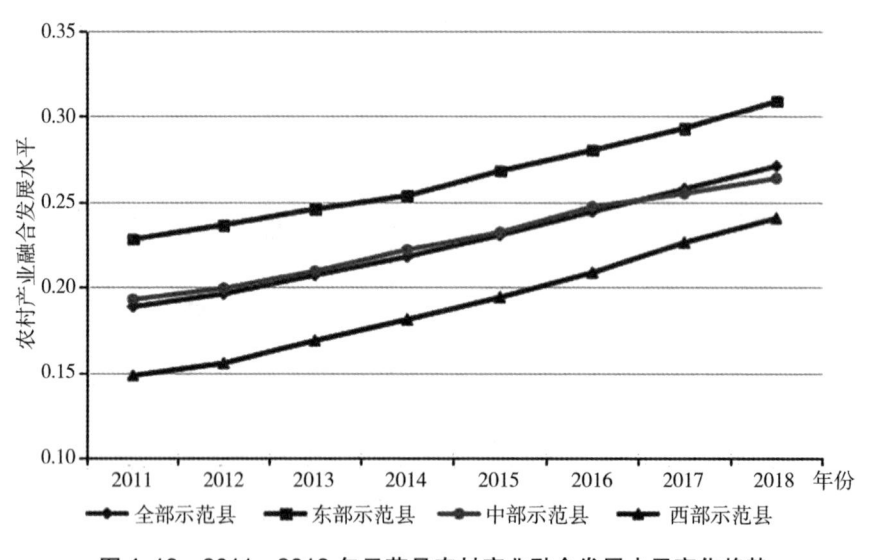

图4.13 2011—2018年示范县农村产业融合发展水平变化趋势

4.2.3 农村金融服务深化支持县域农村产业融合发展实践

（1）安吉县的实践

湖州市安吉县地处浙江省北部，富有"中国白茶之乡""中国第

第4章 农村金融服务深化与县域农村产业融合发展状况与问题

一竹乡"以及"中国椅业之乡"等美誉,是一个非常具有发展特色的生态县。2008年,安吉县在全国率先提出建设"美丽乡村"理念,并将其作为推动建设新农村的核心载体,通过促进城镇化、新农村与生态建设的有效融合,实现农民致富、农业兴旺以及村庄美丽的发展目标。2015年,国家质检总局和国家标准委发布了《美丽乡村建设指南》国家标准,该标准的第一起草单位即为安吉县。以此为契机,近年来安吉县坚持将发展定位为产业融合和绿色生态,通过推动生态旅游业、生态工业以及生态农业的快速崛起与融合发展,探索出极富特色的绿色发展之路,农村产业融合发展平台也逐渐形成。安吉县"田园鲁家"农村产业融合发展示范园,便是安吉县农村一二三产业融合发展的一个经典样本。为促进农村产业融合发展,加快培育支持新型农业经营主体,安吉县不断对金融信贷服务进行优化完善。具体措施包括:借助安吉县建设国家绿色金融改革创新试验区这一契机,对当地金融机构围绕涉农金融产品和服务创新进行激励,鼓励其通过实行利率优惠、贷款优先等政策强化对县级以上新型农业主体的金融服务力度;积极推动农村合作金融发展,对于满足条件的农民合作社,积极鼓励和支持其开展内部信用合作;积极推动农村集体资产股权、土(林)地经营权、农业保单以及农业订单等抵(质)押贷款业务;建立健全政策性农业信贷担保体系,支持安吉两山农林合作社联合社以及农业信用担保公司为新型农业经营主体提供担保服务,支持其顺利获得银行贷款,同时通过完善风险担保补偿准备金相关制度,实现对担保机构代偿风险的有效防范与化解;对于满足条件的大型涉农企业,支持其通过兼并重组扩大发展规模,以及发行债券和上市融资获得发展资金;对示范性家庭农场、示范性农业合作社、市级以上农业企业等用于生产经营及投入建设的贷款,符合条件的给予一定的贴息补助;对为家庭农场、农业专业合作社、农业企业等农业实施主体贷款提供担保的中介机构给予一定的专项补贴。

(2)德清县的实践

德清县位于浙江北部,隶属湖州市管辖,先后获得国家生态县、全国绿化模范县、国家农产品质量安全县、全国休闲农业与乡村旅游示范县、全国农村产业融合发展示范县、浙江省首批美丽乡村示范县称号。以开展国家农村产业融合发展试点示范县为引领，德清县大力推进"农业+深加工""农业+旅游""农业+互联网"，成功创建国家农业产业强镇、省级现代农业（渔业）园区、省级渔业转型发展先行区等。特别是借助当地的生态优势推动乡村旅游发展，成功培育了600多家高、中端低碳生态民宿，其中，以"法国山居"和"裸心谷"颇具代表性。2019年，德清东衡村农村产业融合发展示范园成功入选首批国家农村产业融合发展示范园。与此同时，德清县大力创建省"三位一体"农民合作经济组织体系，探索建立"1+12+8+3"组织体系（1指县农合联，12指镇街农合联，8指八个产业农合联，3指农机服务平台、诚信联盟和信用服务平台），切实提升农业生产经营组织化程度。为了支持农村产业融合发展，德清县不断健全农村普惠金融体系。具体措施包括：以全国农村承包土地经营抵押权贷款试点、浙江省金融创新示范县（市、区）试点为契机，大力发展农村普惠金融，在全省首创"多贷多存、多税多存"的财政性存款激励机制扩大信贷融资制度，新增涉农贷款49.14亿元；创新推行农村土地承包经营权等19项农村综合产权抵押贷款，完成全国首单农村集体经营性建设用地使用权抵押贷款，累计发放7.41亿元的农村综合产权抵押贷款。其中包括农村土地承包经营权抵押贷款2.83亿元，农村集体经营性建设用地使用权抵押贷款36宗计9008万元，德清大闸等四个水利设施所有权获批抵押贷款授信3.4亿元。深入推进的农村改革，使沉睡的农村资产得到唤醒、农村经济发展活力得到极大激发。此外，德清县以申报发行政府专项债为抓手，积极沟通衔接发改、财政等部门，争取了专项债券资金5000万元，用于支持东衡农村产业融合发展国家级示范园建设，不断发展壮大村集体经济。

（3）钟祥市的实践

钟祥市属湖北省辖县级市，由荆门市代管，地处湖北省中部、江

第4章 农村金融服务深化与县域农村产业融合发展状况与问题

汉平原北段,承担多个国家级农字号试点示范创建任务,是全国粮油生产和淡水养殖大县,素有文化之邦、鱼米储仓、长寿之乡、旅游天堂的称誉。近年来,以建设全国农村产业融合发展示范县市为契机,钟祥市强力推进农业供给侧结构性改革,在农农结合、农工结合、农旅结合以及农商结合等方面做了深入的探索和实践。在"农农结合"方面大力推广新技术、新品种、高效益以及新模式(简称"一高三新")的生态种养模式,品种达到40多种,面积达到70万亩。有机"香稻"、半野生鳖虾供不应求,深受农民青睐。"农工结合"以"世界长寿之乡"作为品牌依托,钟祥市积极促进长寿食品加工产业的快速发展,推动建设两个专业园区(彭墩长寿食品产业园和钟祥农产品加工园),配套建设了110万亩种养基地,培育了104家规模以上农产品加工企业,构建了质量安全可追溯体系(涵盖12个主打农产品)。"农旅结合"借势全域美丽乡村建设,依靠文化挖掘大力发展旅游项目,促使产品变商品、农房变客房以及田园变游园,建设省级旅游名村和休闲农业示范点18个,成功打造了万紫千红植物园、湖北民俗民艺第一村莫愁村、全国休闲农业与乡村旅游示范点彭墩村等著名景区,共计发展1872家生态游园、农家乐园以及观光农苑。为了促进农村产业的深度融合,钟祥市积极深化农村金融服务。湖北省第一家县域金融服务中心在钟祥市成立,积极试点全国农地经营权抵押贷款;市财政建立了专门的涉农贷款风险补偿基金,数额达到8000万元,每年安排的专项贴息资金就达到500万元,截至目前,已经完成1484笔共计2.6亿元的农民和新型农业经营主体贷款。与此同时,积极配合精准扶贫政策的落实,为23个新型农业经营主体以及1026个贫困户累计发放扶贫小额贷款1.2亿元。此外,钟祥市还成立了农村综合产权交易中心和17个乡镇产权交易工作站,解决了农民过去"交易无市场、流转无场所、贷款无抵押"的难题,真正让土地经营权活了起来,打通了土地经营权抵押变现"最后一公里"。

(4) 商城县的实践

商城县隶属河南省信阳市，位于河南省东南部、大别山北麓、鄂豫皖三省交界处，境内盛产优质粮油、茶叶、油茶、中药材等经济作物，是"信阳毛尖"的主产地之一，同时也是大别山水土保持生态功能区、全国低碳国土实验区、国家全域旅游示范区、省级生态县。近年来，商城县以国家级农村产业融合发展试点示范县建设为抓手，按照产业布局合理、要素高度集聚、三产融合发展的要求进行科学规划。一是谋划特色产业。优先发展优质稻米、茶叶、油茶、中药材等12种特色产业，已有获得有机农产品认证企业4家、获得绿色农产品认证企业1家、获得无公害农产品认证企业1家，建成省级龙头企业6家、市级龙头企业26家、特色产业扶贫示范工程355个，带动贫困户2.3万余户，使8.2万余人成功脱贫。二是规划万亩基地。按照地域产业分布特点，分别在全县东西南北四个片区规划万亩林果、花卉、茶产业和油茶、高标准水稻4个万亩产业基地，统一规划，在促进一、二、三产业深度融合上取得初步成果，增强了产业的发展后劲。三是培育经营主体。创新"四位一体"农村工作新模式，以脱贫攻坚为统揽，探索推广"扶贫开发+基层党组织建设+合作经济组织建设+美丽乡村建设""四位一体"发展模式和"产业树"扶贫模式，壮大产业发展，助推脱贫攻坚；实行企业"倍增计划"，扶持新型农业经营主体发展，提升经营主体形象。截至目前，全县注册合作社1484家、家庭农场354家、各级示范性合作社85家，发展各级龙头企业37家。商城县不断创新深化农村金融服务，打通服务农村产业融合发展的最后一公里。一是加快完善金融服务体系。实施产业保险，将水稻、食用菌、茶产业等8大类20个产业纳入承保范围，投入保险费279万元，为全县16284个贫困户和带动贫困户发展的合作社、家庭农场提供产业保险服务。二是推进"三块地"改革。让土地变资金，以"三块地"改革为切入点，深化农村土地投融资体系建设，开展土地信托，落实承包地"三权"分置，强化土地综合整治，发展多种形式适度规模经营,实现小农户和现代农业发展有机衔接,促进农村一、二、三产业融合发展,签订补充耕地协议4.8亿元,争取国家补助资金3亿—6亿元。

(5) 陆良县的实践

陆良县隶属于云南曲靖,位于云南省东部,素有"滇东明珠"之称。近年来,由于被授予了全国农村产业融合发展试点示范县的荣誉称号,陆良县农村产业融合发展迎来了重要机遇,通过对产业链进行纵向延伸、对供应链进行持续完善以及价值链进行不断提升,积极探索农村产业融合发展路子。一是调优结构,完善供应链。陆良县科学选择、重点培育和集中支持发展特色优势主导产业,形成特色优势产业(包括粮、畜、桑、烟、林果、蔬菜、秋冬马铃薯以及食用菌等)齐头并进的发展态势。陆良县共种植56万亩蔬菜,建立了4个达到农业农村部认定标准的蔬菜园;陆良县是云南省最具特色的秋冬马铃薯产区,种植面积高达40.65万亩;同时也是云南省最大的食用菌生产基地,种植面积达200万平方米,年产值达到5.1亿元。二是做强品牌延伸产业链。陆良县坚持重点发展蔬菜、蚕丝绸、食用菌、马铃薯以及苞谷制种,打好"错季牌""生态牌"以及"绿色牌",积极创建陆良农产品品牌。截至目前,全县共计培育注册62个特色农产品商标,认证25个农产品品种、4000吨无公害畜产品以及15万亩无公害农产品。三是引领发展提升价值链。陆良县积极创建现代农业产业园、创业园和科技园,并将其作为促进三产深度融合发展的重要载体,与加工龙头企业配套,提升农产品加工转化率,延伸价值链。目前,陆良县已经建成我国西南地区最大的冷链蔬菜集散地,同时培育了多家省级龙头企业(如灿林农业、绿圆菇业等),发展6家包装企业和10家物流企业,顺利建成现代农业产业示范园区10个。为促进农村产业融合发展,陆良县积极争取政策项目,加大对农村产业融合主体资金的倾斜支持、补助奖励,同时,比照工业企业享受的各项扶持政策,在金融服务方面给予倾斜,对成长性好的农业企业,实行

"贷款贴息"。与此同时，陆良县农村商业银行不断创新金融服务，全力支持陆良县农村产业融合发展。该行对全县范围内的农户小额信用贷款根据信用等级分档次执行贷款利率，采取下调贷款利率、上调贷款额度、提高审贷权限等措施，不断降低农户融资成本，充分满足了农户生产生活资金需求。近两年来，农户小额信用贷款年利率累计整体下调最高达4.978%，贷款额度提高到10万元，各支行审贷小组权限由10万元提高到20万元。此外，陆良县创新农业开发投融资机制，综合运用奖励、补助、税收优惠等政策，稳妥有序地开展农村承包土地的经营权、农民住房财产权抵押贷款试点，加大对农村产业融合发展的信贷支持。

4.3 农村金融服务深化与县域农村产业融合发展的问题

尽管在样本期间，示范县域的农村金融服务深化程度和农村产业融合发展水平均有了较大幅度的提升，但受市场经济体制转型变化和创新成果转化快速演进等因素的影响，我国县域农村产业融合发展仍然面临着融资难融资贵、金融产品缺乏、金融服务实力不足等问题，即农村金融服务深化还难以有效支持县域农村产业融合发展。农村金融服务深化与县域农村产业融合发展的不协调问题主要表现为产业融合融资较难、产业融合融资渠道有限、涉农金融机构数量较少、涉农金融创新产品不丰富等。

4.3.1 资金短缺依然是制约县域农村产业融合发展的首要金融问题

当前，随着县域农村产业融合发展的深入推进，产业融合的涉及面越来越广、产业链条越来越长，因而对资金的需求也就越来越大。融资困难依然是制约县域农村产业融合发展的首要难题，并集中表现在以下几个方面：

一是农村产业融合主体面临着严重的资金短缺。农村产业融合主体一般规模较小、生命周期短、抗风险能力差,其对资金的需求具有小额、分散、频率快、周期性以及季节性等特点。与此同时,农村经营主体财务信息不规范,农村征信体系薄弱,缺乏有效抵押物覆盖借贷风险,金融机构从防范信贷风险的角度考虑对农村借贷对象产生信贷配给现象,导致资金配置向"三农"倾斜度少,农村资金外流严重,农村产业融合主体难以获得足够的资金支持。换句话说,农村产业融合主体对金融机构而言属于长尾客户,为其提供金融服务不仅成本极高,而且经济效益较低,因此基于成本与风险考量,农村金融机构贷款利率普遍较高,融资贵问题比较突出,从而造成产业融合主体的资金短缺。未来随着数字普惠金融的发展,通过技术手段,依靠自动化设施,实现批量化运作,可以大幅降低金融机构成本,从而有利于缓解农村产业主体的资金短缺问题。二是贷款期限与农业生产周期存在不匹配现象。农村产业融合项目的投入产出周期相对来说比较长,尤其是在项目开始阶段需要投入大笔资金进行基础设施建设。目前县域农业产业化企业获得的贷款以中短期贷款为主。以农业贷款为例,中短期贷款占比达到80%,而中长期贷款占比仅为20%,农业产业化企业发展受到中长期贷款缺乏的影响较为严重。为此,一些企业只能启动流动资金以维持企业的正常经营,然而,这样就会加剧企业日后所面临的流动贷款困境。特别是在农业产业化企业固定资产贷款被取消以后,企业只得频繁从银行贷款,以满足长期经营需要。对于生产经营能力比较弱的产业融合主体而言,其贷款期限通常在1年以内,贷款金额被控制在10万元以内。由于农产品生产经营的季节性特征明显,在播种、收割、加工以及销售等环节都可能会产生一定的资金需求,然而,这种短期性的融资需求难以从正规金融机构获得满足。为此,农村产业融合主体不得不耗费高昂成本从非正规金融机构获得资金支持,以满足自身生产经营的需要。高昂的融资成本无疑增加了农业生产经营的压力,不利于农村产业融合发展的顺利推进。

4.3.2 融资渠道不畅制约产业融合主体获取足够的生产经营资金

融资渠道不畅是造成县域农村产业融合发展资金短缺的重要原因，致使农村产业融合主体难以获取足够的生产经营资金。一是间接融资受限。目前县域农村地区并没有建立起专门针对农村产业融合主体信贷需要的金融机构。中国农业发展银行、中国农业银行等大型银行重点关注资金实力雄厚、带动能力强的农村产业融合基础性项目（如农业基础设施建设、推进农业产业化等），商业化支持新型农村经营主体相对不足。农村新型金融机构普遍存在公信力不高、金融产品类别少、规模数量较小、资金来源不畅以及利率水平较高等问题，使其一般不会成为规模较大、能力较强的农村产业融合主体获取外部融资的首选。对于农村信用社而言，尽管其在支持"三农"发展方面发挥着越来越重要的作用，但由于其在管理方面不够规范，因此本身也积累了不少的风险资产，因此能够为农村产业融合发展提供的资金相对较为有限。另外，由于资金来源渠道十分狭窄，农村资金互助社也难以利用积累的资金以及调剂余缺等功能来满足农村产业融合发展的需要。所以目前县域农村产业融合主体的资金除了内部自筹外，商业银行贷款是其主要的外部融资来源。然而，商业银行贷款的门槛相对来说比较高，并且需要利用一定的资产进行抵押或者担保才能得到，这对于普遍缺乏抵押物的农业经营主体而言，显然也难以通过此渠道获得充足的金融服务支持。二是直接融资缺乏。当前，银行机构是县域农村地区的主要金融机构，同时极为缺少农业保险、信托、担保以及基金等金融机构，随着县域农村产业融合发展的不断推进，农业经营主体金融服务需求与县域农村金融机构的金融服务供给之间极不匹配。从金融工具的使用来看，目前县域农村地区尚未普及直接融资工具，主要还是使用间接融资手段。三是融资程序较为烦琐。近年来，虽然农村金融机构在金融服务方面不断改善，并着重对老客户的信贷流程进行了优化，同时贷款手续也大大减少，但是针对新客户的贷款流程和手续未能得到有效改善，从而对农业经营主体获取金融服务产生了极大的障碍。四是部门协同不够。在金融服务农村产业融合发展的过程中，所涉及的部门机构非常多（如银行机构、保险机构、财政部门、农业部门等），彼此之间非常有必要在充分沟通协调的基础上进行合作。然而，实践中各个部门机构在职能职责方面存在着明显的交叉重叠现象，因一味追求部门利益而造成部门政策冲突的情形并不少见。比如，在银行机构与农业保险、信用评级以及农业担保等机构之间，如果缺乏有效的沟通和协同，便会造成评估难、抵押难以及贷款难等问题。

4.3.3 金融产品和服务难以满足县域农村产业融合发展的现实需要

随着农村产业融合发展的不断推进，各地从自身资源禀赋优势出发，探索出了各具特色的发展路径，逐步形成不同模式的农业产业集群，涌现出大量农村产业融合的新型业态，不同地区、不同类型以及不同生产环节的产业融合主体的金融服务需求日益多样化。由于新型农业经营主体所具备的规模化及市场化特征，因此其在信贷融资的期限、额度以及时效方面有了新的要求。然而，目前金融产品和服务难以真正满足县域农村产业融合发展的现实需要。一是农村金融供给相对单一。目前农村金融服务主要为贷款业务，该业务受传统金融模式影响较深，因而在利率定价和服务方式方面存在着明显的不足，贷款产品的创新力度和服务方式难以跟上农村产业融合发展的步伐。尽管为了支持农村产业融合发展，许多商业银行都开发了专门的贷款产品，然而，这些贷款产品依旧存在覆盖深度较浅、覆盖面过窄以及功能趋同等问题，再加上由于信息不对称而导致农业经营主体对贷款产品的了解程度比较低，最终使普通农业经营主体仍然难以获得充足的贷款支持。此外，随着农村产业融合发展的不断推进，产业融合主体的金融服务需求也逐渐复杂化和多元化，除了满足日常生产经营的资金需求之外，还包括资金结算需求、委托付款需求以及资本化经营需求等，目前县域农村金融体系非常缺乏这些方面的服务。

二是农村信贷渠道缺乏创新。目前农村产业融合主体在获得商业银行贷款时，可选择的担保贷款模式主要包括联保贷款、农村信用共同体贷款、公职人员担保贷款、龙头企业担保贷款以及担保公司担保贷款。然而，由于农村地区公职人员相对较少，担保发展机制尚未健全，再加上现有担保机构不仅规模较小，数量也非常缺乏，因此在担保能力方面较为有限。因此，龙头企业担保贷款、农村信用共同体贷款以及联保贷款是目前产业融合主体可以选择的主要担保方式。然而，由于龙头企业辐射带动的范围较为有限，农村信用共同体担保贷款与联保贷款面临着较大的信用风险，因而产业融合主体也难以利用抵押担保贷款途径获得充足的资金支持。与此同时，农业经营主体向银行机构提供的担保还停留在粮食质押、相互担保等传统方式上，仅在部分地区试点土地、林地、宅基地以及农机具等质押贷款，且提供的贷款额度与现实需求之间有着明显差距，这严重制约了农村产业融合的发展。

三是农业保险发展较为落后。当前，农业经营主体的保险意识普遍比较弱，农业保险的风险保障水平不强，建立健全大灾风险分散机制任重道远。同时，目前较为滞后的农村信用评价体系，使得农村金融风险难以得到有效控制。

4.3.4　金融支持范围过小不利于农村产业融合发展水平的整体提升

在金融支持县域农村产业融合发展的过程中，由于金融机构具有较强的趋利性，在发挥金融支持农村产业融合发展功能时会潜意识地筛选相关支持地区、支持产业及支持主体等。在归纳金融支持农村产业融合发展的实际情况时发现，财务管理较规范、风险把控能力强、盈利水平高的产业融合主体会赢得更多的金融支持，即农村金融服务范围和服务重点存在不平衡现象。第一，农村金融服务更偏向产业规模大、资金雄厚的产业主体。课题组通过调查研究与实地调研发现，中小型规模的产业融合主体主要通过银行借贷获得信用贷款，通常贷款年限为1—2年，贷款金融多为5万—10万元，贷款利率维持在9%左右；起带头作用的龙头企业在银行借贷过程中可以贷款300万元至500万元，还可以享受政府相关税收直接优惠、间接优惠及财政补贴，贷款利率通常只是中小型规模的产业融合主体的一半。同时，龙头企业可以享受到政府农业机械研发或购置补贴、专项财政资金支持及股改挂牌补贴等政策用于农业产业化发展。此外，政府还会鼓励并引导金融机构为龙头企业提供综合性的农业现代化信贷服务。政府通过上述优惠政策会在一定程度上诱使金融机构将业务重点倾向于农业产业化龙头企业。第二，农村金融服务更偏向农村金融市场条件完备、农业基础设施健全、农村经济发展水平高的地区。立足于县域金融体系的发展布局，中心城市的金融体系分支较多，居民个人金融业务与企业金融业务竞争较激烈，而周边乡镇的金融体系分支较少，主要金融机构仅为邮政储蓄、中国农业银行、农村信用社及农商行等。农村金融机构本身的定位是支持农村经济发展，但是，随着农村金融机构的市场化发展，为了获得短期利润，部分金融机构的定位发生了偏移，逐步将信贷资金从农村转移到城镇，还有部分金融机构挪用资金用于房地产开发与建设。更有甚者，有些金融机构通过吸纳乡镇企业的存款投资于财富管理等资产负债表之外的业务形式，将大量银行资金用于大型企业发展与地区外投资项目，造成乡村储蓄向外流动，致使农村金融逆向流至城市，从而抑制了农村产业融合的发展。上述行为既无力化解农村产业融合发展所需的资金困局，又徒增了金融运行风险，并可能形成系统性金融风险。

4.4 小结

本章首先从农村金融服务萌芽起步、调整优化、深化改革和融合引领四个阶段来阐述农村金融服务深化与县域农村产业融合发展的历程；接着重点剖析了农村金融服务深化、县域农村产业融合发展的现状，以及农村金融服务深化支持县域农村产业融合发展的实践；最后从资金短缺依然是制约县域农村产业融合发展的首要金融问题、融资渠道不畅制约着产业融合主体获取足够的生产经营资金、金融产品和服务难以满足县域农村产业融合发展的现实需要以及金融支持范围过小不利于农村产业融合发展水平的整体提升等方面，提出农村金融服务深化与县域农村产业融合发展的主要问题。

第5章 农村金融服务深化与县域农村产业融合发展的耦合考察

为了更加清晰地反映农村金融服务深化与县域农村产业融合发展的关系及其所面临的不协调问题,且考虑当前众多学者较少从系统论视角研究农村金融服务深化与县域农村产业融合发展的关系及问题,本章将通过构建系统耦合协调度模型来验证农村金融服务深化与县域农村产业融合发展之间的作用关系,同时测度它们的耦合协调程度以验证其存在的不协调问题,并进一步检验耦合协调程度的影响因素,这将为后续章节探究农村金融服务深化促进县域农村产业融合发展的运行机制、模式选择及政策框架提供相应的经验证据。

5.1 农村金融服务深化与县域农村产业融合发展耦合协调的理论分析

5.1.1 农村金融服务深化与县域农村产业融合发展耦合协调的概念内涵

关于耦合的概念,从广义的角度来看,如果两个系统之间耦合,那么它们之间必然会产生相互作用,这种相互作用可能是削弱作用(负面反馈),也可能是强化作用(良性互动)(隋映辉,1990)。根据协同理论的观点,在一个系统内部各个参量(特别是序参量)间的协同作用,确定了该系统从无序向有序转变过程中的规律和特征,而对不同系统之间的协同作用加以度量的指标即为耦合度。当前,在经济管理学研究领域广泛可见耦合理论的运用,其主要用于考察两个(或者多个)经济现象间的协同、互动以及共生关系。对于本专著研究而言,县域农村产业融合发展与农村金融服务属于两个较为复杂的系统,并且都是经济发展系统中十分重要的子系统。县域农村产业融合发展与农村金融服务之间互相依赖、互相作用以及互相联系,相互间不仅有负面反馈,同时也会有良性互动,最终会影响整体经济发展系统的健康可持续发展。

所谓协调,指的是多个系统(或者系统内多个要素)之间存在良性互动状态,即确保了多个系统(或者多个要素)的健康可持续发展,同时也是经济现象发展的最佳状态(薛永鹏和张梅,2009)。而协调度是对多个系统(或者系统内多个要素)之间的协调状况进行度量的重要指标,以此可以实现对系统之间(或者要素之间)协调发展程度的定量判断(熊德平,2009)。所谓协调发展,指的是多个系统(或者系统内多个要素)之间通过交流配合、良性互动,进而实现从无序到有序、从低级到高级以及从简单到复杂的总体发展的过程(徐玉莲等,2011)。协调发展并非指单个系统(或者要素)的发展,而是重视发展的整体性与协调性。县域农村产业融合发展不能脱离农村金融服务的支持作用,县域农村产业融合发展与农村金融服务要实现协调发展而非孤立发展。为此,如何实现县域农村产业融合发展与农村金融服务之间的协调关系,如何评价县域农村产业融合发展与农村金融服务的协调程度,具有十分重要的现实意义。

5.1.2 农村金融服务深化与县域农村产业融合发展的交互耦合协调关系

经济决定金融,金融反作用于经济。由前文农村金融服务深化与农村产业融合发展的内在机理可知,农村金融服务深化与农村产业融合发展之间是一种相互影响、相互作用的耦合关系。一方面,农村产业融合发展是决定农村金融服务深化的重要力量。农村产业融合发展促使农业经营主体从事生产经营的规模范围不断扩大、投资需求日益提升，进而会对涉农金融机构的资金供给提出更高的要求。与此同时，随着农村产业融合发展的不断推进，农业经营主体对涉农金融机构的产品和服务选择会倾向多样化和复杂化，从而倒逼涉农金融机构不断完善金融功能，积极开发适应农村产业融合发展需要的金融产品和服务。另一方面，农村金融服务深化是影响农村产业融合发展的关键因素。随着农村金融服务体系的逐步完善，金融服务专业化水平与个性化程度不断提升，不仅能够减少金融支农的成本，还能够满足不同类型农业经营主体的金融需求，实现农村产业融合发展。与此同时，农村金融服务深化还可以带动其他关键要素（比如技术、人才等）向农村产业融合发展领域集聚，优化农业资源配置效率，推动农村产业迈向深度融合发展。

作为拥有特定功能的有机整体，县域农村产业融合发展是由互相依赖的若干组成部分结合而成的一个系统，且可将农村金融服务看作影响县域农村产业融合发展的外部系统。从系统学角度来看，农村金融服务与县域农村产业融合发展是宏观社会经济系统的构成部分，可分别将农村金融服务与县域农村产业融合发展看作动态的有机子系统，农村金融服务系统的运行效率和质量与县域农村产业融合发展的质量和效率相互制约、相互影响，因而会影响两个系统的协调程度。一般来说，农村金融服务系统效率高质量好，县域农村产业融合发展质量效率就高；如果县域农村产业融合发展质量差效率低，则会影响农村金融服务系统的正常运行，两个系统的协调度就低。因此，本书将农村金融服务子系统与县域农村产业融合发展子系统的关联互动称作"农村金融服务—县域农村产业融合发展"系统耦合，并通过测量"农村金融服务—县域农村产业融合发展"系统耦合协调程度而对该系统的互动关系和动态演化进行刻画，为判别该系统耦合作用的协调程度和预测该系统的动态发展演变趋势提供相应的依据。

5.2 农村金融服务深化与县域农村产业融合发展耦合协调模型与方法

5.2.1 农村金融服务深化与县域农村产业融合发展耦合度模型的构建

根据耦合理论,本专著将农村金融服务深化(Rural Financial Services Deepening,RFSD)与县域农村产业融合发展(Rural Industrial Convergence Development,RICD)视为一个有机的整体系统,该系统包括两个子系统即RFSD-RICD,两者之间的相互作用关系可采用耦合度进行度量。度量耦合度的基本模型如下:

$$O_n = n \left[\frac{R_1, R_2, \cdots, R_n}{\prod(R_i + R_j)} \right]^{\frac{1}{n}} \quad (5.1)$$

由式(5.1)可推导出RFSD-RICD的耦合度(O)的度量公式:

$$O = 2 \left[\frac{R_1 \times R_2}{(R_1 + R_2) \times (R_2 + R_1)} \right]^{\frac{1}{2}} \quad (5.2)$$

在式(5.2)中,R_1和R_2分别为农村金融服务深化(RFSD)与县域农村产业融合发展(RICD)两个子系统的综合序参量,反映了各自对RFSD-RICD整体系统的贡献程度。综合序参量可利用线性加权求和法获得,具体计算公式如下:

$$R_i = \sum_{j=1}^{n} \alpha_{ij} \beta_{ij} \quad (5.3)$$

在式(5.3)中,α_{ij}表示序参数j对该系统i的作用效果;β_{ij}表示各个系统序参数的权重,可利用熵值法获得。结合已有研究的普遍做法,本书中RFSD-RICD的耦合度$O \in [0,1]$。当$O = 0$时,表示RFSD-RICD的耦合程度最低,系统内各个要素不发生任何联系,处于无序状态;当$0 < O \leq 0.3$时,表示RFSD-RICD的耦合程度较低;当$0.3 < O < 0.5$时,表示RFSD-RICD的耦合程度处于颉颃水平,相互作用不

相上下；当 $0.5 \leqslant O < 0.8$ 时，表示 RFSD-RICD 的耦合程度处于磨合阶段，系统内各个要素的作用效果逐渐向好；当 $0.8 \leqslant O < 1$ 时，表示 RFSD-RICD 的耦合程度处于最佳阶段，系统内各个要素间的作用效果不断提高；当 $O = 1$ 时，表示 RFSD-RICD 的耦合水平最高，系统内各要素之间的契合度达到最佳状态。

5.2.2 农村金融服务深化与县域农村产业融合发展耦合协调度模型构建

由于耦合度 O 只能度量农村金融服务深化与县域农村产业融合发展两个子系统之间的作用强弱，无法表征两个系统在高水平上相互促进或者在低水平上相互约束等关系。与此同时，尽管耦合度能在时间维度上作为系统间相互影响程度强弱的表征，然而，当涉及空间维度上的多区域比较研究时，受到计算方法的制约可能会产生伪评价结果，即出现两个子系统综合序参量相近且均较低，但耦合度却较高的情况，这与综合序参量均较高所引致的耦合度较高的经济内涵是有显著差异的。而利用耦合协调模型来分析农村金融服务深化与县域农村产业融合发展两个系统之间的关系，所得到的结果会更加全面。这个模型最大的特征是将分析协调度加入了计算耦合度的过程当中。协调度的实际含义是对几个系统的发展均衡性进行评估，如果所得到的数据比较高，那就意味着这几个系统配合得比较和谐，对整个系统的发展可以起到推动作用。

为了定量测度农村金融服务深化与县域农村产业融合发展这一复合系统的耦合协调水平，本书借鉴物理学中的容量耦合概念及耦合系统模型（Illing，1996），同时参考韩海彬和张莉（2015）的做法，构建反映两个子系统整体功效的耦合度模型，用耦合协调度 D 来评价农村金融服务深化与县域农村产业融合发展的协调程度，为此需要对测算方法加以改进，得到耦合协调度模型：

$$D = \sqrt{O \times L} \tag{5.4}$$

$$L = \alpha \times u + \beta \times g \qquad (5.5)$$

在式（5.4）中，D 表示耦合协调度，反映了两个子系统之间协调发展的状况；L 表示综合协调指数，反映了两个子系统发展水平对耦合协调度的贡献；α、β 表示待定系数，即两个子系统发展水平的权重系数，反映了两个子系统在复合系统中的重要程度，需满足 $\alpha + \beta = 1$，本书将农村金融服务深化与县域农村产业融合发展视为同等重要，故令 $\alpha = \beta = 0.5$。

针对耦合协调度的类型划分，本书参考廖重斌（1999）、侯兵和周晓倩（2015）的做法，运用均匀分布函数法把农村金融服务深化与县域农村产业融合发展的耦合协调度划分为 10 种类型（见表 5.1），而且耦合协调度值越大，表明相互间协调性越好。

表 5.1 农村金融服务深化与县域农村产业融合发展耦合协调度划分类型

耦合协调度	协调类别	耦合协调度	协调类别
① 0.00—0.09	极度失调	⑥ 0.50—0.59	勉强协调
② 0.10—0.19	严重失调	⑦ 0.60—0.69	初级协调
③ 0.20—0.29	中度失调	⑧ 0.70—0.79	中级协调
④ 0.30—0.39	轻度失调	⑨ 0.80—0.89	良好协调
⑤ 0.40—0.49	濒临失调	⑩ 0.90—1.00	优质协调

5.2.3 农村金融服务深化与县域农村产业融合发展耦合协调度指标选取

指标选取是测量农村金融服务深化与县域农村产业融合发展耦合协调的重要基础。其中，农村金融服务深化指标体系主要从金融机构渗透性、金融服务可得性和服务使用效用性三个维度出发，选择六个具体指标，并采用 Sarma（2015）提出的基于距离的普惠金融指数构建方法，测算得到农村金融服务深化程度综合指数；县域农村产业融合发展指标体系侧重从延伸农业产业链、发挥农业多功能性、带动农业服务业融合发展、促进农民增收与就业、实现城乡一体化发展五个维度出发，构建了 10 个具体指标，并采用主客观权重方法和线性加权求和法，计算得到农村产业融合发展水平综合指数。具体的指标构建方法详见第 3 章第 3.4 节。考虑到县域统计数据的可获取性，本书将样本区间确定为 2011—2018 年，研究对象为中国 134 个农村产业融合发展示范县。相关指标的原始数据主要来源于历年的《中国县域统计年鉴》、各省市县统计年鉴和县域国民经济与社会发展统计公报，以及 EPS 数据平台（中国区域经济数据库、县市统计数据库）、Wind 资讯数据库和国家统计局等权威数据网站。

5.3 农村金融服务深化与县域农村产业融合发展耦合协调的时空特征

5.3.1 农村金融服务深化与县域农村产业融合发展耦合协调度的时序分析

基于前文构建的耦合协调模型以及 2011—2018 年的县域统计数据，本书计算得到农村金融服务深化与县域农村产业融合发展的耦合协调度，图 5.1 描绘了样本期间耦合协调度的均值变化趋势。从图 5.1 中可以看出，在样本期间，示范县农村金融服务深化与农村产业融合发展的耦合协调度整体偏低，绝大多数年份处于濒临失调的状态，未来耦合协调度的提升空间非常大。但是从变动趋势来看，农村金融服务深化与县域农村产业融合发展的耦合协调度在样本期间逐年提升，从 2011 年的 0.3894 提升到 2018 年的 0.4962，年均增幅为 3.52%。随着农村金融服务深化与县域农村产业融合发展耦合协调度的不断提升，表明两者的不协调逐渐得到改善。

从农村金融服务深化与县域农村产业融合发展的耦合协调度的类型来看，在样本期间主要包括中度失调、轻度失调、濒临失调、勉强协调和初级协调五种类型。其中，2011 年，中度失调的示范县数量为

图 5.1　2011—2018 年耦合协调度均值变化趋势

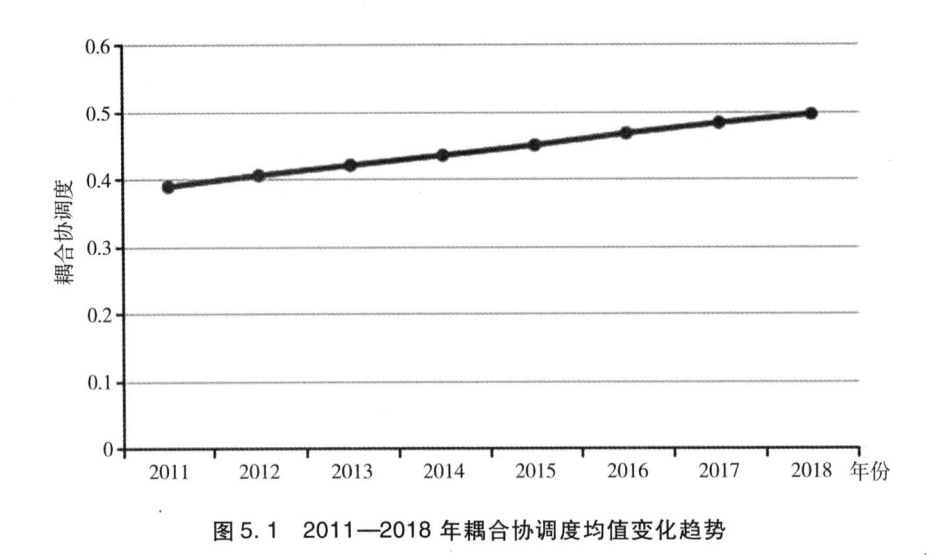

8个，到2014年已经减少到0；轻度失调的示范县数量从2011年的79个降低到2018年的5个；濒临失调的示范县数量从2011年的36个增加到2018年的75个；勉强协调的示范县数量从2011年的10个增加到2018年的44个；初级协调的示范县数量从2011年的1个增加到2018年的10个。整体而言，耦合协调度的类型逐渐由失调转向协调，反映了农村金融服务深化与县域农村产业融合发展的耦合协调度水平正在不断提高。

5.3.2　农村金融服务深化与县域农村产业融合发展耦合协调度的空间分析

为了进一步探究样本期间农村金融服务深化与县域农村产业融合发展耦合协调度的空间分布特征，根据东中西部的区域划分标准，分别计算了2011—2018年东部示范县、中部示范县以及西部示范县的平均耦合协调度，并绘制了趋势变动图（见图5.3）。分区域的耦合协调度变动趋势与全国整体趋势保持一致。其中，东部示范县的耦合协调度最高，耦合协调度均值为0.4814，整体处在0.4317与0.5313

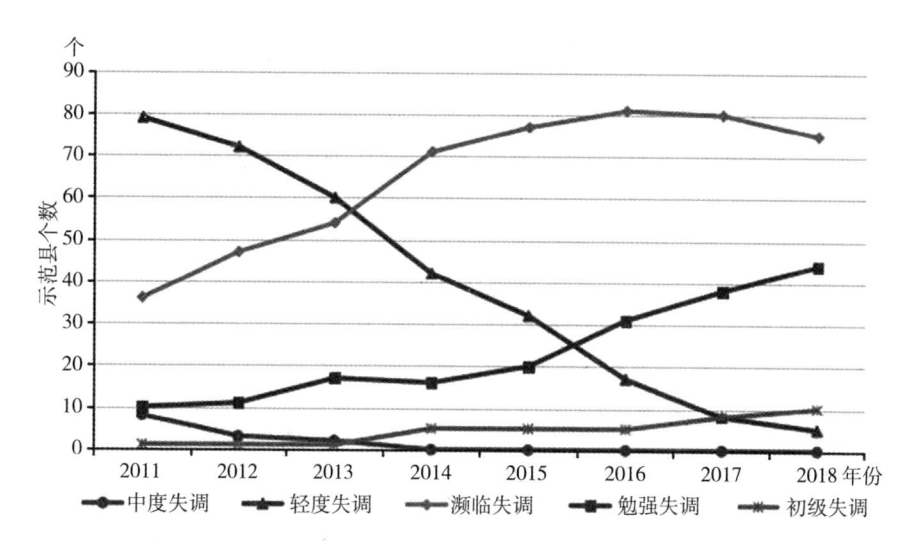

图 5.2 2011—2018 年耦合协调度类型分布变化趋势

之间，样本期间年均增幅为 3.01%；其次是中部示范县，其耦合协调度均值为 0.4296，样本期间水平在 0.3749—0.4801 范围内波动，仅次于东部示范县耦合协调度水平，排在第二位；西部示范县耦合协调度最低，整体水平处于 0.3604—0.4752 范围内，样本期间耦合协调度均值为 0.4181，处于轻度失调与濒临失调之间，排在第三位。整体而言，农村金融服务深化与县域农村产业融合发展耦合协调度呈现出东部示范县＞中部示范县＞西部示范县的空间分布格局，产生这样的格局与区域农村经济金融发展的水平密不可分。

表 5.2 和表 5.3 分别给出了关键年份（2011 年和 2018 年）农村金融服务深化与农村产业融合发展耦合协调度排名前二十和后二十的县域名单。从这两表中可以看出，样本期间各县域农村金融服务深化与农村产业融合发展耦合协调度发生了显著变化。2011 年，仅杭州市余杭区处于初级协调（0.60—0.69），处于勉强协调的示范县包括宁波市江北区、北京市大兴区、无锡市宜兴市、上海市金山区、湖州市德清县、湖州市安吉县、上海市崇明区、延边自治州延吉市、金华市武义县和烟台市龙口市，绝大部分位于东部地区。2011 年尚处于中度

失调（0.20—0.29）的示范县包括红河自治州弥勒市、日喀则市桑珠牧区、曲靖市陆良县、渭南市大荔县、山南市乃东县、怀化市沅陵县、陇南市康县和绥化市肇东市，全部位于中西部地区。

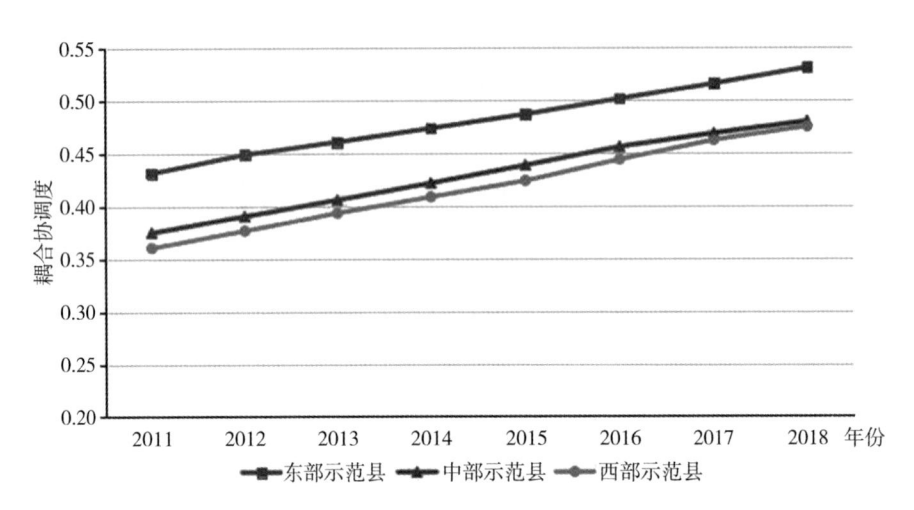

图5.3　2011—2018年耦合协调度区域分布变化趋势

表5.2　2011年耦合协调度排名前二十和后二十的县域名单

排名	县（区、市）	耦合协调度	排名	县（区、市）	耦合协调度
1	余杭区	0.6248	115	浚县	0.3286
2	江北区	0.5712	116	阿荣旗	0.3269
3	大兴区	0.5668	117	靖远县	0.3260
4	宜兴市	0.5641	118	新野县	0.3235
5	金山区	0.5416	119	恭城县	0.3211
6	德清县	0.5406	120	富川县	0.3183
7	安吉县	0.5296	121	昭苏县	0.3173
8	崇明县	0.5221	122	灵山县	0.3167

续表

排名	县（区、市）	耦合协调度	排名	县（区、市）	耦合协调度
9	延吉市	0.5184	123	石楼县	0.3142
10	武义县	0.5132	124	田东县	0.3103
11	龙口市	0.5071	125	灵寿县	0.3063
12	荣成市	0.4984	126	汝州市	0.3060
13	房山区	0.4875	127	肇东市	0.2991
14	崇州市	0.4819	128	康县	0.2971
15	东西湖区	0.4814	129	沅陵县	0.2936
16	如皋市	0.4737	130	乃东县	0.2887
17	句容市	0.4706	131	大荔县	0.2884
18	武清区	0.4693	132	陆良县	0.2859
19	大祥区	0.4577	133	桑珠孜区	0.2772
20	宣州区	0.4548	134	弥勒市	0.2631

到2018年，处于初级协调（0.60—0.69）的示范县增加了9个，分别为湖州市安吉县、湖州市德清县、镇江市句容市、无锡市宜兴市、宁波市江北区、金华市武义县、北京市大兴区、威海市荣成市和亳州市谯城区。2011年处于中度失调（0.20—0.29）的8个示范县，到2018年已经全部转为轻度失调（0.30—0.39）。2018年尚处于轻度失调（0.30—0.39）的示范县还有5个，包括红河自治州弥勒市、伊利自治州昭苏县、绥化市肇东市、钦州市灵山县、山南市乃东县。总的来看，在样本期间，尽管各县域农村金融服务深化与农村产业融合发展耦合协调度水平整体上均有所上升，但各县域之间的耦合协调度差异趋势并未发生根本性变化。由此可见，尽管各地区纷纷出台了各项鼓励金融发展促进农村产业融合发展的有关政策，但农村金融与农村产业融合发展良性互动的实现仍然是一个长期的过程。

表5.3　2018年耦合协调度排名前二十和后二十的县域名单

排名	县（区、市）	耦合协调度	排名	县（区、市）	耦合协调度
1	余杭区	0.6969	115	双城区	0.4382
2	安吉县	0.6945	116	汝州市	0.4346
3	德清县	0.6760	117	拜城县	0.4258
4	句容市	0.6492	118	商城县	0.4246
5	宜兴市	0.6475	119	米易县	0.4246
6	江北区	0.6432	120	德庆县	0.4241
7	武义县	0.6337	121	陆良县	0.4233
8	大兴区	0.6215	122	海丰县	0.4198
9	荣成市	0.6133	123	汉寿县	0.4156
10	谯城区	0.6039	124	电白区	0.4153
11	延吉市	0.5992	125	祁东县	0.4133
12	米林县	0.5867	126	新野县	0.4133
13	龙口市	0.5835	127	大荔县	0.4107
14	东西湖区	0.5821	128	沅陵县	0.4076
15	甘州区	0.5793	129	浚县	0.4037
16	金山区	0.5771	130	乃东县	0.3970
17	崇明县	0.5737	131	灵山县	0.3908
18	连江县	0.5692	132	肇东市	0.3877
19	宣州区	0.5684	133	昭苏县	0.3832
20	如皋市	0.5651	134	弥勒市	0.3568

5.3.3　农村金融服务深化与县域农村产业融合发展耦合协调度的收敛分析

从统计学的角度来说，研究收敛性的指标主要有变异系数（Coefficient of Variation）、泰尔指数（Theil's Entropy Index）、对数离差均值和基尼系数（Coefficient of Gini）。从基尼系数指标的性质来看，它属于一种相对指标。与其他相对指标一样，基尼系数作为一种抽象的经

第 5 章 农村金融服务深化与县域农村产业融合发展的耦合考察

济指标，它抽象掉了各类经济主体之间具体的差异，概括性地反映出整体差异程度，因而使一些本不可比的现象变为可比。基尼系数对于中间水平的变化比较敏感，而对数离差均值和泰尔指数则分别对底层水平和上层水平的变化比较敏感。本书综合考虑上述三个指标，以期对县域农村金融服务深化与农村产业融合发展耦合协调度进行更全面的测量，从多角度认识农村金融服务深化与农村产业融合发展耦合协调度的差异状况。

本书用来表示农村金融服务深化与农村产业融合发展耦合协调度的基尼系数计算公式为：

$$GINI = \frac{2}{n^2 \mu_e} \sum_{i=1}^{n} i e_i - \frac{n+1}{n} \quad (5.6)$$

其中，n 表示样本个数；表示农村金融服务深化与农村产业融合发展耦合协调度按由小到大的顺序排列后第 i 个样本；μ 指的是农村金融服务深化与农村产业融合发展耦合协调度的均值。

对数离差均值（GE_0）和泰尔指数（GE_1）于 1967 年由经济学家泰尔提出，其依据信息理论学中的熵值概念来计算农村金融服务深化与农村产业融合发展耦合协调度的差异，具体计算公式分别如下：

$$GE_0(e) = \frac{1}{n} \sum_{i=1}^{n} \ln \frac{\mu}{e_i} \quad (5.7)$$

$$GE_1(e) = \frac{1}{n} \sum_{i=1}^{n} \frac{e_i}{\mu} \ln \frac{e_i}{\mu} \quad (5.8)$$

其中，n 表示样本个数；表示农村金融服务深化与农村产业融合发展耦合协调度按由小到大的顺序排列后第 i 个样本；μ 指的是农村金融服务深化与农村产业融合发展耦合协调度的均值。

依据式（5.6）、式（5.7）、式（5.8），可以分别计算出中国 134 个农村产业融合发展示范县 2011—2018 年的农村金融服务深化与农村产业融合发展耦合协调度的对数离差均值（GE_0）、泰尔指数（GE_1）以及基尼系数（$GINI$），结果详见表 5.4 所示。

表 5.4　耦合协调度对数离差均值（GE_0）、泰尔指数（GE_1）和基尼系数（$GINI$）检验结果

年份	2011	2012	2013	2014	2015	2016	2017	2018
$GINI$	0.0938	0.0908	0.0866	0.0836	0.0815	0.0767	0.0710	0.0709
GE_0	0.0139	0.0131	0.0120	0.0111	0.0104	0.0092	0.0079	0.0082
GE_1	0.0143	0.0135	0.0123	0.0113	0.0106	0.0093	0.0079	0.0082

通过表 5.4 可以初步判定，整体上基尼系数（$GINI$）、对数离差均值（GE_0）以及泰尔指数（GE_1）都表现出大致相同的下行变动趋势，这三个差异指标间的变动幅度越来越小，并逐渐呈现出收敛趋势，这充分说明各个示范县之间农村金融服务深化与农村产业融合发展耦合协调度的差异正在逐渐缩小。具体地，泰尔指数（GE_1）变化幅度最大，样本期间年均负向增长率为 7.64%；其次是对数离差均值（GE_0），年均负向增长率为 7.26%；变化幅度最小的是基尼系数（$GINI$），年均负向增长率为 3.92%。这表明 2011—2018 年，农村金融服务深化与农村产业融合发展耦合协调度内部结构发生了一定变化，相比较而言，耦合协调度处于上层水平的示范县变化较大，而处于中间水平和下层水平的示范县变化较小。

5.4　农村金融服务深化与县域农村产业融合发展耦合协调的影响因素

5.4.1　农村金融服务深化与县域农村产业融合发展耦合协调影响因素模型构建

（1）计量模型

为了缓解农村金融服务深化与县域农村产业融合发展的不协调问题，必须掌握农村金融服务深化与县域农村产业融合发展不协调问题的形成原因。为此，本书首先构建以下静态面板模型，实证检验农村

金融服务深化与县域农村产业融合发展耦合协调的影响因素：

$$COO_{it} = \alpha + \beta CTL_{it} + \mu_i + \varepsilon_{it} \quad (5.9)$$

在式（5.9）中，i、t分别表示示范县和年份；COO表示农村金融服务深化与县域农村产业融合发展的耦合协调度；CTL表示影响农村金融服务深化与县域农村产业融合发展耦合协调的变量集合，包括县域资金外流、二元经济结构、财政服务、投资率、城镇化以及基础设施等；α为常数项，μ_i为不可观测的地区效应，ε_{it}为随机扰动项。

为了减少因遗漏变量而产生的估计偏误，同时考虑到农村金融服务深化与县域农村产业融合发展耦合协调也可能与过去因素有关，本书在式（5.3）中加入被解释变量（农村金融服务深化与县域农村产业融合发展的耦合协调度）的一阶滞后项，进一步构建以下动态面板模型：

$$COO_{it} = \alpha + \chi COO_{i,t-1} + \beta CTL_{it} + \mu_i + \varepsilon_{it} \quad (5.10)$$

在式（5.10）中，$COO_{i,t-1}$表示农村金融服务深化与县域农村产业融合发展耦合协调度的一阶滞后项，χ为其回归系数。

（2）估计方法

针对静态面板数据，从理论上讲存在三种可供选择的面板估计模型：混合效应（POLS）、固定效应（FE）和随机效应（RE）。在实际运用过程中，可以F检验确定选择混合效应模型还是固定效应模型，若拒绝"混合回归模型更优"的原假设，则选择固定效应模型；以拉格朗日乘数（LM）检验确定选择混合效应模型还是随机效应模型，拒绝"混合回归模型更优"的原假设，则选择随机效应模型；以豪斯曼（H）检验确定选择固定效应模型还是随机效应模型，若拒绝"随机效应模型更优"的原假设，则选择固定效应模型。如果F检验和LM检验均不显著，则说明应该选择混合效应模型，如果二者中有一个显著则需要再进行豪斯曼（H）检验。如果选定的估计模型存在自相关和异方差问题，则需要改用面板校正标准误法（PCSE）或可行广义最小二乘法（FGLS）对静态面板模型进行重新估计，以消除自相关和异方差问题。但当截面单元数大于时间跨度时（N>T），可以采用带有D&K标准误（Driscoll & Kraay，1998）的固定效应估计方法，将面板数据可能存在的个体效应与时间效应进行调整，以得到较为稳健的估计结果。

针对动态面板模型的估计方法，采用广义矩估计（GMM）对动态面板模型进行实证分析。广义矩估计主要有差分GMM和系统GMM，在运用差分矩估计时消除了非观测截面个体效应及不随时间变化的其他变量，且有时变量滞后阶并非理想工具变量。而系统GMM可以同时对水平和差分方程进行估计，其估计效率较高，本书采用系统矩估计方法（SYS-GMM）进行估计，该方法将差分方程和水平方程作为一个系统进行估计，增加了可用的工具变量，具有较高的估计效率。考虑到样本观测值较为有限，本书将以解释变量的一阶滞后项作为工具变量，并利用残差序列相关性检验（AR检验）和过度识别检验（Hansen检验）对模型设定与估计的有效性进行判别。

5.4.2 农村金融服务深化与县域农村产业融合发展耦合协调影响因素变量选取

（1）被解释变量

本部分研究的被解释变量为农村金融服务深化与县域农村产业融合发展耦合协调度（COO）。具体测度过程详见前文所述，这里不再赘述。

（2）解释变量

一是县域资金外流（OUT）。资金是社会生产的基本要素，其配置方向决定着县域经济增长的方式与质量。资金趋利性的市场化配置，就必然会导致经济欠发达地区的资金流向经济相对发达的地区，资金趋利性的理性流向所产生的资金配置的结构性失衡则不利于缩小地区间的经济差距，更不利于国家对农村经济金融政策意图及资金扶持作用的充分发挥，并造成农村金融服务与县域农村产业发展间的矛

第5章 农村金融服务深化与县域农村产业融合发展的耦合考察

盾。借鉴学术界的普遍做法（谭燕芝等，2018；张林，2018；李政，2019），县域资金外流利用县域地区金融机构年度存款与贷款之间的差额来衡量，并做了人均化处理。相关原始数据主要来源于历年的《中国县域统计年鉴》。

二是二元经济结构（DUA）。城乡二元经济结构在经济类型、基础设施、消费水平等方面影响着我国农业发展、农村劳动力转移、农民收入和农民整体素质的提高，要促进农村金融服务与县域农村产业融合发展，需要打破城乡二元结构，实现协调发展。城乡二元经济结构采用第一产业比较劳动生产率/第二、三产业比较劳动生产率来表示。① 相关原始数据主要来源于历年的《中国县域统计年鉴》。

三是财政服务（GOV）。作为县域经济发展的重要支撑，县级财政肩负着县级资源配置、收入分配和调控经济等职能，而县域财政支出结构事关居民生活、地方公共事业、基础设施和产业布局等方方面面，对整个县域经济有重要影响。为了探究财政服务对农村金融服务与县域农村产业融合发展的影响，以各县域政府财政支农支出占其财政总支出的比值来表示财政服务，以反映地方政府财政支出对"三农"问题的重视程度。相关原始数据主要来源于历年的《中国县域统计年鉴》。

四是投资率（IFA）。在现代经济中，投资作为推动经济结构优化和促进经济发展的主要因素，由于投资所形成的固定资产的数量和质量，在一定程度上决定了经济的发展速度和水平。因此，要实现农村金融服务与县域农村产业融合发展，也要保持一定的投资率。本书以全社会固定资产投资完成额与地区生产总值的比值来表示投资率水平。相关原始数据主要来源于历年的《中国县域统计年鉴》。

五是城镇化（URB）。县域农村产业融合是以农业、农村、农民的内生力量为依托，在不改变农业性质，不对外转移农业人口的情况

---

① 比较劳动生产率：一个部门的产值比重与部门就业的劳动力比重的比率，通常第一产业比较劳动生产率低于1，而第二、三产业比较劳动生产率高于1。

下，通过农业自身的纵向融合以及农业与工业、服务业等非农产业的横向融合，就地实现生产方式和生活方式的转变。而在新型城镇化建设中也需要高度重视农村产业之间的协调融合发展。因此，探究农村金融服务与县域农村产业融合发展的协调性，仍需考虑城镇化因素，具体而言，以非农业就业人口占总就业人口的比重来度量城镇化水平。相关原始数据主要来源于历年的《中国县域统计年鉴》。

六是基础设施（INF）。基础设施建设是我国农村经济发展的重要物质技术基础，基础设施建设的不断加强以及基础设施建设所带来的便利在拉动农业相关产业发展、拓展农村金融服务和农村产业发展中发挥了重要作用。本书以人均拥有固定电话数量来衡量基础设施水平。相关原始数据主要来源于历年的《中国县域统计年鉴》。

5.4.3 农村金融服务深化与县域农村产业融合发展耦合协调影响因素的实证分析

（1）面板数据单位根检验

在实证检验农村金融服务深化与县域农村产业融合发展耦合协调的影响因素之前，需要对计量模型所涉及的所有变量进行面板单位根检验，具体检验结果详见表5.5所示。从表5.5中的检验结果可以看出，无论是哪一种常规的面板单位根检验方法（LLC检验、IPS检验、HT检验以及Fisher-ADF检验），所有变量均在1%的水平上通过了显著性检验，从而可以有效地拒绝原假设（各个变量在时间序列上存在单位根），表明各个变量在序列上是平稳的，可以进行回归分析。

表5.5 面板数据单位根检验结果

变量	LLC 检验	IPS 检验	HT 检验	Fisher-ADF 检验
COO	-17.0165***	-2.4567***	-6.0897***	492.9175***
OUT	-29.4975***	-6.5712***	-20.1163***	591.5486***
DUA	-23.8973***	-5.2175***	-4.3730***	711.6291***

续表

变量	LLC 检验	IPS 检验	HT 检验	Fisher-ADF 检验
GOV	-23.3408***	-5.4384***	-6.0980***	345.6723***
IFA	-23.1643***	-3.3159***	-5.9626***	507.7125***
URB	-48.3724***	-4.6975***	-1.9101**	639.9068***
INF	-17.7193***	-4.2781***	-6.7704***	1073.9645***

说明：**、***分别表示在0.05、0.01水平上显著。

（2）实证检验与结果分析

根据前文构建的计量模型和介绍的估计方法，本部分采用Stata16.0软件对式（5.3）和式（5.4）进行回归估计，详细结果见表5.6列（1）到列（5）所示。其中，列（1）—列（4）是静态面板模型估计结果，列（5）是动态面板模型估计结果。从FE方法、PCSE方法和D&K方法的估计结果来看，列（1）、列（2）和列（4）的拟合优度（R^2）分别为0.3930、0.3220和0.3930，说明模型整体的拟合程度比较高，所得到的估计结果较为可靠。从FGLS方法的估计结果来看，列（3）的Wald值在1%的水平上显著，说明模型设定是合理的，估计结果可信。从SYS-GMM方法的估计结果可以看出，列（5）中的AR（2）检验说明一阶差分后的残差不存在二阶序列自相关性，Hansen检验的p值明显大于0.1，说明选取的工具变量是有效的，因此本书设定的动态面板模型基本合理。另外，列（1）—列（5）的估计结果不仅在方向上具有一致性，并且大多通过了显著性检验，这也表明模型估计结果具有较好的稳健性。

从表5.6中县域资金外流（OUT）的估计结果来看，在采用不同的估计方法下，县域资金外流对农村金融服务深化与县域农村产业融合发展耦合协调度的影响系数显著为负，且均通过了1%的显著性水平检验，说明资金外流对耦合协调度的负向作用是较为稳健的，即资金外流不利于农村金融服务深化与县域农村产业融合发展耦合协调发展。事实上，尽管目前农村产业融合发展过程中享受了诸多金融便利政策，但整体而言，我国县域金融服务供给还比较落后，集中表现在县域资金的大量外流上，这也导致了农村金融服务难以与农村产业融合发展相匹配，即出现二者不协调的状况。长期以来，我国处于特有的"二元经济"格局状态，城市投资回报率远远高于农村，加之农村地区缺少政策引导，农村金融资源极易外流进入发达城市地区。与此同时，我国农村地区固有的农村农地转让权不完全、信息不对称、非生产性贷款、特质性成本和抵押物残缺等特点导致农村地区出现了"金融排斥"，资金在尚未满足当地金融需求情况下大量外流。县域资金流失不仅强化了二元经济结构，还扩大了城乡差距，从而制约了农村金融服务深化与县域农村产业融合发展的协调发展。

表5.6　　　　　　　　耦合协调影响因素检验结果

解释变量	FE (1)	PCSE (2)	FGLS (3)	D&K (4)	SYS-GMM (5)
OUT	$-5.13e-07$*** (-3.21)	$-1.55e-06$*** (-3.93)	$-1.27e-06$*** (-4.24)	$-5.13e-07$*** (-3.92)	$-5.18e-07$*** (-2.98)
DUA	0.0179 (1.62)	0.0784*** (10.07)	0.0818*** (14.38)	0.0179 (1.36)	0.1450*** (2.58)
GOV	0.1709*** (7.46)	0.0282*** (2.68)	0.0353*** (4.92)	0.1709*** (4.61)	0.0095 (0.17)
IFA	0.0531*** (12.58)	0.0205*** (4.63)	0.0358*** (11.44)	0.0531*** (7.67)	0.0171 (0.64)
URB	0.1377*** (7.93)	0.1172*** (9.25)	0.1378*** (16.52)	0.1377*** (6.69)	0.0475 (0.67)
INF	0.2272*** (9.26)	0.3287*** (12.94)	0.2397*** (13.30)	0.2272*** (3.45)	0.1763* (1.69)
L.COO					0.8143*** (6.64)
常数项	0.3391*** (38.20)	0.3309*** (50.43)	0.3168*** (65.72)	0.3391*** (35.04)	0.0439 (1.26)

续表

解释变量	FE (1)	PCSE (2)	FGLS (3)	D&K (4)	SYS-GMM (5)
R^2	0.3930	0.3220		0.3930	
Wald 检验		463.86***	845.53***		
AR(2)检验					0.6810
Hansen 检验					0.9270
样本数	1072	1072	1072	1072	938

说明：*、*** 分别表示在0.1、0.001水平上显著。

从表5.6中其他变量的估计结果来看，二元经济结构（DUA）、财政服务（GOV）、投资率（IFA）、城镇化（URB）以及基础设施（INF）的回归系数均为正数，且都通过了显著性水平检验，这表明二元经济结构的改善可以缩小城乡之间的差别，优化城乡之间的要素配置，从而促进农村金融服务深化与县域农村产业融合发展的协调。政府财政服务可以缓解农村产业发展所需资金压力，为农村产业融合发展提供物质基础，进而推动农村金融服务深化与县域农村产业融合发展的协调。投资率越高，就越有利于金融机构的发展以及农村产业融合项目的融资，从而促进农村金融服务深化与县域农村产业融合发展的协调。城镇化作为农村产业融合发展的重要依托，为农业产业化发展提供了空间，由此也有助于农村金融服务深化与县域农村产业融合发展的协调。县域基础设施的完善可以改善农村产业融合发展环境，进而推动农村金融服务深化与县域农村产业融合发展的协调。

5.5 小结

本章在从理论上分析农村金融服务深化与县域农村产业融合发展的交互耦合协调关系基础上，采用系统耦合协调度模型测度了农村金融服务深化与县域农村产业融合发展之间的耦合协调关系,并构建计量模型检验了耦合协调度的影响因素。研究发现:2011—2018年,农村金融服务深化与农村产业融合发展的耦合协调度整体偏低,绝大多数年份处于濒临失调的状态;从变动趋势来看,农村金融服务深化与县域农村产业融合发展的耦合协调度在样本期间逐年提升,两者的不协调正在逐渐得到改善;从分区域来看,农村金融服务深化与县域农村产业融合发展耦合协调度呈现出东部示范县>中部示范县>西部示范县的分布格局;县域资金外流、二元经济结构、财政服务、投资率、城镇化以及基础设施均是影响农村金融服务深化与县域农村产业融合发展耦合协调度的重要因素。

第6章 农村金融服务深化对县域农村产业融合发展的影响考察

根据第4章的现状分析可知，在样本期内，农村金融服务深化程度与县域农村产业融合发展水平均有了较大幅度的提升。那么，农村金融服务深化是不是影响县域农村产业融合发展的重要原因呢？如果是，农村金融服务深化对县域农村产业融合发展的影响是否存在区域差异？农村金融服务深化通过何种路径影响县域农村产业融合发展？规范解答上述问题不仅有助于深入理解农村金融服务深化程度与县域农村产业融合发展的关系，同时还能够为针对性地提出金融深化措施，推进县域农村产业融合发展提供有益参考。

6.1 农村金融服务深化对县域农村产业融合发展的总体影响检验

6.1.1 农村金融服务深化影响县域农村产业融合发展的理论假说

农村金融服务深化是影响农村产业融合发展的关键因素。首先，农村金融服务深化有利于加速县域农村产业融合发展的资本积累。农村金融服务深化可以提高储蓄率，提高从储蓄到投资的转化率，使得投资量增加，资本总量增加，以此提高农村产业融合发展的水平。一方面，作为农村金融服务的提供者，农村金融机构可以通过集聚农村居民的闲置资金以扩大储蓄规模。农村金融机构的多样化使得农村居民有了更多的渠道进行储蓄投资，同时其获取金融服务的成本大大减少，从而使资本潜力得到极大挖掘。另一方面，金融工具为促使储蓄向投资转化提供了必要中介。拥有丰富、多样的金融工具可以有效积累金融资本，但如果缺乏多样化的金融工具，则可能促使储蓄向不匹配的载体转移，这既会对储蓄规模的扩大造成阻碍，也不利于实现储蓄向投资的有效转化。此外，金融市场促使储蓄转化为投资提供了重要场所。随着金融市场的快速发展，与储蓄投资转化相关的成本费用可以得到极大降低，从而加速资本向金融机构集中，然后将资本投资到发展前景较好、有着巨大潜力的农村产业融合发展项目。

其次，农村金融服务深化可以优化农村产业融合发展的资源配置。一方面，随着农村金融服务深化的不断推进，农村金融结构持续优化，可为产业融合主体拓宽外部融资途径，增加资金来源渠道，从而推动农村产业融合发展。随着农村金融生态的逐步完善，农村金融产品数量不断增加，农村金融服务方式日益改善，为促进农村产业融合发展创造了良好的外部环境。对于产业融合主体来说，融资难融资贵是长期以来制约其发展的关键问题所在。农村金融服务深化使得产业融合主体的融资渠道更加多样化，可以有效满足其生产经营所需的正常资金需求。另一方面，随着农村金融服务的不断深化，农村金融机构通过将资本丰富区域的资金通过储蓄等渠道收集起来，然后利用资金跨区域合理流动，将充足的资金提供给资金需求较为旺盛的区域，实现资金有效配置。在甄选农村产业融合发展项目进行投资时，应该重点比较农村金融机构贷款利率与投资项目的预期收益率，进而摈弃那些预期收益率相较贷款利率更低的产业融合项目，投资那些预期收益率较贷款利率更高的产业融合项目，从而合理配置信贷资金投放方向，推动农村产业深度融合发展。基于上述分析，本书提出如下理论假说：

假说1：农村金融服务深化可能促进县域农村产业融合发展。

6.1.2 农村金融服务深化影响县域农村产业融合发展的模型构建

借鉴上一章检验农村金融服务深化与县域农村产业融合发展耦合

协调的影响因素的做法，本书首先构建以下静态面板模型，实证检验农村金融服务深化对县域农村产业融合发展的总体影响：

$$CON_{it} = \alpha + \beta FIN_{it} + \chi X_{it} + \mu_i + \varepsilon_{it} \tag{6.1}$$

在式（6.1）中，i、t分别表示示范县和年份；CON表示县域农村产业融合发展水平；FIN表示农村金融服务深化；X表示影响县域农村产业融合发展的控制变量集合，包括二元经济结构、财政服务、投资率、城镇化、基础设施以及农业机械化等；α为常数项，μ_i为不可观测的地区效应，ε_{it}为随机扰动项。针对静态面板模型的估计方法，本书综合采用固定效应法（FE）、面板校正标准误法（PCSE）、可行广义最小二乘法（FGLS）以及D&K标准误法，以尽可能地消除异方差与自相关问题，从而确保估计结果的稳健性和可靠性。

为了减少因遗漏变量而产生的估计偏误，同时考虑到县域农村产业融合发展也可能与过去因素有关，本书在式（6.1）中加入被解释变量（县域农村产业融合发展）的一阶滞后项，进一步构建以下动态面板模型：

$$CON_{it} = \alpha + \delta CON_{i,t-1} + \beta FIN_{it} + \chi X_{it} + \mu_i + \varepsilon_{it} \tag{6.2}$$

在式（6.2）中，$CON_{i,t-1}$表示县域农村产业融合发展的一阶滞后项，δ为回归系数。针对动态面板模型的估计方法，本书采用系统矩估计方法（SYS-GMM）进行估计。该方法将差分方程和水平方程作为一个系统进行估计，增加了可用的工具变量，具有较高的估计效率。考虑到样本观测值较为有限，本书将解释变量的一阶滞后项作为工具变量，并利用残差序列相关性检验（AR检验）和过度识别检验（Hansen检验）对模型设定与估计的有效性进行判别。

6.1.3 农村金融服务深化影响县域农村产业融合发展的变量说明

本部分研究的被解释变量和核心解释变量分别为农村产业融合发展（CON）和农村金融深化（FIN），这两个变量具体的测度方法详见第3章第3.4节所示，这里不再详述。其余控制变量包括二元经济结构（*DUA*）、财政服务（*GOV*）、投资率（*IFA*）、城镇化（*URB*）、基础设施（*INF*）以及农业机械化（*MAC*）。其中，二元经济结构、财政服务、投资率、城镇化和基础设施的衡量方法在上一章已经做了交代，农业机械化采用人均机械总动力来表示。本部分研究所采用的宏观数据资料主要来源于历年的《中国县域统计年鉴》、各省市县统计年鉴和县域国民经济与社会发展统计公报，以及 EPS 数据平台（中国区域经济数据库、县市统计数据库）、Wind 资讯数据库和国家统计局等权威数据网站。图 6.1 汇报了全样本层面农村金融服务深化与县域农村产业融合发展之间的二维散点及回归的拟合趋势线。不难看出，全样本层面的拟合趋势线的斜率为正，即农村金融服务深化与县域农村产业融合发展之间存在明显的正相关关系。然而，上述结论仅仅是对典型化事实的初步刻画，为了得到更为可靠的结论，接下来本书将运用计量分析方法进行严谨的实证检验。

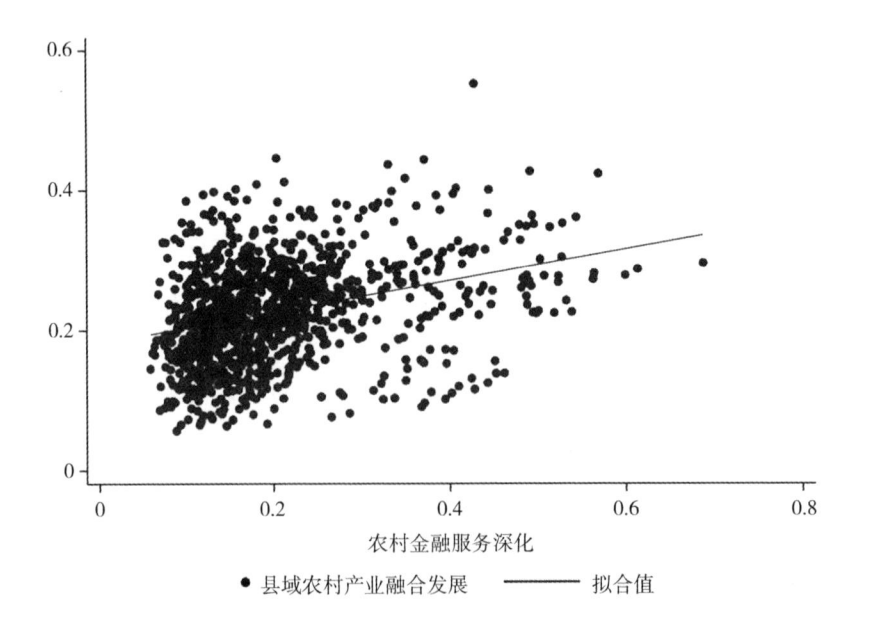

图 6.1　典型事实分析

6.1.4 农村金融服务深化影响县域农村产业融合发展的实证分析

根据前文构建的计量模型和介绍的估计方法，本部分采用Stata16.0软件对式（6.1）和式（6.2）进行回归估计，详细结果见表6.1列（1）到列（5）所示。其中，列（1）—列（4）是静态面板模型估计结果，列（5）是动态面板模型估计结果。从FE方法、PCSE方法和D&K方法的估计结果来看，列（1）、列（2）和列（4）的拟合优度（R^2）分别为0.6548、0.4725和0.6548，说明模型整体的拟合程度比较高，所得到的估计结果较为可靠。从FGLS方法的估计结果来看，列（3）的Wald值在1%的水平上显著，说明模型设定是合理的，估计结果可信。从SYS-GMM方法的估计结果可以看出，列（5）中的AR（2）检验说明一阶差分后的残差不存在二阶序列自相关性，Hansen检验的p值明显大于0.1，说明选取的工具变量是有效的，因此本书设定的动态面板模型基本合理。另外，列（1）—列（5）的估计结果不仅在方向上具有一致性，并且大多通过了显著性检验，这也表明模型估计结果具有较好的稳健性。

从核心解释变量农村金融服务深化（FIN）的估计结果来看，在采用不同的估计方法下，农村金融服务深化对县域农村产业融合发展的影响系数显著为正，且均通过了1%的显著性水平检验，说明农村金融服务深化对县域农村产业融合发展的正向作用是较为稳健的，即农村金融服务深化有利于促进县域农村产业融合发展，这也符合前文的理论分析。农村金融服务深化不仅可以提高储蓄率，加速储蓄向投资的转化，使得农村产业投资量增加，资本总量增加；与此同时，农村金融服务深化通过资金形成机制和资金导向机制，可以改变资金的配置结构，优化农村金融资源配置。此外，农村金融服务深化还能够通过储蓄动员、风险管理和信息揭示等金融功能的发挥来推动农业技术的进步，进而对农村产业融合发展产生积极影响。事实上，该结果也与农村金融服务深化与县域农村产业融合发展之间回归拟合趋势线的判断一致。

表6.1 农村金融服务深化对县域农村产业融合发展的总体影响检验结果

解释变量	FE (1)	PCSE (2)	FGLS (3)	D&K (4)	SYS-GMM (5)
FIN	0.5598*** (7.40)	0.1869*** (9.23)	0.2478*** (6.31)	0.5598*** (8.97)	0.5633*** (6.89)
DUA	0.0801*** (5.39)	0.1135*** (4.12)	0.0928*** (3.37)	0.0801*** (6.09)	0.1326*** (2.91)
GOV	0.0173 (1.13)	0.1367*** (3.57)	0.1440** (2.21)	0.0173 (0.94)	0.1723 (1.42)
IFA	0.0128*** (4.40)	0.0049 (1.49)	0.0035 (1.60)	0.0128*** (4.70)	0.0044 (0.19)
URB	0.0242** (2.09)	0.0349*** (3.05)	0.0427*** (6.33)	0.0242*** (3.36)	−0.0892 (−1.39)
INF	0.0061 (0.37)	0.1584*** (7.98)	0.1114*** (9.54)	0.0061 (0.50)	0.4208*** (3.37)
MAC	0.0026*** (5.67)	0.0043** (2.13)	0.0045*** (7.96)	0.0026*** (6.38)	0.0033 (1.59)
L.CON					0.1811*** (3.00)
常数项	0.0605*** (9.79)	0.1296*** (5.46)	0.1273*** (6.33)	0.0605*** (9.20)	0.1317*** (3.21)
R^2	0.6548	0.4725		0.6548	
Wald 检验		0.874.53***	2661.23***		
AR（2）检验					0.8950
Hansen 检验					0.9970
样本数	1072	1072	1072	1072	938

说明：**，***表示在0.05、0.01水平上显著。

从表 6.1 中其他变量的估计结果来看，二元经济结构（DUA）、财政服务（GOV）、投资率（IFA）、城镇化（URB）、基础设施（INF）以及农业机械化（MAC）的回归系数均为正数，且都通过了显著性水平检验，这表明二元经济结构的改善可以缩小城乡之间差别，优化城乡之间的要素配置，从而促进县域农村产业融合发展。政府财政服务可以缓解农村产业发展所需资金压力，为农村产业融合发展提供物质基础，进而推动县域农村产业融合发展。投资率越高，就越有利于农村产业融合项目的融资，从而促进县域农村产业融合发展。城镇化作为农村产业融合发展的重要依托，为农业产业化发展提供了空间，由此也有助于县域农村产业融合发展。县域基础设施的完善可以改善农村产业融合发展环境，进而推动县域农村产业融合发展。农业机械化在一定程度上反映了农业技术进步状况，也有助于促进县域农村产业融合发展。

6.2 农村金融服务深化对县域农村产业融合发展的区域影响检验

6.2.1 农村金融服务深化影响县域农村产业融合发展的区域差异理论假说

由于中国幅员辽阔，各区域之间农村的自然条件、生产力水平、产业结构以及经济增长等方面各不相同，农村金融服务深化程度和县域农村产业融合发展水平也因此呈现出明显的区域差异。从县域农村产业融合发展水平来看，结合第 4 章的示范县农村产业融合发展水平测度结果可知，在样本期间，相对于中部地区示范县和西部地区示范县而言，由于东部地区示范县在农业产业链延伸、农业多功能拓展以及农业服务业融合发展等方面整体表现较为出色，其农村产业融合发展水平要高于中部示范县和西部示范县，由此也产生了较高的金融服务需求。与此同时，东部地区示范县农村经济较为发达，农村金融机构较多，农村金融产品和金融服务也较丰富，可以较好地满足当地农村产业融合发展的需要。此外，除了农村金融机构外，东部地区示范县的城市地区金融对农村也会有一定的资金支持。与东部地区示范县相比，虽然中部地区示范县和西部地区示范县的农村金融发展近些年来取得了显著成效，但不管是在农村金融服务规模、金融服务结构还是金融服务效率方面，均难以为当地县域农村产业融合发展提供充足的金融服务支持。因此，不同区域农村产业融合发展受到来自农村金融服务深化的影响也可能存在一定的差异。观测不同区域农村金融服务深化对农村产业融合发展的影响差异，显然有利于全面把握县域农村产业融合发展过程中所面临的金融约束。基于上述分析，本书提出如下理论假说：

假说2：农村金融服务深化对县域农村产业融合发展的影响存在区域差异。

6.2.2 农村金融服务深化影响县域农村产业融合发展的区域差异模型构建

为了检验农村金融服务深化对县域农村产业融合发展的区域影响，本部分依旧采用上一节总体影响检验的做法，分别构建以下静态面板模型和动态面板模型，将全样本划分为东部示范县、中部示范县和西部示范县，以考察农村金融服务深化对不同地区县域农村产业融合发展的影响差异：

$$CON_{it} = \alpha + \beta FIN_{it} + \chi X_{it} + \varepsilon_{it} \tag{6.3}$$

$$CON_{it} = \alpha + \delta CON_{i,t-1} + \beta FIN_{it} + \chi X_{it} + \varepsilon_{it} \tag{6.4}$$

式（6.3）和式（6.4）中符号的内涵同式（6.1）和式（6.2）一致，考虑到篇幅的限制，本部分针对静态面板模型的估计方法仅采用D&K标准误法，该方法可以消除异方差与自相关问题，针对动态面板模型的估计方法依旧采用系统矩估计方法（SYS-GMM）。

6.2.3 农村金融服务深化影响县域农村产业融合发展的区域差异变量说明

本部分的变量选取同上一节保持一致,在此不再赘述。本部分研究所采用的宏观数据资料主要来源于历年的《中国县域统计年鉴》、各省市县统计年鉴和县域国民经济与社会发展统计公报,以及 EPS 数据平台(中国区域经济数据库、县市统计数据库)、Wind 资讯数据库和国家统计局等权威数据网站。图 6.2 汇报了区域层面农村金融服务深化与县域农村产业融合发展之间的二维散点及回归的拟合趋势线。不难看出,不同区域拟合趋势线的斜率存在一定的差异,说明不同区域农村金融服务深化与县域农村产业融合发展之间的正向关系程度可能不相同。相比较而言,东部地区拟合趋势线的斜率更大,即农村金融深化与农村产业融合发展之间的正向关系程度在东部地区更为明显。然而,上述结论仅仅是对典型化事实的初步刻画,为了得到更为可靠的结论,本书接下来将运用计量分析方法进行严谨的实证检验。

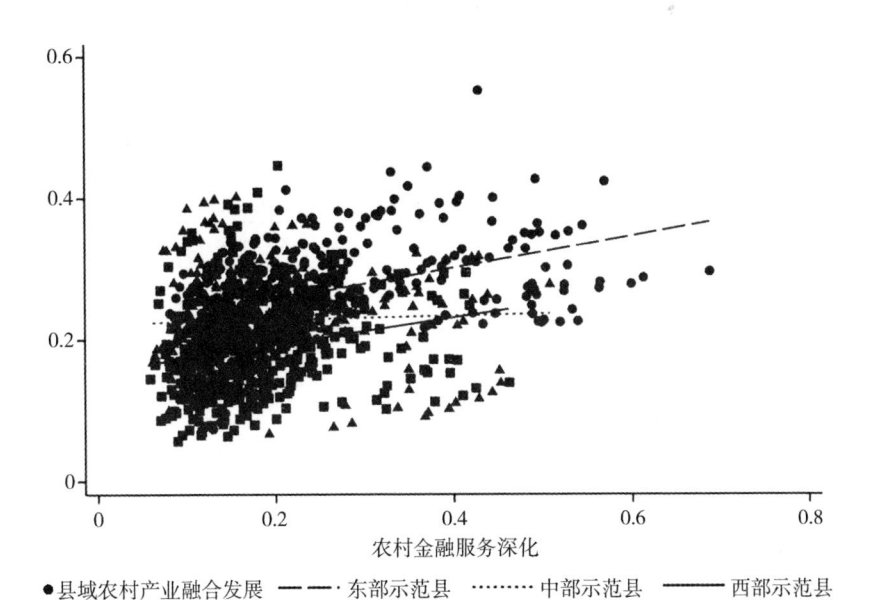

图 6.2 典型事实分析

6.2.4 农村金融服务深化影响县域农村产业融合发展的区域差异实证分析

根据前文构建的计量模型和介绍的估计方法，本部分采用 Stata16.0 软件对式（6.1）和式（6.2）进行回归估计，详细结果见表 6.1 列（1）到列（5）所示。其中，列（1）—列（4）是静态面板模型估计结果，列（5）是动态面板模型估计结果。从 FE 方法、PCSE 方法和 D&K 方法的估计结果来看，列（1）、列（2）和列（4）的拟合优度（R^2）分别为 0.6548、0.4725 和 0.6548，说明模型整体的拟合程度比较高，所得到的估计结果较为可靠。从 FGLS 方法的估计结果来看，列（3）的 Wald 值在 1% 的水平上显著，说明模型设定是合理的，估计结果可信。从 SYS-GMM 方法的估计结果可以看出，列（5）中的 AR（2）检验说明一阶差分后的残差不存在二阶序列自相关性，Hansen 检验的 p 值明显大于 0.1，说明选取的工具变量是有效的，因此本书设定的动态面板模型基本合理。另外，列（1）—列（5）的估计结果不仅在方向上具有一致性，并且大多通过了显著性检验，这也表明模型估计结果具有较好的稳健性。

表6.2 农村金融服务深化对县域农村产业融合发展的区域影响检验结果

解释变量	东部示范县		中部示范县		西部示范县	
	（1）	（2）	（3）	（4）	（5）	（6）
	D&K	SYS-GMM	D&K	SYS-GMM	D&K	SYS-GMM
FIN	0.6074*** (3.65)	0.6100*** (5.46)	0.3836*** (4.19)	0.2618*** (3.59)	0.5608*** (3.34)	0.4820*** (5.88)
DUA	0.0802*** (4.33)	0.1007** (2.17)	0.0690*** (6.69)	0.0998 (1.25)	0.1609*** (13.75)	0.3719*** (5.10)
GOV	0.0532*** (3.02)	0.0955 (0.71)	0.0386 (1.16)	0.2305 (1.12)	0.0289 (1.30)	0.0121 (0.45)

续表

解释变量	东部示范县 (1) D&K	东部示范县 (2) SYS-GMM	中部示范县 (3) D&K	中部示范县 (4) SYS-GMM	西部示范县 (5) D&K	西部示范县 (6) SYS-GMM
IFA	0.0470*** (7.73)	0.0007 (0.04)	0.0233** (2.17)	0.0349 (0.43)	0.0011 (0.74)	0.0175 (1.47)
URB	0.0559*** (6.94)	0.1631*** (3.11)	0.1888*** (3.81)	0.4069 (0.88)	0.0258*** (4.21)	0.0536** (2.07)
INF	0.0071 (0.32)	0.1880** (2.04)	0.0426 (0.97)	0.5567 (1.29)	0.0225 (1.65)	0.0345 (0.32)
MAC	0.0009 (0.63)	0.0052** (2.03)	0.0000 (0.01)	0.0027 (0.38)	0.0044*** (13.72)	0.0042*** (3.70)
L.CON		0.2508*** (5.92)		0.3435* (1.72)		0.4858*** (7.89)
常数项	0.0790*** (8.78)	0.0874* (1.65)	0.0534** (2.61)	0.2580 (1.44)	0.0287*** (6.69)	-0.0524* (-1.78)
R^2	0.6653		0.6630		0.7567	
AR(2)检验		0.2080		0.6250		0.6580
Hansen检验		0.9260		0.9990		0.9810
样本数	376	329	296	259	400	350

说明：*、**、***分别表示在0.1、0.05、0.01水平上显著。

从核心解释变量农村金融服务深化（FIN）的估计结果来看，在采用不同的估计方法下，农村金融服务深化对县域农村产业融合发展的影响系数显著为正，且均通过了1%的显著性水平检验，这与全国层面的回归结果一致，说明农村金融服务深化对县域农村产业融合发展的正向作用是较为稳健的，即不同区域农村金融服务深化均有利于促进县域农村产业的融合发展。然而，不同区域农村金融服务深化的回归系数数值存在明显差异。具体来看，东部示范县农村金融服务深化的回归系数数值明显高于西部示范县，而西部示范县又明显高于中部示范县。这说明农村金融服务深化对县域农村产业融合发展的促进作用在东部区域最大，西部区域次之，中部区域最小。之所以会出现这样的局面，可能是因为东部地区农村产业发展基础较好，而西部地区农村产业发展又受到西部大开发的积极影响，因此整体上高于中部区域。

从表6.2中其他变量的估计结果来看，二元经济结构（DUA）、财政服务（GOV）、投资率（IFA）、城镇化（URB）、基础设施（INF）以及农业机械化（MAC）的回归系数均为正数，且在不同的模型中通过了显著性水平检验，与全国层面的结论基本保持一致。具体来看，二元经济结构的改善均可以缩小城乡之间差别，优化城乡之间的要素配置，从而促进了不同区域县域农村产业融合发展。政府财政服务可以缓解农村产业发展所需资金压力，为农村产业融合发展提供物质基础，进而推动了东部示范县农村产业融合发展。投资率越高，越有利于农村产业融合项目的融资，从而促进了东中部示范县农村产业融合发展。城镇化作为农村产业融合发展的重要依托，为农业产业化发展提供了空间，由此也有助于推动不同区域县域农村产业融合发展。东部示范县基础设施的完善可以改善农村产业融合发展环境，进而推动县域农村产业融合发展。农业机械化在一定程度上反映了农业技术进步状况，对东西部示范县农村产业融合发展产生了促进作用。

6.3 农村金融服务深化对县域农村产业融合发展的传导机理检验

6.3.1 农村金融服务深化影响县域农村产业融合发展的传导机理理论假说

结合农村金融服务深化作用于农村产业融合发展的理论模型可

知,农村金融深化主要通过以下三种路径作用于农村产业融合发展。一是储蓄效应。农村储蓄是农村产业融合发展投资的重要资金来源,只有储蓄规模达到一定程度,才能够确保有足够的资金来支持农村产业融合发展。随着农村金融服务深化程度的加深,利率管制政策逐步放松,在利率市场化的大力推动之下,农村金融市场的实际利率水平将逐步靠齐均衡利率水平,农村地区甚至城镇地区的闲置富余资金受到各种高利率储蓄产品的吸引而纷纷进入农村金融机构,从而使得农村地区的储蓄总量大大提升,并且有助于扩大农村金融体系内的信贷资金规模。随着农村地区信贷资金规模的不断扩大,也将汇聚成向农村产业融合发展投资的巨大资金池。

二是投资效应。农村储蓄向投资转化的效率越高,为农村产业融合发展提供的资本要素越充足,对农村产业融合发展的支持作用就会越发明显。随着农村金融深化的持续推进以及农村金融市场的完善发展,农村领域的投融资渠道、金融产品和金融工具日渐丰富、多样化,由此也带来投资者交易成本的不断减少,并促使城乡居民利用农村金融中介机构将富余资金规模化地投资到农村产业融合发展领域中去,从而为新型农业经营主体进行产业融合投资拓宽了融资渠道、扩大了融资规模以及解决了资金难题,提高了储蓄转化为投资的比例,最终带动全社会资金使用效率的有效提升。

三是资源配置效应。随着农村金融服务深化程度的不断提升,农村社会储蓄规模不断攀升,储蓄转化为投资的效率逐步提升,农村金融服务机构通过合理开发与配置农村金融资源,促进农村金融创新、资金积累以及技术进步,从而培育壮大农村特色产业和农业产业化龙头企业,发挥农村产业整合的重要作用,最终加快农村产业融合发展的步伐。基于上述分析,本书提出如下理论假说:

假说3:农村金融服务深化可以通过储蓄效应、投资效应和资本配置效应影响县域农村产业融合发展。

6.3.2 农村金融服务深化影响县域农村产业融合发展的传导机理模型构建

为了检验农村金融服务深化对县域农村产业融合发展的传导机理，本书参考、借鉴 Baron 和 Kenny（1986）、温忠麟等人（2014）提出的中介效应检验方法，从静态面板模型和动态面板模型两个方面建立了以下依次递归模型：

第一步，检验农村金融服务深化对县域农村产业融合发展是否有影响？

$$CON_{it} = \alpha_0 + \alpha_1 FIN_{it} + \lambda X_{it} + \varepsilon_{it} \tag{6.5}$$

$$CON_{it} = \beta_0 + \beta_1 CON_{i,t-1} + \beta_2 FIN_{it} + \phi X_{it} + \varphi_{it} \tag{6.6}$$

第二步，检验农村金融服务深化对中介变量是否有影响？

$$MED_{it} = \chi_0 + \chi_1 FIN_{it} + \theta X_{it} + \tau_{it} \tag{6.7}$$

$$MED_{it} = \delta_0 + \delta_1 TE_{i,t-1} + \delta_2 FIN_{it} + \vartheta X_{it} + \xi_{it} \tag{6.8}$$

第三步，假如以上两步影响都存在，则进一步将农村金融服务深化和中介变量一起加入计量模型进行回归分析。

$$CON_{it} = \gamma_0 + \gamma_1 FIN_{it} + \gamma_2 MED_{it} + \varphi X_{it} + \upsilon_{it} \tag{6.9}$$

$$CON_{it} = \sigma_0 + \sigma_1 CON_{i,t-1} + \sigma_2 FIN_{it} + \sigma_3 MED_{it} + \kappa X_{it} + \varsigma_{it} \tag{6.10}$$

其中，式（6.5）、式（6.7）和式（6.9）为静态面板模型，式（6.6）、式（6.8）和式（6.10）为动态面板模型。以上述静态面板模型为例，其思路（或传导路径）可以通过图 6.3 直观地展示出来：

根据中介效应模型的检验结果，如果系数 α_1、χ_1 和 γ_2 以及 γ_1 同时显著，则称中介变量为农村金融服务深化影响县域农村产业融合发展部分中介效应；如果系数 α_1、χ_1 和 γ_2 显著，而 γ_1 不显著，则称中介变量为农村金融服务深化影响县域农村产业融合发展完全中介效应。但是，如果系数 α_1、χ_1 中至少有一个不显著，则需要进一步做 Sobel 检验。如果通过 Sobel 检验所得 Z 值显著，那么中介效应就显著；反之，则中介效应不显著（温忠麟等，2004）。本部分针对静态面板模型的估计方法采用 D&K 标准误法，针对动态面板模型的估计方法采用系统矩估计方法（SYS-GMM）。

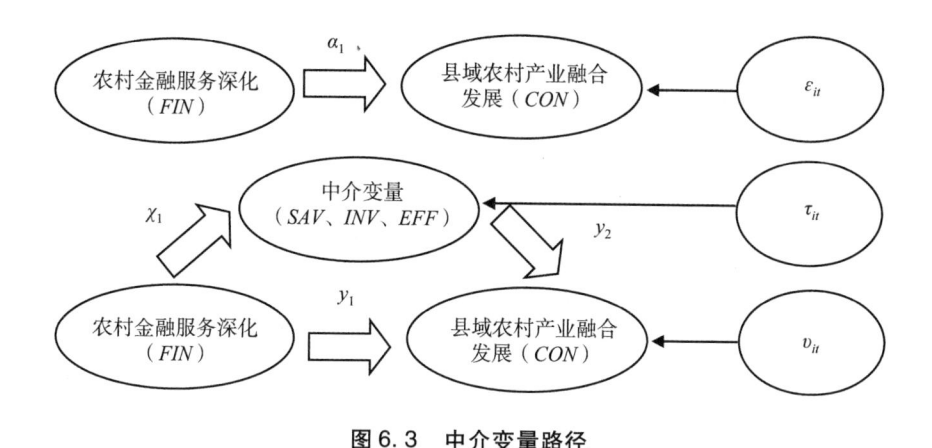

图6.3 中介变量路径

6.3.3 农村金融服务深化影响县域农村产业融合发展的传导机理变量说明

本部分对被解释变量、核心解释变量和控制变量的选取同上一节保持一致，在此不再赘述。此外，根据第3章农村金融服务深化作用于农村产业融合发展的理论模型推导可知，随着农村金融服务深化程度的不断提升，农村储蓄率、储蓄转化为投资的比例以及资本的边际生产率不断上升，农村产业融合发展水平增长率也不断攀升，即农村金融服务深化可以通过储蓄效应、投资效应和资本配置效应来促进农村产业融合发展。为此，参考、借鉴袁怀宇和陈文俊（2011）的做法，本书选择了三个传导机理变量，分别为农户储蓄（SAV）、农村投资（INV）和农村投资效率（DIS）。其中，农户储蓄以农户储蓄的自然对数值来表示，农村投资用农村投资总量的自然对数值来衡量；农村投资效率用第一产业增加值与当年总投资的比值来表示。本部分所采用的宏观数据资料主要来源于历年的《中国县域统计年鉴》、各省市县统计年鉴和县域国民经济与社会发展统计公报，以及EPS数据平台（中国区域经济数据库、县市统计数据库）、Wind资讯数据库和国家统计局等权威数据网站。

6.3.4 农村金融服务深化影响县域农村产业融合发展的传导机理实证分析

中介效应模型第一步检验结果详见表6.1中列（4）和列（5）所示，这里不再重复列示。从检验结果来看，不论是采用D&K方法还是SYS-GMM方法，农村金融服务深化（FIN）的回归系数均显著为正，且全部通过了1%的显著性水平检验，这充分表明：农村金融服务深化显著提升了县域农村产业融合发展水平，从而也验证了中介效应模型的第一步是成立的。中介效应模型第二步检验结果详见表6.3所示。从表6.3中可以看出，无论是以农户储蓄（SAV）、农村投资（INV）还是农村投资效率（DIS）作为被解释变量，还是采用D&K方法抑或是SYS-GMM方法，农村金融服务深化（FIN）的回归系数均显著为正，且至少通过了10%的显著性水平检验，这表明农村金融服务深化显著促进了农户储蓄和农村投资，并提升了农村投资效率，从而验证了中介效应模型的第二步是成立的。此外，县域资金外流不利于农户储蓄、农村投资的增加以及农村投资效率的提升，二元经济结构改善、财政服务、城镇化以及基础设施均是促进农户储蓄、农村投资以及提升农村投资效率的有利因素。

表6.3　　　　　　　　中介效应第二步检验结果

解释变量	被解释变量：SAV		被解释变量：INV		被解释变量：EFF	
	（1）	（2）	（3）	（4）	（5）	（6）
	D&K	SYS-GMM	D&K	SYS-GMM	D&K	SYS-GMM
FIN	4.9571*** (4.08)	0.3890** (2.46)	3.0957*** (4.99)	0.3005** (2.38)	0.0991*** (3.36)	0.1778* (1.77)
OUT	$-3.91e-06$*** (-5.40)	$-1.41e-07$ (-0.15)	$-3.11e-06$*** (-3.07)	$-2.53e-06$ (-1.05)	$-5.70e-07$* (-1.89)	$-4.87e-07$ (-0.52)

续表

解释变量	被解释变量：SAV (1) D&K	被解释变量：SAV (2) SYS-GMM	被解释变量：INV (3) D&K	被解释变量：INV (4) SYS-GMM	被解释变量：EFF (5) D&K	被解释变量：EFF (6) SYS-GMM
DUA	0.2524*** (3.26)	0.1231 (0.56)	0.3905*** (7.29)	0.1447 (0.20)	0.2684*** (4.96)	0.0590 (0.22)
GOV	0.0019 (0.01)	0.0991 (0.48)	0.7634*** (3.17)	1.2691 (1.44)	0.1007 (0.30)	0.0662 (0.31)
URB	0.9389*** (10.11)	0.1960 (1.00)	0.9233*** (9.89)	0.0611 (0.10)	0.0101 (0.07)	0.3794 (1.42)
INF	0.7434*** (4.26)	0.8076* (1.85)	0.1803*** (3.80)	0.1106 (0.10)	0.0880 (1.00)	0.0332 (0.13)
L.SAV		0.8284*** (5.35)				
L.INV				0.7638*** (6.78)		
L.EFF						0.1849** (2.44)
常数项	12.5595*** (4.67)	2.5992*** (3.57)	12.4031*** (9.42)	3.5177** (2.15)	0.6403*** (5.04)	0.4004*** (2.98)
R^2	0.6244		0.7357		0.5516	
AR(2)检验		0.3130		0.3660		0.1570
Hansen检验		0.8580		0.9670		0.9020
样本数	1072	938	1072	938	1072	938

说明：*、**、*** 分别表示在 0.1、0.05、0.01 水平上显著。

中介效应模型第三步检验结果详见表 6.4 所示。以农户储蓄（SAV）作为中介变量为例，根据表 6.4 中的估计结果，农村金融服务深化（FIN）的回归系数均为正数，且在列（1）和列（2）中均通过了 1% 的显著性水平检验，农户储蓄（SAV）的回归系数至少在 5% 的水平上显著为正。此外还可以发现，与表 6.1 列（4）和列（5）中农村金融服务深化（FIN）的回归系数相比，表 6.4 列（1）和列（2）中农村金融服务深化（FIN）的回归系数明显要小，从而验证了农户储蓄（SAV）起到了部分中介效应作用。这也意味着农村金融服务深化通过促进农户储蓄对县域农村产业融合发展水平产生了进一步的提升效应。与此类似，农村投资（INV）和农村投资效率（DIS）的回归结果同样呈现出上述分析逻辑，验证了农村金融服务深化可以通过促进农村投资的增长和农村投资效率的提升，对农村产业融合发展水平产生提升效应。总的来看，中介效应模型验证了农村金融服务深化通过促进农户储蓄（或农村投资、农村投资效率）对农村产业融合发展水平所施加的提升作用，即揭示了农村金融服务深化→储蓄效应（或投资效应、资本配置效应）→农村产业融合发展的传导机理。

表 6.4　　　　　　　　　中介效应第三步检验结果

解释变量	储蓄效应		投资效应		资本配置效应	
	（1）	（2）	（3）	（4）	（5）	（6）
	D&K	SYS-GMM	D&K	SYS-GMM	D&K	SYS-GMM
FIN	0.3964 *** (5.88)	0.5223 *** (4.29)	0.4635 *** (6.83)	0.5315 *** (4.09)	0.5197 *** (6.05)	0.5420 *** (4.67)
SAV	0.0343 *** (4.07)	0.0098 ** (2.49)				
INV			0.0379 *** (6.89)	0.0032 ** (2.12)		
EFF					0.0103 * (1.96)	0.0835 ** (2.19)
DUA	0.0895 *** (7.10)	0.1383 *** (2.94)	0.1067 *** (6.99)	0.1170 ** (2.25)	0.0833 *** (5.61)	0.1401 * (1.81)
GOV	0.0193 (1.40)	0.1767 (1.45)	0.0143 (1.25)	0.1796 (1.23)	0.0183 (1.03)	0.0419 (0.23)

续表

解释变量	储蓄效应 (1) D&K	储蓄效应 (2) SYS-GMM	投资效应 (3) D&K	投资效应 (4) SYS-GMM	资本配置效应 (5) D&K	资本配置效应 (6) SYS-GMM
IFA	0.0053* (1.85)	0.0013 (0.06)	0.0328*** (7.63)	0.0016 (0.03)	0.0086*** (8.12)	0.0358 (0.77)
URB	0.0088 (1.22)	0.1049 (1.48)	0.0104 (1.17)	0.1304 (1.22)	0.0241*** (3.62)	0.1928** (2.02)
INF	0.0331* (1.98)	0.3989*** (3.08)	0.0142 (1.23)	0.4314*** (3.31)	0.0053 (0.44)	0.4219*** (2.69)
MAC	0.0025*** (3.81)	0.0027 (1.20)	0.0007* (1.83)	0.0047* (1.88)	0.0026*** (6.13)	0.0076** (2.41)
L.CON		0.1902*** (3.12)		0.1590** (2.21)		0.1757* (1.66)
常数项	−0.3707*** (−3.40)	0.0084 (0.03)	−0.4082*** (−5.57)	0.1061 (0.34)	0.0671*** (10.46)	0.1713*** (2.80)
R^2	0.7009		0.7175		0.6582	
AR（2）检验		0.2230		0.1450		0.3850
Hansen 检验		0.8910		0.8450		0.6390
样本数	1072	938	1072	938	1072	938

说明：*、**、*** 分别表示在 0.1、0.05、0.01 水平上显著。

6.4 小结

本章利用 2011—2018 年农村产业融合发展示范县面板数据，综合运用多种方法实证检验了农村金融服务深化对县域农村产业融合发展的总体影响、区域差异及其传导机理。研究结果表明：县域农村产业融合发展与农村金融服务深化呈显著正相关，即农村金融服务深化显著促进了县域农村产业融合发展，但这种影响存在着明显的区域差异，农村金融服务深化对县域农村产业融合发展的促进作用在东部地区最强、西部地区次之、中部地区最弱。农村金融服务深化主要通过储蓄效应、投资效应和资本配置效应三种路径促进县域农村产业融合发展，即存在农村金融服务深化→储蓄效应（或投资效应和资本配置效应）→县域农村产业融合发展的传导路径。

第 7 章 农村金融服务深化促进县域农村产业融合发展的总体构想

要想充分释放金融服务助力县域农村产业融合发展的动力与潜力，不仅需要充分了解农村金融服务影响县域农村产业融合发展水平提升的驱动因素及关键阻碍，还需在此基础上明确农村金融服务深化促进县域农村产业融合发展的总体目标，从而为相应的机制设计和政策供给提供基本遵循。本章基于前述章节的理论分析、事实判断以及实证结论，重点就农村金融服务深化促进县域农村产业融合发展的基本思路、目标定位、有效途径进行系统阐释。

7.1 农村金融服务深化促进县域农村产业融合发展的基本思路

本部分首先将对农村金融服务深化促进县域农村产业融合发展的指导思想进行总体阐释；其次，在此基础上，将结合农村金融服务体系构成要素，具体阐明农村金融服务深化促进县域农村产业融合发展的总体原则和具体原则。

7.1.1 农村金融服务深化促进县域农村产业融合发展的指导思想

农村金融服务深化促进农村产业融合发展要长久、有效，就必须有明确的指导思想：农村金融服务深化与农村产业融合发展是一个长期的自然过程，必须遵循自然规律、经济规律和社会规律，因时因地制宜推进农村产业融合发展；必须遵循新发展理念，以创新为动力、协调为核心、绿色为基础、开放为根本、共享为准则，实现农村金融服务深化与农村产业融合发展的互利共赢，农村金融服务深化必须以农村产业有效融合为基础，农村产业融合发展必须有效促进农村金融产业的发展壮大；农村金融服务深化与农村产业融合发展必须以市场机制为基础，坚持效率优先兼顾公平，高度重视防范化解农村金融服务深化与农村产业融合发展的系统风险；要不断深化农村金融经济体制改革，加速释放和增强农业农村农民的生产力，加快农村金融服务深化与农村产业融合高质量协调发展，进而促进县域农村经济高质量可持续发展。

7.1.2 农村金融服务深化促进县域农村产业融合发展的总体原则

总体而言，农村金融服务深化促进县域农村产业融合发展应坚持服务"三农"原则、市场化导向原则、差异性原则、适度开发与可持续发展原则。首先，"三农"天生的弱质性以及农村产业融合项目运营的高风险性，决定了农村金融服务深化的过程必须以服务"三农"为最根本的原则，要求现代农村金融资源为缓解农业产业化融资困境夯实基础，为农村产业融合主体的融资需求提供便利，为广大农民增收提供切实有效的金融服务。其次，坚持市场化导向的原则，在开发用以支撑县域农村产业融合高质量发展的农村金融资源的过程中，要高度重视市场经济的资源配置作用，要通过市场机制内在的优势以充分激发农村金融资源服务"三农"的积极性，切实提升农村金融机构的效益。一方面，应将市场化机制理念贯穿农村金融服务深化全过程，发挥市场在农村金融资源配置中的基础性和导向性作用，切实提高县域农村金融资源开发利用的效率；另一方面，市场机制的内涵极为丰富，包括供求机制、价格机制、竞争机制等多方面的内容，相应地，农村金融市场机制所涵盖的调节手段也是多方面的，需要善于运用市场经济的手段与方式。再次，我国农村金融的资金供给主体和需求主体均呈现出多元化特征，农村金融的资金供给主体有正规金融机构，也有非正规金融机构，农村金融的资金需求主体既有经营农户，也有农业产业化企业等，众多的农村金融资金供给主体与资金需求主体之间的匹配问题尤为复杂。基于此，在农村金融服务深化促进县域农村产业融合发展的过程中必须坚持差异性原则。对农村正规金融机构而言，如何扬长避短、发挥自身优势，紧密结合农村产业融合发展和经济社会发展现实，充分考虑农村不同资金需求主体的多方面需求，开发出适销对路的金融产品是一个重大考验。对农村非正规金融机构而言，其机构涉及面广，但也存在明显的弊端，必须对农村非正规金融机构进行有效引导，将其纳入国家法律法规规定的范围内发展，减少并早日杜绝农村现存的一些非正规金融机构的违法乱纪行为，有效促进农村经济社会的发展。最后，农村金融资源作为一种特殊的资源，在区域农村产业和农村经济发展不平衡不充分的情况下，必须坚持适度开发与可持续发展的原则。尤其是在构建支撑农村产业融合发展的农村金融服务体系的过程中，必须摒弃以往注重规模扩张的单一化发展思路，着力推进农村金融组织机构和农村金融市场类型的优化布局与合理分工，实现农村产业融合发展与农村金融服务质量提升的有机融合。

7.1.3 农村金融服务深化促进县域农村产业融合发展的具体原则

需要指出的是，现代农村金融服务体系是商业金融服务、政策性金融服务、合作金融服务以及民间金融服务等金融服务类型有机组合、互为补充所形成的完善的支撑框架，农村金融服务深化促进县域农村产业融合发展的具体原则的确定，也应围绕不同类型农村金融服务的功能定位和角色属性分别展开阐释。

农村商业金融服务深化促进县域农村产业融合发展的基本原则，其核心是推动农村商业金融机构向现代金融企业进化，应该遵循市场主体明确、经营目标确定、经营业务广泛、自主经营发展、现代公司治理的原则。市场主体明确原则要求农村商业金融组织作为市场主体必须是独立支配财产、全权承担民事责任的企业法人。经营目标确定原则要求农村商业金融组织必须依法经营、独立核算、照章纳税，并以追求企业价值最大化为经营目标。经营业务广泛原则要求农村商业金融组织的经营范围涉及资金借贷、货币收付、担保保险、信托投资、金融租赁等金融的各个方面，努力向综合性金融集团的公司组织方向发展。自主经营发展原则要求农村商业金融组织在经营农村产业融合项目融资的过程中，做到自主经营、自担风险、自负盈亏和进行严格的成本效益核算。现代公司治理原则要求农村商业金融组织必须按照现代企业制度进行组织结构设计、完善法人治理结构、规范经营管理流程、实现资本筹划运作等，以此提升金融支撑农村产业融合发展的市场化融资效率。

农村政策性金融服务深化促进县域农村产业融合发展应遵循政策性、开发性、安全性、公益性、导向性的基本原则。其中，政策性原则的重点是要突出县域农村产业融合发展的政策导向和规划属性，要求政策性金融机构配合好县级政府的农业产业化发展规划，使政策性金融成为地方政府实施农业宏观调控的基本金融手段和途径，对具有比较优势同时需要优先发展的农业产业化项目给予巨额的、持续性的、强大的直接信贷扶持，实现农村产业融合项目融资的定向性和精准化，服务县域农业产业化发展大局。开发性原则要求政策性金融不能仅凭借自身的政策优势开展直接的涉农信贷支持，还应结合县域农村产业化发展形势以及各类农村产业融合项目的运营特征，常态化地跟进开发契合市场需求的金融产品和金融工具，发挥政策性金融服务"三农"发展的独特政策优势。安全性原则要求农村政策金融按照现代金融市场的运作机制，在项目审批、资金调拨、市场调查、风险预警防控以及内控制度上都要重视资金的安全性，尤其是要将不良贷款与坏账损失维持在合理的范围内。公益性原则要求农村政策金融在县域农村金融资源稀缺、农村金融发展滞后、农村市场发育程度不高以

第7章 农村金融服务深化促进县域农村产业融合发展的总体构想

及涉农产业融合项目早期运营风险高企的现实背景下,在今后较长一段时期内依然作为矫正农村金融市场失灵的准公共性机构而存在。导向性原则要求政策性金融机构充分发挥自身在涉农信贷资金投放中的示范作用,通过向处于成长初期、风险较大、发展预期尚不明朗的农村产业融合项目提供融资服务,吸引和带动其他商业金融机构积极参与涉农项目融资服务供给,以此撬动多样化的农村金融资源服务于县域农村产业融合和农业产业化发展大局。具体来看,政策性金融机构导向性作用的发挥主要在于其对人才、技术要求高但市场前景广阔的农村产业融合项目进行示范性融资,通过先行示范和抛砖引玉引导商业金融机构跟进投资,从而对政策扶持项目的投资形成一种乘数效应,补充完善商业性金融组织的功能;对资信水平低、运营风险大、收益回报慢的农村产业融合项目不仅要进行定向融资,还要起到"补位"和"兜底"作用,化解县域农村产业融合项目资金需求旺盛与商业金融支农动力不足之间的矛盾。

农村合作金融服务深化促进县域农村产业融合发展应遵循因地制宜、区别对待、分级指导、差别监督、循序渐进的原则。我国区域间经济发展的不平衡、城乡经济发展的差异性以及各类农村产业融合项目发展水平的异质性,决定了县域农村产业融合发展的金融服务需求类型不尽一致。因此,农村合作金融服务应该坚持因地制宜、区别对待、循序渐进的基本原则,不局限于"合作制"的教条主义观念,而应与时俱进,适应时代的发展需要,在改革实践中不断探索现代农村合作金融服务的新理念和新模式,助力县域农村产业融合高质量发展。因地制宜原则要求各地在推动农村合作金融助力县域农村产业融合发展的过程中,应充分考虑本地农业产业化基础特征和农村金融市场发育程度,选择合适的农村合作金融组织样态及相应的金融服务模式。区别对待原则的重点是要根据县域农村产业融合项目的风险评估状况、市场发展前景以及资金需求特征,设计对应的农村合作金融支持方案和支持力度,使农村合作金融服务资源供给与县域农村产业融合发展规划实现彼此适应和动态匹配。循序渐进原则的重点是要突出农村合作金融助力县域农村产业融合发展的试点化特征，以着力培育信用互助试点示范社为切口，循序渐进、梯次推进，成熟一批、发展一批，积极稳妥地扩大试点覆盖面和信用互助业务量，优化托管银行服务并强化其风险管控作用，充分发挥典型示范合作金融组织支持县域农村产业融合发展的辐射带动作用，满足相关经营主体长期、大额和季节性用款需求。

农村民间金融服务深化促进县域农村产业融合发展的基本思路在于引导并合理开发民间金融资源，确保通过非正规金融渠道进行交易的资金供需双方实现共赢，从而对县域农村产业融合发展形成可持续的资金补充。具体来看，应坚持适当放松、逐步引导、渐进正规的原则。适当放松原则主要是综合考虑农村金融发展环境和现实状况，对有益于县域农村产业融合发展的金融服务资源和金融服务形式可以采取适度的放松管制和默许态度。逐步引导原则主要是从制度层面、组织层面、技术层面和交易层面，引导农村非正规金融资源流向有益于农村产业融合、农民收入增加、农村经济发展的产业融合项目和经营主体。渐进正规原则是给予农村非正规金融发展以充分的成长发展期，遵循市场交易法则，让民间金融供需双方根据自身情况合法交易，而不应苛求一步到位，将农村全部金融资源都纳入正规金融体系中。

7.2 农村金融服务深化促进县域农村产业融合发展的目标定位

农村金融服务深化促进县域农村产业融合发展的目标定位，应着眼于通过健全农村金融组织体系为农村产业融合发展提供组织支撑，通过丰富农村金融供给形式为农村产业融合发展提供资源支撑，通过优化农村金融生态环境为农村产业融合发展提供环境支撑，通过协调农村经济与农村金融为农村产业融合发展提供动力支撑。

7.2.1 通过健全农村金融组织体系为农村产业融合发展提供组织支撑

各类农村金融组织构成了农村金融服务资源的多元化供给主体，农村金融组织体系的健全化和高效化，事关农村金融支撑县域农村产业融合发展的方向和大局。大量经验事实表明，农村经济结构决定着农村金融结构。由于现代农村经济主体具有多层次性，这就决定了农村金融组织呈现出多样化特征，即农村地区既需要有较大规模的农村金融组织服务于大型农业产业化企业，也需要有各种中小金融机构服务于农村中小企业、新型农业经营主体以及广大农户。其主要原因就在于，大型金融机构在支农过程中更为看重规模效益，其涉农贷款项目更加偏好农业产业化龙头企业。若侧重面向参与农村产业融合全链条的新型农业经营主体以及小农户提供融资服务，则难免会出现信息采集失真、服务成本高企、金融服务供需不匹配的现实问题。与之相反的是，农村中小金融机构主要通过其信息优势追求范围经济，它可以通过小规模、薄利多销的方式适应农村小规模经营主体的小额金融需求，并提供微型金融服务，实现金融支农的靶向性和"滴灌"效应。一般而言，不同类型的县域农村产业融合项目应有不同组织形态的农村金融组织与其实现金融资源的供需对接，其核心在于充分发挥各类农村金融机构在支农服务上的比较优势，形成严格分工、彼此协作、相互补位的多元化农村金融组织体系，在保障各类农村金融机构信贷资金配给独立性的基础上，最大限度地满足县域农村产业融合发展的金融需求。具体来看，对于事关县域农村产业融合发展大局的农业基础设施建设以及农业产业化公共服务项目，主要应有相应的政策性金融机构对之实现供需对接。对于已经取得初步成效、呈现出巨大市场潜力的农村产业融合项目，可由农村商业性金融组织充分发挥金融资源的市场化配置机制，助力相关涉农产业和项目可持续、高质量发展。此外，由于我国县域农村经济发展水平呈现出明显的地区差异和区域内差异,使得政策性金融机构和商业性金融机构在各地间的布局及业务开展的广度、深度都存在显著的异质性,一些偏远落后农村地区很可能成为正规金融服务的盲区,尤其是小规模农业经营主体信贷资金需求的短期性、小额度、低资信特征与商业性金融机构等规模化农村金融机构的服务导向和营业成本发生错位,对此应积极探索符合县域农村产业化发展特征、契合小农户信贷资金诉求的合作金融服务模式,建立多样化的农村合作金融组织,并对农村民间金融组织发展秉持鼓励发展和审慎管制的态度。因此,县域农村产业融合发展对于农村金融组织体系建设的总体要求就在于,着力形成适应县域农业产业化发展趋势和农村产业融合项目阶段特征的,涵盖政策性金融、商业性金融、合作性金融以及民间金融等各类型金融组织的,资本充足、功能健全、职责明确、分工协作的现代农村金融组织体系。

7.2.2 通过丰富农村金融供给形式为农村产业融合发展提供资源支撑

健全农村金融组织体系的宗旨在于进一步丰富县域农村金融服务供给形式,尤其是通过金融产品和金融工具的创新,为县域农村产业融合发展提供资源支撑,从而实现金融服务资源与产业融合项目的有机对接。在现代农村金融发展过程中,金融供求双方的交易对象尽管从本质上看是货币资金的交易,但在现象上却表现为丰富多彩的金融产品与服务,具体包括存款、贷款、保险等金融商品和结算、代理、理财等金融服务。从一定意义上而言,农村金融产品和工具的丰富程度影响着农村金融服务深化的程度,而农村金融产品和工具的丰富程度,不仅取决于农村经济主体的需求,还取决于农村金融组织对农村金融商品与服务的开发、创新与经营能力。在农村经济主体需求的驱动下,农村金融机构如果能够适应市场需求而不断开发和设计新的金融商品,如信贷和保险产品等,就能够极大地丰富农村金融商品种类,提升农村金融供给的总体水平。在通常情况下,在农村金融产品中,县域农村产业融合发展十分紧缺的通常是信贷产品和保险产品,这主要是由农村产业融合项目本身所具有的"三农"脆弱性、长投资周期、高违约风险所决定的。为此,用于支撑县域农村产业融合发展的农村金融服务深化,首要的就是做好涉农信贷产品及保险工具的开发创新,在此基础上不断拓展其他金融商品种类,从而化解各类产业融合主体的资金瓶颈以及后顾之忧。

7.2.3 通过优化农村金融生态环境为农村产业融合发展提供环境支撑

从理论上而言,农村金融生态环境系统主要是由各类农村金融机构、县域基层政府、农业企业、农村居民等农村金融主体,以及这些农村金融主体开发和享受农村金融服务所赖以需要的经济、社会、文化、制度环境构成的。具体来看,支撑县域农村产业融合发展的农村金融生态环境包括金融经营环境、市场治理环境、政府支持环境、人才信息环境、社会信用环境等。其中,金融经营环境侧重反映农村金融机构经营人员素质、农村金融机构全员劳动生产率、农村金融产品丰富程度、农村金融产品推广接受度等,它们对农村金融供给水平、结构和创新能力产生影响,进而影响农村金融发展的深度、广度和质量。市场治理环境侧重反映在金融监管当局的执法能力与水平、监管有效性等方面,法治化的市场治理环境能够有效规范农村金融市场秩序。政府支持环境在县域范围内重点表现为支持农村金融服务深化的政策提议、政策制定、政策实施以及政策纠偏情况,它反映了县域政府为推动本区域内农村产业融合高质量发展所出台的金融政策支持导向。人才信息环境主要指农民文化素质水平、农村企业研发机构及水平、农村人才培训和储备状况,它主要从农村金融需求层面影响信贷需求质量、信贷资金运用质量和信贷资金风险,进而对农村金融供给和农村金融交易规模产生影响。信息环境包括农村信息网络发展水平、农村技术成果吸收与扩散状况、农村信息传播与科教人员状况,它们首先影响农村金融需求主体的生产、销售和收入的实现,进而影响其金融需求规模;其次对农村金融供给的风险和交易规模产生影响。社会信用环境包括农村信用文化普及水平、农民和企业信用等级情况、对失信农民和企业的制裁机制,将影响农村金融供给风险和交易规模进而影响农村金融发展速度。总体而言,良好的农村金融生态环境不仅能够促进农村金融组织的规范化发展、农村金融服务产品的丰富以及农村金融市场的发育成熟,还能够确保农村金融体系的平稳、高效、安全运转,从而为县域农村产业融合发展提供强大的资金支持和资本保障。

7.2.4 通过协调农村经济与农村金融为农村产业融合发展提供动力支撑

现代农村金融服务体系构建的根本目标在于实现农村金融与农村经济的协调可持续发展。当前,农村产业融合发展是推动县域经济高质量发展的重要途径,在此背景下更需正确认识农村经济与农村金融协调发展的目标状态、均衡过程以及约束条件,从而为县域农村产业融合发展提供持续的动力支撑。具体来看,农村金融与农村经济协调发展的目标状态,是要实现农村金融服务供给的总量、速度、结构与农村经济各部门资金需求的精准对接和良性匹配,具体到农村产业融合领域,则是要推动将农村金融服务资源合理配置到县域农村产业链条的上、中、下游各类农业企业及经营主体上,最终实现"资本投放—项目融资—项目运营—资本增值—投资扩张"的良性循环态势。农村金融与农村经济协调发展的均衡过程,是二者在宏观制度背景、中观产业发展趋势以及微观金融主体行为动机的共同作用下相互促进所形成的最优供求均衡,二者既相互促进又相互制约,其均衡态势取决于农村金融系统和农村经济系统各自的功能导向和比较优势。在现阶段县域农村产业融合过程中各经营主体的扩张动机构成了农村金融需求端的决定性力量,而农村金融服务深化程度、农村金融服务创新能力、农村金融资源的边际报酬率以及平衡各农业经营主体利益的金融政策则构成了农村金融供给端的决定性力量。只有在县域农村金融

第7章 农村金融服务深化促进县域农村产业融合发展的总体构想

资源开发过程中充分兼顾各类农村金融机构的功能定位、各种农村产业融合主体的经营特征、各地区农业产业化发展水平以及农村市场发育水平，才有助于实现农村金融与农村经济的长期动态均衡。农村金融与农村经济协调发展的约束条件，在现阶段主要表现为良好的产业发展政策和完备的信用关系机制。从产业发展方面来看，农村经济主体利用农村金融资源所获得的净收益应大于农村金融交易主体从事相应交易活动的机会成本之和，并至少等于农村金融资源非农化的净收益率，因此农村金融交易会优先在净收益率和资产积累高的地区、产业以及经营者中达成。然而，县域农村产业融合发展所涉及的农村产业项目大都处于成长初期，收益回报周期较长，经营主体使用金融资源的短周期净收益率较低，这就要求地方政府在确保交易规模不变的情况下实行产业扶持和产业激励政策，并引导以财政支持为基础的政策性金融资源更多地投放到农村产业融合项目领域，从而增强其他商业性金融主体介入涉农信贷市场的交易信心。从信息关系机制构建来看，农村金融交易双方的信用水平、交易方式、交易动机对协调发展有着极为重要的影响，应注重通过制度创新提高农村金融交易主体信用水平，发展长期交易、关联交易、团队交易、抵押交易，同时做好相关产业融合项目的保险产品开发和兜底保障制度建设，提高农村产业融合项目运营的资信水平，以端正农村金融市场相关主体的金融交易动机。

7.3 农村金融服务深化促进县域农村产业融合发展的有效途径

在明确农村金融服务深化促进县域农村产业融合发展的基本思路和目标定位的基础上，需进一步分析农村金融服务深化促进县域农村产业融合发展的有效途径，这不仅需要在产业融合的基础层面着力构建现代农业体系，从而为农村金融服务找准着力点，还需要全方位优化商业金融、政策金融、合作金融和民间金融服务下县域农村产业融合发展的具体路径。

7.3.1 农村金融服务深化促进县域农村产业融合发展的现代农业体系构建路径

从一定意义上而言，只有从产业融合的基础层面着力构建现代农业体系，才能为农村金融服务深化促进县域农村产业融合发展搭建平台和载体。县域农村产业融合发展的核心在于实现农产品种植结构的合理搭配、农业产业的优化布局以及农业产业链条的适度延伸，结合党的二十大精神，本书认为，实现县域农村产业融合发展的多维目标，需要着力构建新型农业产业体系、新型农业生产体系、新型农业经营体系。

第一，县域农村产业融合发展的根本目标在于实现农业产业结构的合理搭配和农业产业的优化升级。而现代农业产业体系本质上就是农业产业体系化与农业产业现代化的有机结合，是以高技术含量、高附加值、低污染、低能耗的绿色农产品为中心，以资本、技术、人才、信息等现代要素为支撑，以技术创新性、产业高端性、生产设施性、功能多元性、调控高效性和可持续发展性等为特征的，实现农业产前、产中和产后协调发展的有机整体（刘涛，2011）。它是种植业、畜牧业、林业、渔业、加工业、服务业等产业既相互独立又相互融合的复合体，也是农业产业横向拓展和纵向延伸的有机统一，具有以下几个显著特征：一是完善的现代产业组织体系；二是先进的生产要素注入；三是高效的市场化运作；四是合理的产业布局；五是多元化的产业功能（曹慧等，2017）。由此可以看出，农村产业融合与新型农业产业体系具有内在的耦合性。在推进县域农村一二三产业融合的过程中需加快构建新型农业产业体系，以结构协调为路径，以技术支持为动力，以组织创新为载体，以区域布局作为资源配置的有效手段，尽快实现产业结构调整目标。

第 7 章 农村金融服务深化促进县域农村产业融合发展的总体构想

其一，要着力实现新型农业产业体系的结构协调。新型农业生产体系的结构协调重点体现为农业产业、农产品加工业和农产品物流业之间的协调配合（蒋永穆等，2011）。县域农村产业融合发展的重点在于实现粮食作物、经济作物、饲料作物、花卉瓜果合理搭配的多元化农业产业结构。农产品加工业的发展重点应依托若干家农业产业化龙头企业，形成规模特色突出、优势明显、分工合理的块状农业经济分工格局。农产品物流业发展的核心在于大力推进农产品批发市场体系建设和农产品流通交易效率提升，通过"农超对接"、连锁经营、线上交易、电商平台等模式逐步实现各类农产品流通组织的现代化。其二，要着力强化新型农业产业体系的技术支持力度。强化产学研合作平台建设，建立健全新型农业产业技术体系的合作平台；要加大农业科研领域的投入力度，创新多元化的资金投入体系，着眼于提升农业技术成果的质量和转化效益；引育结合构建多元化的农业技术推广体系，不断创新农业产业技术推广模式，丰富新型农业产业相关技术的应用主体和应用领域。其三，要努力推动新型农业产业体系的组织创新。新型农业产业体系的组织创新主要是基于互利共赢原则，将产业链条中的农户、农民专业合作社和龙头企业有机结合起来，形成一种以产业链条为基础，以价值链为核心、以组织链为保障的风险共担、利润共享的利益联结机制。因此，以农业企业集团化和集群化为载体，通过股权结构确立农业产业体系主体之间形成具有一定科层性质（控股关系）和一定市场交易（独立企业）的企业集团形式，包括龙头企业集团型和合作社一体化型两种模式（郭晓鸣等，2007）。促使农户、合作社、龙头企业等各类农业组织在一定区域内聚集，可以显著提高农业产业的交易效率和市场收益。其四，重点开展新型农业产业体系的优化布局。新型农业产业体系的构建同时还需要在比较优势理论的引领下，结合不同区域的区位特征和资源禀赋特征，实现优势农业产业的规模经济以及特色农产品的块状经济。为此要结合区域实际和生产力水平，科学谋划不同区域的优势产业带，交给实践进行验证,分步骤、分阶段、有层次、有重点地推进区域农业产业发展规划。在对农业产业进行优化布局的基础上,还需大力推动农产品加工、营销企业的横向纵向发展,统筹农产品生产、加工、运营、销售各个环节,适时调整农产品储运企业布局,结合优势农产品产业链跨区整合资源要素,形成具有市场竞争优势的区域产业体系。其五,要积极推进农业产业体系上下游产业有序发展,充分发挥农业产业体系的整体功能和协调效率。

第二,构建新型农业生产体系的核心在于促使农业生产及供给能够更好地适应资源环境约束、适应市场需求变动特征,实现农业可持续发展。当前我国农业生产仍面临一定的结构性矛盾,一方面,农业生产过程中的资源环境约束日渐凸显,另一方面农业产品与市场需求的契合度有待提升,部分农产品阶段性过剩现象比较突出,而另一部分农产品则无法满足需求且需借助于进口。因此,构建现代农业生产体系,必须重点围绕市场需求进行生产,保障农产品在数量上供给充足,在品种和质量上也能够满足消费者需要。要实现上述目标,首先需要夯实农业生产基础,守住耕地红线,大规模实施土地整治、中低产田改造以及高标准农田建设,完善农田水利设施建设,整体提升农业生产的物质技术支撑水平。其次要优化农业生产资源配置,在确保国家粮食安全、藏粮于地的前提下,科学把握农业生产资源综合潜力,合理安排农产品生产优先次序。再次还要做精做优粮食大产业,积极推广农牧结合,大力发展肉蛋奶鱼、果菜菌茶等,为消费者提供品种多样、质量优良的农业产品。最后必须立足宜粮则粮、宜经则经、宜牧则牧、宜渔则渔、宜林则林的原则,发挥区域比较优势,打造具有区域特色的农业主导产品、支柱产业和知名品牌,建设一批特色鲜明、类型多样、竞争力强的现代化生产基地,优化农业生产体系的区域布局。

第三,构建新型农业经营体系,其核心在于发挥多种形式农业适度规模经营的市场引领作用,逐步形成有利于现代农业生产要素创新与运用的体制机制（郭玮，2016）。具体来看，一是要培育农业产业结构调整主体。引导和支持种养大户、家庭农场、农民合作社、龙头企业等发展壮大并逐步成为发展现代农业的主导力量。从我国现实情况来看，家庭经营的基础性地位必须得到巩固，可以通过培育家庭农场将这种组织形式的优势与现代农业经营的要求有机结合起来，进而促进农业转型升级。二是要加强农业经营要素保障机制建设。尤其是国家层面应在财税、信贷保险、用地用电、项目支持、人才技术等方面向新型经营主体、农业适度规模经营倾斜，不断吸引现代生产要素投入农业。三是加强农业经营社会化服务体系建设。农业社会化服务可以为农业产业结构调整主体集中优势开展生产经营提供有力支撑，应加强政府和专业组织提供农业社会化服务能力的培育和提升（蒋和胜等，2016）。此外，除发挥农民主体、社会化服务机构、政府的作用外，在新型农业经营体系建设过程中还应充分发挥市场的基础作用、企业支持作用，实现各方力量的协同发挥（林苹，2016）。

7.3.2 农村金融服务深化促进县域农村产业融合发展的商业金融服务优化路径

我国农村商业金融服务体系是一个内涵丰富、体系庞大，但市场发育又不健全且正处于成长期的金融有机系统，为充分发挥商业金融支撑县域农村产业融合发展的主力军作用，必须着力推动现代农村商业金融服务形成组织体系多层次、组织形式多样性、资金来源多元化的综合服务体系。农村大型商业银行如中国农业银行，在农村经济市场化中的战略部署应围绕产业链展开，主要针对中高端客户提供具备一定规模的信贷供给和金融服务。农村中小型商业银行如民营中小银行，则应该进一步朝着综合金融服务公司的方向发展，在开发专门针对低端市场的信贷产品的基础上为农村中小企业提供更全面的综合性服务。在理想状态下，不同类型、不同规模的商业性金融组织形成覆盖不同层次和不同客户群的市场格局，并在各自比较优势的基础上开发出专门的信贷技术和金融服务模式，最终形成差异化的竞争格局和互补性的市场形态。

具体而言，一方面，农业银行的经营原则是基于市场化资源配置规律，支持农业产业发展中具有较强竞争力的规模化龙头企业发展壮大，从而获取相应的商业利润。当前，农村产业融合项目信贷资金需求量大与县域农村商业金融资源匮乏之间的矛盾愈发突出，农业银行应配合县域政府的农业产业化发展规划，重点对接当地主导性农业产业基地、优势农产品产业带、专业化农产品市场建设的融资需求，增强金融服务县域重点农业龙头企业和新型农业产业的能力。农业银行在开发常规性涉农信贷产品及业务的同时也应充分挖掘细分中间业务市场，大力探索开发契合农业产业融合的阶段性特征、满足农业产业融合主体资金需求特征、成本—收益控制度好的中间业务产品及业务，如涉农融资租赁、经营性租赁、回租租赁、资产评估、资产负债管理、信托类业务等。此外，农业银行在推动涉农中间业务市场规模扩张的同时还要注重提高中间业务产品的技术含量，加大涉农衍生产品业务和组合金融产品的开发力度，不断拓展金融服务县域农村产业融合发展的广度和深度。另一方面，中小企业银行是服务农村中小企业发展的专营银行或兼营银行，其经营范围集中在为农村中小企业及小规模经营主体提供融资服务，满足这些主体的短期小额金融需求。当前，县域农村产业融合项目呈现出小规模、分散化的特征，尤其是在创业初期，这些经营主体通常面临着较为迫切的资金需求，可以按照"金融产品分大小、金融服务分对象、金融机构分层次"的思路，健全县域农村中小金融机构组织体系，建设一批能够为农村中小企业和小规模经营主体提供个性化服务的专营银行。可以在宏观审慎背景下适度放松农村金融市场的进入管制，鼓励民间资本、社会资本参股设立面向农村小微金融需求的区域性中小金融机构。尤其是重点加大村镇银行发展力度，致力于推动村镇银行机制创新、管理创新和产品创新，发挥村镇银行支持县域农村产业融合发展的排头兵作用。其一要丰富村镇银行的涉农信贷产品。不断探索研究"三农"金融产品需求，准确定位目标客户群，量身定做特色产品，进行产品创新，推出符合农村客户需求的多样化金融产品，如开办应收账款抵押贷、未来权属抵押贷款、小额信用贷款、返还农民自主创业贷款、各种担保和联保贷款等多种多样的贷款类型，用产品和服务打动和招揽客户。其二要完善村镇银行的金融服务功能。通过完善村镇银行的涉农结算功能和支付条件，加快涉农资金划拨周转速度，为农村产业融合项目经营主体提供高效、便捷、安全的金融支付结算服务。其三要丰富村镇银行的金融产品种类。以中间业务扩张为切入点，推动涉农债券、基金、保险、理财产品的营销，优化村镇银行业务经营结构，提高村镇银行的盈利能力，使其在服务县域农村产业融合发展的过程中实现自身壮大和良性循环。此外，在推动农业银行和中小企业银行完善金融支农功能的同时，还应引导国有大型商业银行在农村地区的分支机构向村居社区银行转变，借此不仅有效满足农业经营主体的融资需求，还可以推动银行业调整信贷结构，降低原有的信贷集中度，在服务农村产业融合发展的过程中形成新的利润增长点。

7.3.3 农村金融服务深化促进县域农村产业融合发展的政策金融服务优化路径

农村金融服务深化促进县域农村产业融合发展的政策金融服务优化路径，应着眼于现代农村政策性金融组织的功能定位，尤其是中国农业发展银行应坚持其政策性功能导向，着力完善现代公司制度和运行机制，拓展业务并完善投融资渠道和项目机制，营造良好的市场环境并完善法律法规制度与监管机制。具体而言，首先要明确服务"三农"的政策性银行的发展定位、组织架构和治理机制。在发展定位上，应遵循"政企分开、产权清晰、权责对等"的基本原则，进一步强化中国农业发展银行的支农属性，确保其在治理结构、经营管理、资产状况、内控机制等方面取得既定改革目标。在组织架构上，对标现代企业制度进一步完善中国农业发展银行的公司治理架构，明确各级农业发展银行的管理权限，赋予基层农业发展银行更大的信贷自主权，把优质信贷资源尽可能配置到县域农村产业融合一线项目中。同时还要建立中国农业发展银行的利益补偿机制和风险防范管理机制，设立风险补偿基金，剥离不良资产，提高信贷资产质量，建立政策性资金营运、监督、风险转化、目标管理、责任明确的科学运转机制，全面提升中国农业发展银行的综合管理和服务功能。其次要拓展项目融资渠道和完善项目运作机制。中国农业发展银行在保障粮食安全的同时，要大力支持县域农村产业融合中的农户、龙头企业贷款与担保以及农村基础设施建设，扶持农业综合开发、农村公共项目和农村可持续发展的后劲项目，夯实农村产业融合项目落地的基础环境。实现农业发展银行筹融资机制的多元化，充分利用好财政预算、商业银行存款准备金、储蓄存款、中央银行再贷款、发行债券、国家支农项目资金整合、社保基金、医疗基金、住房公积金以及国际低息贷款等资金来源项目，积极开发农村闲置资源支撑证券、土地支撑证券等资产证券化产品，充实农村基础建设与产业发展的资本实力。在向符合国家政策规定的农村产业融合项目投放资金时，应做好项目识别、项目实施、项目管理、项目收益、项目风险等的市场化调查，尽可能确保项目的可持续性与资金的可回收性（卢永妮和林啸轩，2019）。最后要营造良好的市场环境，完善法律法规制度与监管机制。市场经济对于经营主体经济行为的合法化和规范化提出了更高的要求，中国农业发展银行作为农村金融市场的重要主体之一，必须将其全部经营活动和组织改革纳入法治化轨道，通过法律规章制度的形式明确其金融目标、业务范围、操作规程及利益分配、风险补偿、监管内容，并明确政府对农业政策性金融发展的适度干预，促进农业发展银行依法运作，全面提升资产质量，更好地参与县域农村产业融合发展进程。

7.3.4 农村金融服务深化促进县域农村产业融合发展的合作金融服务优化路径

农村金融服务深化促进县域农村产业融合发展的合作金融服务优化路径，其根本在于推动现代农村合作金融服务体系从业务经营、产品服务、组织形式、管理方式上实现创新。需要推动包括农村信用合作社、农村商业银行、农村合作银行在内的农村合作金融组织重新设计组织架构，推进业务流程再造，整合物理网点资源，合理布局分支机构，全面提升涉农金融风险管控水平。具体来看，其一，农村合作金融机构重点支持县域经济为主体的农村经济发展，更应结合县域农村产业融合发展背景实现自身的差异化经营和专业化经营。差异化经营就是要将农村合作金融机构的资本、技术、人力、品牌等配置到与自身服务能力相匹配的金融业务和金融客户上，逐步从向普通农户提供生产性、消费性周转贷款转向为区域特色农产品生产加工、销售、物流等全产业链条提供针对性金融产品，实现有限人财物资源的最大合理化利用，在农村金融市场上形成自身的比较优势。专业化经营重点是突出农村合作金融机构的为农属性，在涉及农村产业融合全链条的金融支撑产品开发与创新等方面力争突破，从而在农村合作金融机构的战略管理、产品服务、客户结构、盈利能力、品牌文化等方面形成自身的专业优势。其二，农村合作金融机构应围绕提高金融服务供给效率目标不断创新金融产品提供方式，构建样态多元、运转高效、风险可控、监管审慎的农村合作金融服务体系。不仅要激活农业存量资产的信贷价值，大力开发以承包地、宅基地、林地、荒地、矿产、自建房、商标等为抵押的中小微贷款产品，积极开展支撑县域农业产业化和农村城镇化的信贷业务和中间业务；还要借助现代通信技术惠农便农，大力发展农村数字金融和智慧金融，着力推动流动服务组、POS机、信付通、手机银行、网上银行等业务在农村落地落实，积极探索大数据智能化金融产品创新和金融业务流程优化，满足农村产业融合发展的多层次金融需求。其三，农村合作金融机构应从规模扩张走向品质提升,从要素驱动走向创新驱动。在组织形式创新上,发展农户、个体小生产者及中小企业等多种所有制主体,以股份制、合作制或股份合作制形式形成农村金融组织体系。要整合物理网点资源,合理布局分支机构和加强网点建设。对于分布过于密集的集镇网点,参考其网点业务规模、发展前景、管理链长度是否合适等进行必要的整合与撤并,同时巩固农村网点,并且面对不同区域经济水平、市场需求和竞争环境的变化及时做出相应的调整和优化,做到既不浪费资源,也不出现服务短板。其四,在管理方式创新上,要进一步改革产权制度,全面引入现代银行制度,完善公司治理结构,构建董事会、行长共同负责制度,弱化内部人控制和内部寻租行为。参考大型商业银行的风控经验,结合自身助农惠农工作特征,逐步建立起完善的风险管理体系、全面的风险管理范围、全程的风险管理过程、全新的风险管理方法、系统的风险管理文化,凸显市场化运行机制在合作金融助力县域农村产业融合发展过程中的主导作用。

7.3.5 农村金融服务深化促进县域农村产业融合发展的民间金融服务优化路径

农村金融服务深化促进县域农村产业融合发展的民间金融服务优化路径,重点是直面农村民间金融由于农村金融抑制政策、农村金融供给不足、农村金融寡头垄断及信息不对称、市场利率限制等多种因素而导致的非正规扩张现实,从合法规范、引导转化、规模经营、多元分流等多条政策路径对其进行引导和规范。其一,要立足于将农村非正规金融合法化和规范化的基本思路,完善法律框架下对于非正规民间金融的制度约束,规范民间金融放贷主体的资格准入、资金来源、业务范围、利率上限等操作化指标条件,健全民间金融机构的产权制度、财务制度和风控制度,以此将民间信用关系纳入法规制度的调节范畴,发挥其在推动县域农村产业融合发展中的有益补充作用。其二,应对农村非正规民间金融机构进行分类梳理、乘势引导和合理

第 7 章 农村金融服务深化促进县域农村产业融合发展的总体构想

转化。尤其要在相应的法规政策框架内，对明显与"三农"普惠优先、盈利为辅原则相悖的、通过不当市场竞争冲击农村金融市场平稳发展的民间金融机构予以取缔；将一些已有一定的资本规模和市场占比、机构运营和日常管理比较规范的民间金融机构合法化为具有互助性质的农村资金互助社等合作金融组织；同时合理引导民间资本组建农村区域性小微信贷公司，鼓励民间资本参股农村信用社等正规合作金融机构，使其在服务县域农村产业融合发展过程中发挥正面的积极作用。其三，应有序推动农村非正规民间金融规模化经营。引导民间资本形成村镇银行或区域性的商业银行，实现资金的规模效益，促使非正规金融逐步走向正规化运作。通过民间资本控股并借助资本市场规模化介入中小商业银行的发展。民间金融具有一定的信用风险，所以在构建民营银行时，必须加强其制度规范，应在公司治理结构、关联方交易、战略投资者、人事制度、激励约束机制等方面符合国家对民营银行的设立规定。其四，引导农村非正规民间金融进行多元分流。农村之所以会出现大量的非正规金融，与其投资方式单一、投资渠道狭窄以及投资手段较低有重要关系，有必要拓展农村非正规民间金融的直接投资渠道，实现资金的合理走向和多元分流。其中尤为重要的是大力发展农村金融投融资市场，丰富农村产业融合主体的融资选择途径。合理开发和利用农产品证券、农产品基金、农产品期货等多种类型的涉农金融工具，适度鼓励和合理引导民间金融资本投资农村区域性资本市场，最大限度地激发民间资本的增值能力，确保金融支持县域农村产业融合发展形成正规金融资源与民间金融资源的合理分工、彼此支撑、相互补位的良性发展局面，促使农村金融市场的资金供求实现均衡。

7.4 小结

本章基于前述章节的理论分析、事实判断以及实证结论，重点就农村金融服务深化促进县域农村产业融合发展的基本思路、目标定位、有效途径进行了系统阐释。其中，农村金融服务深化促进县域农村产业融合发展的基本思路在于：首先对农村金融服务深化促进县域农村产业融合发展的指导思想进行总体阐释，在此基础上，结合农村金融服务体系构成要素，具体阐明农村金融服务深化促进县域农村产业融合发展的总体原则和具体原则。农村金融服务深化促进县域农村产业融合发展的总体目标，应着眼于通过健全农村金融组织体系为农村产业融合发展提供组织支撑，通过丰富农村金融供给形式为农村产业融合发展提供资源支撑，通过优化农村金融生态环境为农村产业融合发展提供环境支撑，通过协调农村经济与农村金融为农村产业融合发展提供动力支撑。农村金融服务深化促进县域农村产业融合发展的有效途径，既需要在产业融合的基础层面着力构建现代农业体系，为农村金融服务找准着力点，还需要全方位优化商业金融、政策金融、合作金融和民间金融服务县域农村产业融合发展的具体路径。

第 8 章 农村金融服务深化促进县域农村产业融合发展的运行机制

合理的运行机制设计是农村金融服务深化促进县域农村产业融合有效发展的必备条件。基于县域农村产业融合发展与农村金融服务支持的现状及问题,并充分借鉴国内外实践经验,本书认为,农村金融服务深化促进县域农村产业融合发展需要统筹设计相应的多层级市场机制、激励约束机制、风险监测机制、引导帮扶机制。

8.1 农村金融服务深化促进县域农村产业融合发展的多层市场机制

县域农村产业融合发展的顺利实现有赖于完善的农村金融市场体系和成熟的农村金融市场化运转机制。随着农村市场经济制度改革的不断深化,支撑县域农村产业融合发展的农村金融市场体系应包含信贷、证券、保险等多种现代金融子市场,多层级金融子市场及其市场化运转机制具有结构完整、运行高效的特点,能够有效覆盖县域农村产业融合的全链条、全过程和全领域。

8.1.1 农村金融服务深化促进县域农村产业融合发展的信贷市场机制

农村金融服务深化促进县域农村产业融合发展的信贷市场机制构建,应从多元的农村信贷组织、合理的信贷市场结构、均衡的资金定价机制三个方面着力。

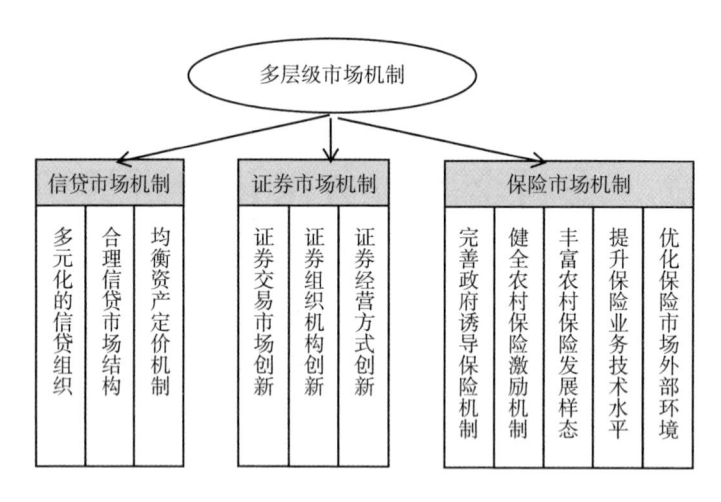

```
                        多层级市场机制
          ┌─────────────────┼─────────────────┐
      信贷市场机制        证券市场机制        保险市场机制
    ┌────┬────┬────┐   ┌────┬────┬────┐   ┌────┬────┬────┬────┐
    多   合   均   │   证   证   证   │   完   健   丰   提   优
    元   理   衡   │   券   券   券   │   善   全   富   升   化
    化   信   资   │   交   组   经   │   政   农   农   保   保
    的   贷   产   │   易   织   营   │   府   村   村   险   险
    信   市   定   │   市   机   方   │   诱   保   保   业   市
    贷   场   价   │   场   构   式   │   导   险   险   务   场
    组   结   机   │   创   创   创   │   保   激   发   技   外
    织   构   制   │   新   新   新   │   险   励   展   术   部
                                       机   机   样   水   环
                                       制   制   态   平   境
```

图 8.1　农村金融服务深化促进县域农村产业融合发展的多层市场机制

其一，多元农村信贷组织的形成主要包括三个维度。第一个维度是多元化组织类型的农村微观信贷组织并存。一般可以将县域农村信贷组织划分为商业性、政策性、合作性三种。商业性信贷组织旨在提供私人性质的信贷金融服务，其本着自我发展、自我约束、风险自担的原则开展各类信贷业务，经营范围自然包括所有逐利性的生产经营领域。由于市场竞争关系的存在和逐利动机的驱使，商业性信贷组织的资金配置效率往往高于其他金融机构。政策性信贷组织侧重于提供具有公共性质的信贷金融服务，其本着引导市场、补充市场的原则吸纳社会资金进入公共领域，基于非逐利的目标高效发挥财政职能在信贷资金配置中的作用。合作信贷组织是基于自愿原则成立的互惠互利组织，其能够充分发挥集体定价权的优势，使组织各成员的资金需求和发展意愿得到充分满足（冉光和等，2013）。第二个维度是多元化资本构成形式的微观信贷组织并存。目前国有资本在整个农村信贷市场上仍占据主导地位，民间资本所占比例相对有限，这种信贷市场结构既不符合市场充分竞争的基本准则，也容易影响信贷资金的配置效率。因此，支持县域农村产业融合发展的农村信贷市场应做到公开、公平和公正，实现国有资本和民间资本的合理竞争和有机互补。第三个维度是多元化经营特色的信贷组织并存。农村信贷组织除了主营涉农贷款发放业务外，还应适当开展信托、租赁、保理等各类中间业务，保障农村信贷市场持续开发出多元化的金融服务产品。总之，多元化的农村微观信贷组织能够使从事县域农村产城融合型、农业产业链拓展型、农村功能拓展型、现代农业技术渗透型等不同类型的农村产业融合项目找到契合自身特点的信贷资金对接渠道。

其二，合理的农村信贷市场结构应满足以下三个条件。第一个条件是高流动性的信贷批发市场。农村信贷批发市场所存在的意义就在于为各类型农村金融机构提供流动性信贷资金，农村信贷批发市场的子市场包括商业票据市场、银行承兑汇票市场、同业拆借市场、回购市场以及短期政府债券市场等。信贷批发市场的高流动性意味着其能够满足各类金融机构以合理的市场价格迅速实现信贷资金交易，从而使农村金融市场呈现出即时性和低波动性特征。第二个条件是灵活细分的信贷零售市场。不同的农村产业融合项目及其经营主体因年龄、收入、所在地区、消费习惯等因素的影响往往有着差异化的信贷资金需求，农村各类金融机构应结合不同经营主体的需求差异，基于细分零售市场的地理变数、人口变数、行为变数、心理变数等异质性指标，对需求差异大的产品使用较多的变数，对于需求差异小的产品使用较小的变数，从中筛选出符合农村金融机构自身条件的分市场或子市场，并分类设计相对应的惠农支农信贷产品，进而满足县域农村产业融合主体差异化的信贷服务诉求。第三个条件是开放的信贷市场体系。这一方面要求市场参与者的开放性，农村信贷机构和非农金融机构均能够进入该市场；另一方面要求市场交易的开放性，即充分发挥信贷市场的流动性，让涉农信贷资金在农村产业融合具体项目运营中能够实现高效合理的配置。

其三，均衡的资金定价机制的核心就在于既确保利率水平的变动能够准确反映信贷市场上的资金供求关系，又能够对金融资本进行合理调节。在完善的农村金融市场体系中，金融市场上信贷双方的供求对利率指标的变动极其敏感,通过利率水平的杠杆作用不仅能够实现涉农信贷资金的优化配置,还能够引导农村金融市场上各类信贷主体的投资选择和资金循环流向。因此,在县域农村产业融合发展的过程中,各地区农业产业化基础设施建设、优势特色农业产业化项目运营等的投融资运作都应充分发挥利率杠杆的导向性作用。

8.1.2 农村金融服务深化促进县域农村产业融合发展的证券市场机制

农村证券市场是农村金融市场的重要组成部分,农村金融服务深化促进县域农村产业融合发展的证券市场机制构建,应遵循公平性、创新性、机构化、差异化的基本原则,从证券交易市场、证券组织机构、证券经营方式等方面着手实现机制设计与创新。

从农村金融服务深化促进县域农村产业融合发展的证券市场机制的基本原则来看,公平性原则主要指农村证券市场上的当事人应遵循公平原则确定各方权利和义务。一是农村证券市场的民事主体参与民事法律关系的机会平等,尤其是农业企业和非农企业应遵守同样的上市准则。二是农村证券市场上当事人之间的利益均衡,无论是大型投资机构还是分散的个人投资者,其利益均应受到法律保护。三是农村证券市场上的当事人应合理承担民事责任,当证券市场交易过程中发生违规行为,在确定双方责任时不能偏袒其中任何一方,而是要根据法律法规和事实依据进行责任认定和惩罚。创新性原则主要指证券市场应为农业产业融合项目和农业规模化企业的投融资提供更为丰富和个性化的金融产品。具体包括农村金融制度、金融工具和交易方式的创新,其中,农村证券市场的制度创新主要是指根据县域农村产业融合的具体领域、项目,设计出适合其经营特征的融资制度和安排;金融工具创新主要是指设计出符合农业规模化企业、新型农业经营主体等农村产业融合主体现金流需求特征的金融产品;交易方式创新就是让投资方能够方便地进行即时交易,从而保障整个农村证券市场的流动性。机构化原则主要是指对于农村证券市场上的投资准入进行一定

第 8 章 农村金融服务深化促进县域农村产业融合发展的运行机制

的引导和限制，鼓励银行、保险公司、信托公司、信用合作社等机构的市场投资及交易行为，使其在整个市场投资和交易中占有绝对优势比例，从而达到稳定市场的目的和作用。农村证券市场本就是一个风险较高的市场，农村产业融合项目也具有自身的脆弱性和不稳定性，这就要求机构投资者实现投资管理的专业化、投资机构的组合化和投资行为的规范化。差异化原则主要是指要考虑投资者和融资者在资源禀赋、经营历史、管理水平、风险承受能力等方面所存在的明显差异，应设计出具有不同层次的证券市场以满足投资者和融资者的双向需求。对于处在成熟期的农业产业化龙头企业，应鼓励其在主板市场融资；对于生产规模偏小、处于发展期的农产品粗加工企业，应鼓励其在中小市场融资；对处于初创期的高科技农业产业技术型企业，应鼓励其在创业板市场融资。同时，还需进一步完善场外交易市场与其他市场之间的互联互通机制和转板机制，尤其是当参与县域农村产业融合的相关农业企业无法满足场内市场上市条件而退市时，应按规定转到场外交易市场继续挂牌交易，确保相关企业经营不发生重大波动。

从证券市场的机制设计与创新来看，首先是要创新证券交易市场。现代农村证券市场是证券市场的子市场，而证券交易市场是一个流动性非常高的市场。在发达国家的证券市场上，往往是传统的证券交易所市场和发达的场外交易市场并存，第一、第二、第三、第四市场并存，这些林林总总的市场形态为投资者和融资者提供了多样化的融资安排和投资工具，投资者可以从多层次、多样化的市场及投资工具中自由选择（冉光和等，2013）。因此，要想提高现代农村证券市场服务农村产业融合发展的能力和效率，吸引更多的金融资本和投资者进入农村证券市场，就必须借鉴和吸收这些市场的创新形式，降低农村证券市场的交易成本，减少农村证券市场的信息不对称，避免投资者投资行为的同质化，大力培育机构投资者，尽可能减少农村证券市场的波动风险。其次应创新证券组织机构。在现代农村证券市场建设与创新的过程中，证券交易所和证券投资公司是两类至关重要的证券机构。由于在证券市场上同样存在信息不对称，仅靠信息披露制度无法从源头上遏制市场融资者的作假冲动，需从交易所层面进行严格管控。从证券交易所的工作角度来看，若想吸引更多的证券投资者进入市场交易，必须对市场融资者的信用进行严格审查。最后还要创新证券经营方式。农村产业融合项目涉及产业链上中下游诸多涉农企业和经营主体，农村证券市场上的投资者和融资者也是相对分散的，需要有相应的中介机构将这些投资者和融资者联系起来，承担这一职责的中介机构就是证券公司。目前我国证券公司的业务经营规模相对不大，证券公司的委托投资业务也被严格限定，这对农村证券市场的发展产生了诸多不利影响。应鼓励证券公司在风险可控的前提下，建立对应的风险隔离墙制度，将证券公司自身的经营风险与客户的委托理财分离开来，积极拓展农村证券市场业务类型和投资选择，使农村产业融合主体享受到更为优质的投资咨询服务，助力县域农村产业融合高质量发展。

8.1.3　农村金融服务深化促进县域农村产业融合发展的保险市场机制

农业生产不仅面临着一定的市场风险，还面临着一定的自然风险，尤其是农村产业融合项目受自然条件、市场环境、经济政策等因素波动的影响较为明显，更需要农村保险市场及时介入，使之成为农村信贷市场和农村证券市场的重要补充。

农村金融服务深化促进县域农村产业融合发展的保险市场机制，从构成形态上应形成多元化的农村保险主体、市场化的保险运行规则、集约化的保险经营方式以及专业化的保险从业队伍。其一是形成多元化的农村保险主体。现代农村保险市场机制要素中既有营利性保险公司，如个人保险组织、保险股份公司，也有非营利性保险公司，如相互保险社、交互保险社等。其中，个人保险组织的主要特点是承担独立责任和无限责任，并作为多元化保险公司组织形式的补充。相

第8章 农村金融服务深化促进县域农村产业融合发展的运行机制

互保险社由社员持有保单,其构成成员不分保额大小均享有同等投票权,同时在出险后社员分担缴纳相应保费的责任。交互保险社由被保险人即社员相互约定交换保险并约定其保险责任限额,在限额内可将保险责任比例分摊于各社员之间,同时接受各社员的保险责任,其业务委托代理人经营并由其代表全体社员处理社内一切事务,各社员支付其酬劳费用并对其进行监督。上述几类保险公司相互共存、共同发展、有序转化、不断创新,有助于形成多元化的农村保险主体。其二是形成市场化的保险运行规则。从理论上而言,保险市场上各主体的交易行为均与风险直接关联,这使得保险费率的生成并不完全取决于保险市场上供求主体的力量对比,而风险发生率也即保额损失率可能才是决定保险费率的主要因素之一。针对农村产业融合项目的保险产品开发应对涉农保险市场上的供求规律、价值规律以及风险规律等因素进行统筹考虑,确保各类农业经营主体有动力投保,同时也能有充分的保险赔付预期。其三是形成集约化的保险经营方式。现代农村保险市场在发展初期通常会经历外延式扩张,但当保险机构发展到一定阶段后,内涵式增长应成为保险机构发展成熟的主要目标,即在保持适度的增长速度和增长规模的同时,将效率和效益放在更加重要的位置。因此,提高针对农村产业融合项目的保险服务质量应成为农村各类保险机构的首要业务目标。其四是拥有专业化的保险从业人员。现代保险业既是资本密集型的行业,也是知识密集型的行业,人才队伍建设是保险市场高效运转的智力支撑。现代农村保险市场不仅需要完善保险高级管理人员任职资格报审制度,还应有全国统一的保险专业人才考评选拔制度,同时还需要有严格的专业培训及资质认证制度。

农村金融服务深化促进县域农村产业融合发展的保险市场机制,从实现路径来看,应从完善政府诱导型保险机制、健全农村保险激励机制、丰富农村保险发展样态、提升农村保险业务技术水平、优化农村保险市场外部环境等方面着手(冉光和等,2013)。其一,要完善政府诱导型保险机制。在农村保险市场发展的初期，因农村基础设施和农业发展条件相对薄弱，农村产业融合项目运营的投资回报周期过长，单纯依靠市场机制无法支撑和满足整个农村保险市场的需求，此时要通过政府的宏观调控和政策倾斜以及财政转移支付，有效降低国有保险公司的市场运营风险，加大对于私营保险公司的政策扶持力度，促进县域农村保险市场提质扩面。改革政府对保险公司的补偿机制与方向，加大对农业科研、农业产业技术、农业产业化基础设施的财政补贴力度，降低农村保险的机会成本，谨慎推动高风险领域的农村保险的品种与范围。其二，要健全农村保险的激励机制。农村保险市场面对的风险是一种纯粹风险，当这种纯粹风险造成风险事故时，它只会给从事农村产业融合发展的经营农户或农业企业带来损失，但保险合同是射幸合同，投保人不一定有风险意识。因此可以通过一定的组织架构将农户或农业企业组织起来，如互助型保险组织、保险合作社等，通过互助型农村保险组织形式将一群具有共同利益需要的农业经营主体自发组织起来，彼此分工、相互协调，建立一种良性的竞争与互补关系，组织成员共同决策、相互分享信息，鼓励农业经营主体根据自愿原则，采取入股方式筹集资本金，采取独立核算、自主经营、民主管理、利益共享、风险共担方式，进一步提高相关农户和农业企业的投保热情。其三，要允许各地区探索适应本地农村经济发展趋势和农村产业融合项目特征的保险市场模式，对于发展较为成熟、规模较大的农村产业融合项目，可以充分发挥商业保险公司的市场作用，采取"大农村保险"或"大农业保险"的战略思路"以险养险"。对于处在成长期的农村产业融合项目，应充分发挥农业政策性保险的功能，采用财政支持与商业保险并存的模式，根据农户或农业的实际开支状况，给予农户和农业企业适当的诱导性补贴，设法调动市场上其他参与者的积极性。其四，要着力提升农业保险业务的技术水平。农村保险公司在保险精算、资产管理等方面的技术运用将直接影响其经营的可持续性以及业务价值的提升，尤其是致力于为农村产业融合发展提供专业化保险服务的农村保险公司更要深化与再保险公司以及其他公司的合作,通过业务交往和同业交流获取有关农村产业融合项目运营风险的相关评估数据,为精算技术在保险公司业务决策中的作用发挥提供基础资料。其五,要优化农村保险市场的外部环境。保险业作为管控风险的行业,其自身发展也同样需要一个稳定良好的外部环境,尤其是农村保险公司所面临的外部系统性风险环境仅靠其自身的审慎监管和内控机制是无法有效防范的,需要政府制定合理的宏观经济政策,及时揭示农村产业化发展与农村金融体系运行中所存在的重大风险,积极采取行之有效的对策措施,保证社会公众信心的稳定,健全金融与法规,杜绝不法分子对保险机构的利益侵害,完善农村保险市场上的中介服务组织,建立良好的保险信息披露与反馈机制,及时掌握农村保险市场的发展动态,提高农村保险服务支撑县域农村产业融合发展的韧性。

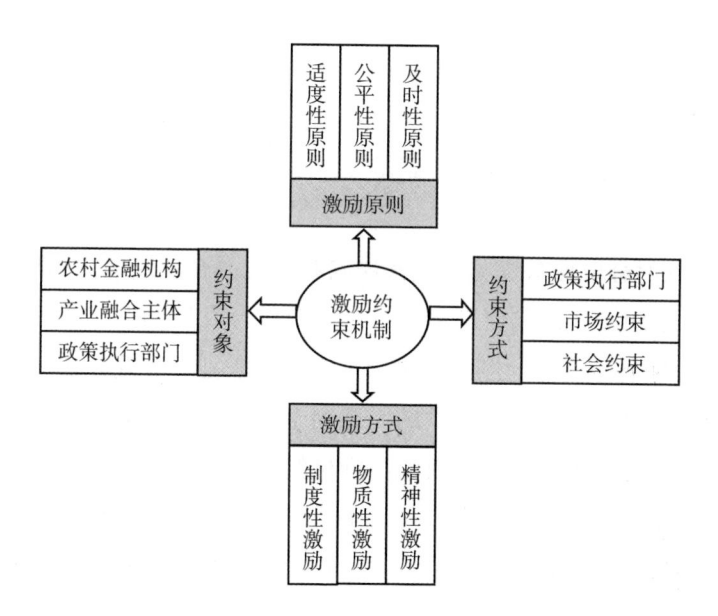

图8.2 农村金融服务深化促进县域农村产业融合发展的激励约束机制

8.2 农村金融服务深化促进县域农村产业融合发展的激励约束机制

构建合理的激励约束机制，有助于充分调动县域金融机构服务农村产业融合发展的积极性，同时对相关行为和事件进行合理的约束，可以有效保障金融服务农村产业融合发展的合法有序。通常而言，激励约束机制是指在农村金融服务县域农村产业融合发展过程中激励约束主体和客体之间相互作用的过程及方式的总和，具体包括激励机制和约束机制。在市场经济条件下，激励机制有别于行政命令机制，激励手段的结果是激励主体事先可以预料到的，而行政命令手段的结果具有不确定性。当然，约束机制也有别于行政处罚或经济制裁，行政处罚或经济制裁是当不良行为和事件出现以后对行为或事件的发生者实施惩罚，而约束机制更多的是要预防和控制不良行为或事件的发展，更多地表现为一种事先预警行为。在县域农村金融服务促进农村产业融合发展的过程中，尤其是在农村产业融合项目的发展探索初期，有效的激励机制和约束机制至关重要。

8.2.1 农村金融服务深化促进县域农村产业融合发展的激励机制

农村金融服务深化促进县域农村产业融合发展的激励机制，主要表现为农村金融机构的经营主体为配合县域农业产业化发展规划而向农村产业融合经营主体所提供的一系列金融激励原则和方式。在县域农村产业融合发展初期，有效的激励机制能够刺激县域农业产业龙头企业、新型农业经营主体以及小农户积极参与农村产业融合全链条。农村金融服务深化促进县域农村产业融合发展的激励机制主要包括激励原则和激励方式两个核心构成内容。

农村金融服务深化促进县域农村产业融合发展的激励原则主要包括适度性原则、公平性原则和及时性原则。适度性原则意味着农村金

第8章 农村金融服务深化促进县域农村产业融合发展的运行机制

融机构应根据激励目标的大小(也即农村产业融合项目的预期发展情况)确定合适的激励强度,避免出现激励强度过大或过小的情况。激励强度过大可能导致激励客体产生冒险动机,引发农村产业融合项目的高负债和运营风险;激励强度过小又不能提高各客体的积极性,不能得到理想的激励效果。公平性原则是指对各类激励客体在进行奖励时必须公平公正,如对同一地区相同行业的不同主体实施相当的激励内容,既不能只照顾大型企业,忽视小型企业和私营企业,又不能只顾及关联型企业,忽视非关联型企业。当然,在遵循公平性原则的过程中并非应当采取绝对相同而无任何差异的政策,反而应当实施大同小异和适度差异的政策。及时性原则是指激励主体在做出激励承诺或颁布激励政策以后,当激励对象完成相应的任务或达到相应的目标时激励主体应及时、主动按照约定实施激励手段。

农村金融服务深化促进县域农村产业融合发展的激励方式主要包括制度性激励、物质性激励和精神性激励(冉光和等,2011)。制度性激励重在规范和完善涉及金融支撑农村产业融合发展的若干激励制度,从宏观层面出台优惠政策以鼓励农村金融资源投向县域农村产业融合领域,从微观上建立健全多样化的激励机制以鼓励农村金融机构针对县域农村产业融合项目特征开发和创新相应的金融产品和金融工具,从而为农村产业融合主体提供多元化、靶向性的金融服务。例如,为符合县域农村产业融合发展规划的龙头企业提供定向信贷服务,为新型农业经营主体和小农户提供一定额度的无抵押无担保信用贷款等。物质性激励主要是通过定向调整主体间的经济利益,实现对既定目标对象的物质激励,这是目前农村金融资源开发中常用的激励方式之一。具体来看,主要是指激励主体为激励客体提供物质资料补贴、费用补贴、物质奖励、各种奖金、利息贴息、税收减免等,以提高金融机构参与支持农村产业融合发展的积极性和各类农业生产经营主体的生产积极性。精神性激励主要是针对服务县域农村产业融合发展的各类金融从业主体而言的,是对农村金融机构管理者及其从业人员因在服务农村产业融合过程中所做出的贡献进行的非物质性激励。精神性激励具体包括引导激励、榜样激励、文化激励和目标激励等手段，是农村金融机构管理当局在各类金融组织及工作人员中挖掘典型、塑造先进，并广为宣传和颁发荣誉证书、赋予先进企业、优秀个人等各类荣誉称号，号召其他客体与先进单位和个人观摩、交流并向其学习。在具体的实践过程中应配合使用物质性激励、精神性激励和制度性激励以及其他激励手段，充分调动农村产业融合主体和各类农村金融机构的积极性和能动性。

8.2.2 农村金融服务深化促进县域农村产业融合发展的约束机制

在实施农村金融服务深化促进县域农村产业融合发展的激励机制的同时，必须配备相应的约束机制。农村金融服务深化促进县域农村产业融合发展的约束机制缘于其生存和发展的客观要求，是金融业本身内在要求与外部条件两者共同作用、相互统一的结果。没有约束机制，用于支撑县域农村产业融合发展的农村金融资源就不可能实现可持续开发。这种约束机制必须贯穿于金融服务县域农村产业融合发展的全过程，规范和制约各类农村金融机构和农村产业融合主体必须遵守国家法律法规，严守金融支农的原则和底线，在规避投融资风险的同时尽可能实现金融资源的最优化配置，使金融资源在服务县域农村产业融合发展的过程中实现最大化的价值增值。农村金融服务县域农村产业融合发展的约束机制包括约束对象和约束方式两部分核心内容。具体来看，约束对象主要包括各类农村金融机构、县域农村产业融合发展从业主体以及政策执行部门等，约束方式主要包括政府约束、市场约束和社会约束。

政府约束主要是指政府部门通过行政手段、法律手段和经济手段，对农村金融机构支持县域农村产业融合发展的实践过程进行必要约束。其中，行政手段主要由政府部门通过强制性的行政命令、指令、规定等对农村金融机构支持县域农村产业融合主体的主要领域、

第 8 章 农村金融服务深化促进县域农村产业融合发展的运行机制

信贷程序、原则底线等进行明确框定。法律手段重点是指借助金融支农的各种法律法规，如银行法、证券法、保险法、信托法、公司法、税法、会计法等规范信贷主体双方的生产经营活动。经济手段的运用在市场机制日趋完善的背景下将变得更为频繁，主要是指政府部门通过制定、实施一系列金融政策对农村金融机构从业主体的经营行为予以规范，利用财政、税收等工具对县域农村产业融合主体的融资行为进行引导，从而使农村金融机构与农村产业融合主体的投融资活动符合县域农村产业融合发展规划思路。从理论上而言，合理的经济手段约束不仅能够规范农村产业融合信贷主体双方的经营行为，还能够保障农村金融市场的运行平稳和农村产业融合项目的可持续运营。然而需要注意的是，对于农村金融机构和农村产业融合主体的经济手段约束必须建立在市场规律的基础上，绝不能用主观的行政意志代替客观的市场规律而对农村金融市场进行过分的经济干预，只有这样才能够发挥经济手段约束的积极效应。

无论是对于农村金融机构还是对于县域农村产业融合主体而言，其作为农村市场上的经营主体都应受到严格的市场约束。充分竞争的市场对于企业的约束是一种硬约束，体现了市场经济的公平和效率原则，能够盈利的企业可以在激烈的市场竞争中生存下来，而亏损的企业则终将被市场所淘汰。市场约束是指在市场经济条件下，建立完善的企业信息披露制度和严格合理的市场退出制度，减少政府的过多干预，严格遵循"优胜劣汰"的基本市场规律，保证市场的合理合法竞争，加快经济社会效益好、竞争力强、市场前景好的农村金融机构和农村产业融合主体快速发展。对于农村各类金融机构而言，有效的市场约束必须建立在及时、准确、全面的信息披露的基础上。应要求农村金融机构对自身的资本金、经营水平、运营风险等信息进行定期公布，从而使金融市场参与者能够客观评估金融机构的经营状况和风控能力，从而确保农村产业融合主体与金融机构之间能够实现利益匹配和业务对接。对于县域农村产业融合主体而言，市场约束主要体现在弹性的市场退出机制上。农村产业融合主体所运营的项目如果在一系列财政金融优惠政策的支持下依旧无法维持正常经营时，应严格执行破产程序并清偿债务，不再进行金融资源投入，以免形成债务风险传导，做好相关风险的转移、分散和补偿。只有严格落实完善的企业信息披露制度和严格合理的市场退出制度，才能确保农村金融资源开发的可持续性，也才能够为县域农村产业融合发展提供持久动力。

社会约束是政府约束和市场约束的有效补充，其不仅要对农村金融机构提供涉农金融产品及服务的实力、信誉进行监督，而且要对县域农村产业融合的从业主体施加直接的、间接的、有形的、无形的约束。就针对农村金融机构的社会约束而言，重在塑造农村金融资源持续开发的道德规范，培育农村金融业良性循环发展的环境氛围。尤其是要通过互联网、移动自媒体平台等对农村金融机构履行支农惠农的业务宗旨和社会责任等情况进行跟踪报道，引导社会资源关注县域农村产业融合发展的资金需求。就针对县域农村产业融合主体的社会约束而言，重在强化这一群体的主体信用意识和金融道德修养，培育其履约守信的价值观念，营造尊信重信的社会氛围，从而使农村产业融合主体能够对信贷合同保持敬畏，更加审慎合理地利用相应的金融资源。当然，这种社会约束的有效实现必须依赖于农村信用法律法规的完善和农村征信体系建设，通过对农业化龙头企业、新型农业经营主体以及小农户建立诚信档案，监测这一群体信贷资金的使用流向及使用效益，以此作为再次发放优惠贷款的重要依据，进而提高农村产业融合信贷资金的使用效率。

8.3 农村金融服务深化促进县域农村产业融合发展的风险管控机制

随着经济运行与金融运行的逐步融合，金融风险已成为现代经济风险中最主要、最集中的表现形态。作为支撑农村产业融合等新业态

第 8 章　农村金融服务深化促进县域农村产业融合发展的运行机制

项目的农村金融服务体系，其运行必然也充满着风险，尤其是金融市场的多变性和金融企业的高负债将导致金融体系和金融产业总是处于一种高风险的状态，作为金融系统子系统之一的农村金融系统也同样具有一般金融体系所具有的脆弱性特征。因此，健全的风险管控机制对金融支持县域农村产业融合发展具有重要的战略意义，它不仅有助于全面把握农村金融支持县域农村产业融合发展的现状及趋势，还可以将金融支持县域农村产业融合发展过程中的阶段性成效和困境盲点及时反馈给决策部门，辅助政府决策部门动态调整政策思路，以更好地实现农村金融服务深化与县域农村产业融合的协调可持续发展。农村金融服务深化促进县域农村产业融合发展的风险管控机制具体包括风险监测机制、风险预警机制和风控创新机制。

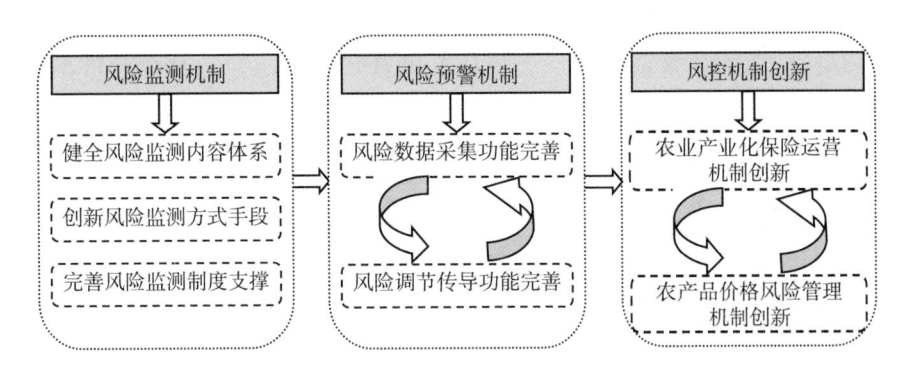

图 8.3　农村金融服务深化促进县域农村产业融合发展的风险管控机制

8.3.1　农村金融服务深化促进县域农村产业融合发展的风险监测机制

农村金融服务深化促进县域农村产业融合发展的风险监测机制，其核心目标就是要确保对农村金融机构在开展农村产业融合项目信贷业务过程中的潜在风险进行精准识别、及时分类和合理评估，从而全面把握金融支持县域农村产业融合发展的现状及政策成效，及时纠偏金融支持县域农村产业融合发展过程中可能出现的各种问题。这一风险监测机制的有效运行需要从健全风险监测内容体系、创新风险监测方式手段、完善风险监测制度支撑等方面予以保障。其一，从风险监测内容体系来看，由于县域农村产业融合发展所涉及的主体和领域较多，同时每个经营主体所处的产业融合发展阶段也不尽相同，这要求在实际监测过程中必须确定风险监测的主体、关键阶段、重点领域以及核心指标。具体而言，可从县域范围内农村产业融合的经营主体数量、生产经营范围、经济社会效益、动态发展趋势、信贷资金需求及金融供给情况，以及农村产业融合经营主体的信贷资金使用状况、风险因素、还款能力等方面设计风险监测内容体系。其二，从风险监测方式手段来看，首先可以依托基层村居自治组织，建立镇村级农村产业融合发展状况信息报送制度，便于上级政府及时掌握乡镇、村庄农村产业融合项目经营运转情况；其次可由政策性金融机构、商业性金融机构以及地方政府金融办公室联合组建调查小组，定期分片下乡走访农村产业融合经营主体，了解其资金链状况及主要信贷产品诉求；最后在有条件的乡镇还可以在既有网络信息平台上增设农村产业融合主体经营数据采集模块，由相关经营主体独立按时填报产业融合项目的基础资料、经营效益、金融需求以及建议反馈等。其三，从风险监测制度支撑来看，不仅要从制度约束层面要求镇村两级贯彻执行辖区内农村产业融合主体经营状况及金融需求情况普查制度，要求相关调查专员和镇村干部及时报送各类经营主体的金融需求和融资资金使用成效；还要从制度激励层面建立相应的考评机制，对发现、报送运营基础好、市场前景广、偿债能力强的农村产业融合项目的工作人员要给予相应的物质激励和精神激励。

8.3.2 农村金融服务深化促进县域农村产业融合发展的风险预警机制

针对农村金融支持县域农村产业融合发展过程中所暴露出的风险短板，地方金融监管部门和相关金融机构只有通过建立和完善农村金融服务深化促进县域农村产业融合发展的风险预警机制，强化对农村产业融合项目金融风险的感知能力，才能够对各种潜在的风险演化状态做出冷静判断，并对各类金融风险的安全阈值做出预警，以便对金融风险的控制标准、转化方向、分散化解做出必要、及时的指令（冉光和等，2011）。农村金融服务深化促进县域农村产业融合发展的风险预警机制，主要应围绕风险数据采集功能和风险调节传导功能展开构建。风险数据采集功能的实现可结合近年来大数据智能化、农村数字普惠金融、智能金融的建设东风，搭建金融支持农村产业融合运营风险大数据分析平台，设定经营成本收益、资产抵押状况、偿债还款能力、市场扩张水平、信用违约程度等风险指标，构建风险评估研判仿真模型，在平台上导入农村产业融合经营主体的基础数据，结合各类农村产业融合项目的资本来源和运营特征，利用采集和分析所获得的数据、参数等进行风险演化动态仿真，将农村产业融合主体的违约概率与风险定量的安全阈值进行对比，确保金融监管部门以及涉农金融机构做出及时准确的风险预警和控制指令。风险调节传导功能的实现，能够有效引导农村金融机构及时控制自身涉农金融业务经营的总量和质量，优化农村金融机构的资本结构，强化农村金融机构的内控能力，从而确保农村金融市场运行的平稳有序。一方面，应及时将经数据研判得出的风险信号及时传递到农村金融风险预警中心，并将风险预警中心发出的风险控制指令及时传递到风险管理部门，确保金融风险管理工具的合理有效使用。另一方面，还要及时将农村金融风险管控的成效信息及时返回给风险预警中心，以供风险预警中心评估相关风险预案的缺陷，从而进一步对风险预警及相应的管控指令进行修正。

8.3.3 农村金融服务深化促进县域农村产业融合发展的风控创新机制

由于县域农村产业融合所涵盖的经营领域非常广，涉及的经营主体类型众多，它们在产业融合的基础条件、市场目标、成长韧性、发展阶段等方面均存在明显差异，也导致了金融支持县域农村产业融合发展过程中的潜在风险源较为复杂多变，仅依靠传统的农业保险、农产品价格保护、农业补贴等风险管理策略显然不足以应对新生风险类型，对此可引入期货、期权、"保险+期货"等风险防控思路，化解县域农村产业融合发展中涉农龙头企业、家庭农场等主体的经营风险。一方面，可以基于套期保值原理实现农业产业化保险运营的机制再造和产品创新，适度鼓励县域农村产业融合发展中的农户、龙头企业、家庭农场等通过签订远期合约或期货合约，将农产品终端市场价格波动的风险转移和分散出去，甚至产生额外收益，从而使小农户、家庭农村的农产品预期收益和龙头企业的原材料购买成本得以锁定。另一方面，可采取"价格保险+场外期权+期货市场"的保险产品设计思路实现农产品价格风险管理机制的创新。该种保险产品在市场上运营的基本流程是：第一步，保险公司基于农产品期货价格开发设计对应的目标价格保险产品；第二步，农业产业化龙头企业或家庭农场等农村产业融合经营主体为保障自身利益而购买该类保险产品；第三步，承保公司为确保自身权益而购买期货公司开发的场外看跌期权，从而对冲自身的赔付风险；第四步，期货公司卖空交易所中已经上市的农产品期货，对冲其向保险公司卖出的看跌期权的风险（和龙，2018）。这一机制可以使农村产业融合经营主体、保险公司、期货公司合理有效地均摊对方风险，形成紧密的利益联结机制，在最大化分散风险的同时实现彼此共赢。

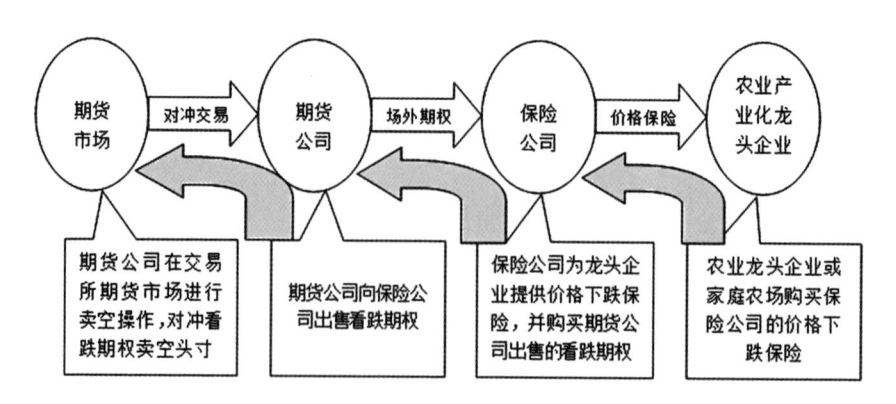

图 8.4 "价格保险+场外期权+期货市场"保险产品设计思路

8.4 农村金融服务深化促进县域农村产业融合发展的引导帮扶机制

目前县域农村产业融合尚处于发展初期,相关的政策和制度文件还处于持续完善过程中,金融机构对农村产业融合发展的支持也处于探索和尝试阶段。因此,要加大金融对县域农村产业融合发展的支持,促进农村产业融合快速发展,必须建立相关的引导帮扶机制,为各类从业主体提供强有力的服务支撑。具体来看,农村金融服务深化促进县域农村产业融合发展的引导帮扶机制主要包括多方帮扶机制和环境引导机制。

8.4.1 农村金融服务深化促进县域农村产业融合发展的多方帮扶机制

农村金融服务深化促进县域农村产业融合发展的多方帮扶机制,其目标就在于提升县域农村产业融合主体的项目运营能力和市场竞争力,从而使其在规模扩张和内涵发展的过程中能够得到农村金融资源的青睐。一方面,建立农村产业融合发展服务多方帮扶机制的首要任务是开展结对帮扶活动。结合农村经济社会外部环境、各县域地形地貌等外部自然条件,以及县域农村产业融合发展现状和各试点地区人力、物力、财力的基本情况,探索设计"县级主管部门/乡镇领导干部+农技人员+产业融合发展主体""政府部门+金融机构+社会组织+产业融合发展从业主体"等多种帮扶方案,对龙头企业、农业协会、农民专业合作社等重要的从业主体实施"一对一"帮扶,指导重点从业主体开展项目谋划、营销包装、品牌建设、技术更新等经营活动,提高从业主体的自身发展能力和农户带动能力。另一方面,要建立健全能够支撑县域农村产业融合发展的社会化公共服务体系。重点以"三位一体"基层农业公共服务体系建设为抓手,全面推广针对农业生产经营全过程的社会化服务。加快完善农村地区道路、水利、环保、医疗、运输、仓储等基础设施建设，为农村产业融合发展营造良好和谐的外部社会环境。增加农村科技特派员数量，强化科技特派员的考核制度，提升科技特派员服务质量。实施农业生产技术促进工程，开展免费的农业技术专题讲座，由政府财政出资邀请农技专家下田进行手把手指导，鼓励其进行义务帮扶指导。依托各地区农科院、相关农业院校及农业培训机构等平台，采取"请进来""送出去"相结合的方式，加大农村产业融合发展主体的生产技能、经营理念、管理方法、风险防控技术培训，培养有思想、懂技术、善管理、会合作的新型职业农民或新型农业经营主体。鼓励和支持大中专毕业生下乡就业创业，外出务工"能人"返乡创业就业，使县域农村产业融合从业队伍不断发展壮大。

8.4.2　农村金融服务深化促进县域农村产业融合发展的环境引导机制

县域农村产业融合的高质量发展不仅有赖于农村金融资源的持续注入和专项帮扶，还需要依靠土地资本、产销渠道等外部硬环境的优化。农村金融服务深化促进县域农村产业融合发展的环境引导机制，其目标就在于为金融支持农村产业融合发展提供坚实的基础资源保障。一方面，要健全既有利于农村产业融合发展的产业主体，又能保护相关主体合法利益的土地流转机制。在农村产业融合发展过程中，土地流转是一种常见的、必要的活动，健全的土地流转机制对促进农业产业融合发展至关重要。需要根据当地实际情况，打造土地流转专业化服务平台或成立专业的土地流转服务机构，在转包、出租、互换入股等方式的基础上创新更多样化的流转方式，从而有利于从业主体通过流转土地扩大生产经营规模，实现规模经济效益。同时，要保护土地转出者的合法利益，要建立从业主体之间紧密的利益联结机制，防止少数下乡创业的城市资本中途"跑路"。另一方面，要扩宽农村产业融合发展从业主体的产品销售渠道。随着农村产业融合发展主体生产经营规模的不断扩大，农产品销售问题也随之而来，因此帮助农村产业融合主体建立多元化的产品销售渠道对其稳健经营至关重要。要不断鼓励新型农业生产经营主体延伸产业链，从事优势特色农产品的粗加工和精细加工；也可以与本地规模化农产品加工企业签订原料供应或委托加工协议，延长优势特色农产品的价值链和利益链。要鼓励从事水果、蔬菜、生猪种养殖的新型农业经营主体与合作社、超市以及龙头企业形成利益联结模式，通过"新型农业经营主体+超市""新型农业经营主体+农业企业合作社""新型农业经营主体+龙头企业"等方式丰富"订单农业"样态。鼓励新型农业经营主体参加大型农产品交易会、农业博览会，拓展销售平台。加快农村电网和互联网基础设施建设，引导电子商务进农家，鼓励新型农业经营主体在淘宝、天猫、京东等互联网商务平台上开网点和微店，从事农产品网上直销。通过这些举措不仅能够显著增强县域农村产业融合主体的市场竞争力，也能够吸引农村金融机构的投融资目光，使农村产业融合项目运营的市场潜力借助金融资源得到更有效的挖掘与提升。

8.5 小结

本章基于县域农村产业融合发展与农村金融服务支持的现状及问题，充分借鉴国内外实践经验，设计了农村金融服务深化促进县域农村产业融合发展的多层级市场机制、激励约束机制、风险管控机制以及引导帮扶机制。其中，农村金融服务深化促进县域农村产业融合发展的多层市场机制包括信贷市场机制、证券市场机制和保险市场机制；农村金融服务深化促进县域农村产业融合发展的激励约束机制包括激励机制和约束机制；农村金融服务深化促进县域农村产业融合发展的风险管控机制包括风险监测机制、风险预警机制和风控创新机制；农村金融服务深化促进县域农村产业融合发展的引导帮扶机制包括多方帮扶机制和环境引导机制。

第9章 农村金融服务深化促进县域农村产业融合发展的模式选择

随着县域农村产业融合发展的不断推进，其对农村金融资源开发将提出更大的诉求和挑战。从一定意义上而言，农村金融资源的开发水平和农村金融服务深化程度将直接影响农村产业融合发展的水平乃至农村经济以及国民经济的协调发展。当然，农村金融服务深化促进县域农村产业融合发展并没有固定不变的模式可供遵循，地区经济金融发展水平、制度环境以及农村产业融合项目具体特征的不同，决定了农村金融服务深化促进县域农村产业融合发展模式选择的差异。本章将从组织模式、产权模式、监管模式三个方面具体阐述农村金融服务深化促进县域农村产业融合发展的模式选择，并在此基础上对一些具有创新性的金融支持领域和具体典型模式进行探索性研究。

9.1 农村金融服务深化促进县域农村产业融合发展的组织模式

一般而言，为县域农村产业融合项目提供资金支持的农村金融机构是农村金融资源开发的微观基础，也是进行农村金融资源配置的直接主体。因此，农村金融企业的组织模式直接决定着农村金融资源的配置效率，影响着农村金融资源的开发效率，并影响着农村产业融合项目资金来源的可持续性及其运转效率。农村金融服务深化促进县域农村产业融合发展的组织模式的有序运转，应着眼从动态的组织管理、完善的治理架构和多元的经营业态的有机融合出发予以保障。

9.1.1　农村金融服务深化促进县域农村产业融合发展的动态组织管理

县域农村金融服务体系建设的重点是实现农村金融资源在时空范围内的动态优化配置，这要求农村金融服务体系的组织管理应与农村金融资源的开发利用实现动态的适应性调整。农村金融服务深化促进县域农村产业融合发展的动态组织管理，重点是强调农村金融组织的功能结构、管理手段和管理方法应随着县域农村产业融合发展特征、农业产业化发展特征、农村经济发展特征以及农村金融市场发展特征而进行适应性调整。尤其是当既有农村金融组织结构无法有效服务于县域农村产业融合高质量发展时，必须对其进行适度可控的调整，以达到组织结构和功能服务的有机融合。对农村金融机构进行动态组织管理，其根本目标在于提高农村金融机构配置农村金融资源的能力，使其更好地服务于县域农村产业融合发展的投融资诉求；其基本原则在于力求实现农村金融组织结构的精干高效；其主要手段在于立足县域农村产业融合项目的运营特征和融资需求，以农村产业融合投融资战略事务部组建为契机进行针对性的机构整合和专项机构设置，通过组织内在效能的提升促进金融支持农村产业融合效率的提升和社会福利水平的改善。一般而言，新的金融组织体系中的部门设置和管理层次更能够适应组织运转的实际需求，能够有效调动相应职能部门及其业务人员的工作积极性，使他们将个人绩效目标与农村金融组织体系整体运作目标结合起来，从根本上提升农村金融服务县域农村产业融合的效率和质量。

9.1.2　农村金融服务深化促进县域农村产业融合发展的完善治理架构

支撑县域农村产业融合发展的农村金融服务体系的内部应形成完善的治理架构，尤其是要从农村金融机构治理结构、农村金融机构激励机制和约束机制的完善出发，全面推进农村金融服务机构治理能力和治理效能的提升。

其一,要推动农村金融组织治理结构的优化。一般而言,公司治理结构的完善与否直接决定着企业的经营效率,在开发用于支撑县域农村产业融合发展的农村金融服务资源的过程中,同样需要对相应的农村金融组织的公司治理结构进行改革和完善。具体来看,农村金融组织治理结构的优化应从内部治理完善和外部治理保障两方面着手。一方面,要从内部治理完善的角度出发,明确农村金融机构股东会、董事会、总经理以及监事会等相关主体的责权利,形成股东所有权、董事会决策权、经理层经营管理权和监事会监督权的有效制衡,确保农村金融机构的高效运转。另一方面,要从外部治理完善的角度出发,形成优胜劣汰的市场竞争环境,对于经营不善导致企业估值严重低于市场预期的农村金融机构,要允许对其进行相应的股权收购和兼并,确保农村金融市场各金融机构的竞争力,从而实现县域农村产业融合项目投融资主体的双赢。

其二,要形成规范高效的农村金融机构运转激励机制。相较于城市金融机构的雄厚资本金和良好的市场预期,农村金融机构在金融组织体系中本身就处于相对弱势的地位,加之其重点服务的对象——农村产业融合项目往往具有成长脆弱性和运营高风险的特征,使农村金融机构支农惠农的内在动力并不充足。因而,农村金融机构必须形成良性的激励机制,充分调动农村金融机构中的人力、财力、物力投入农村产业化发展领域,提高农村金融机构支持县域农村产业融合发展的服务效率。农村金融机构运转的激励机制的重点在于如何激发农村金融机构员工的积极性和创造力。具体而言,对于农村金融机构中的高级管理人员来说,主要通过基于年薪制、股权期权激励、机构控制权、市场声誉塑造等激励手段,引导他们投身到县域农村产业融合项目的投融资战略规划中。对于农村金融机构中的一线业务人员来说,不仅要通过工资薪酬、岗位升级等物质激励手段激发员工的工作积极性,还要引导一线业务人员将个人发展诉求与企业战略远景有机结合

第9章 农村金融服务深化促进县域农村产业融合发展的模式选择

起来,通过营造充满生机活力的企业文化氛围,将农村金融机构打造成为受员工和社会尊敬的企业主体。

其三,要形成规范高效的农村金融机构运转约束机制。一般而言,针对农村金融机构运转的激励和约束机制必须相辅相成。针对农村金融机构的约束方式主要包括产权约束、市场约束和法律约束。农村金融机构在支持县域农村产业融合发展的同时,其自身承受着较大的风险,而风险的积累与释放给农村金融机构所带来的损失是直接的,因此农村金融机构必须建立一套与市场风险、信用风险、道德风险相适应的风险约束机制。从金融业发展的现实来看,农村金融机构在从事金融支农活动中通常面临着内部风险与外部风险两种风险形态。就内部风险而言,"道德风险"是农村金融机构经营中所面临的最大风险,尤其是在委托—代理经营体制下委托人与代理人的信息不对称使得这种风险更为高发,而且农村金融机构内部组织链条的延伸也使得各层级间的控制关系并不紧密。对于农村金融机构的内部风险主要通过产权约束、市场约束以及法律约束加以控制。产权约束主要是通过划清农村股份制金融机构的股东与经营者之间的权利义务界限,明确股东大会作为最高权力机构在农村金融业务重大事项中的决议权和审议权;明确董事会作为股东大会常设机构在企业具体经营管理中的决策权;明确经营者作为董事会的授权人从事具体管理经营的权力以及接受董事会监督的义务。市场约束主要是通过运用市场化机制手段,对于从事农村金融服务的经营者及相关主体施加压力,使其认识到经营不善可能导致的兼并收购风险。法律约束主要通过制定法律规范,违反法律规范的投机者将受到应有的惩罚。农村金融企业的外部风险主要通过信息约束机制和竞争约束机制来防范。信息约束机制是国际金融机构通用的外部风险约束方式,通过定期发布农村金融机构的经营状况、重点项目以及市场预期评估等信息,可以引导社会力量参与到农村金融机构风险经营的约束活动中,以此避免农村金融机构在涉农贷款审批发放中的违规行为。竞争约束机制运行的核心目标在于保障农村金融市场的充分竞争,地方政府及其金融监管当局应通过完善兼并合并审查制度、收购审查制度等,避免农村金融市场上部分金融机构垄断地位的形成,通过有效的市场竞争来引导农村金融市场规范交易秩序,防止农村产业融合中的信贷需求主体处于市场谈判的不利地位。

9.1.3 农村金融服务深化促进县域农村产业融合发展的多元经营业态

由于农村金融机构的经营模式选择与其资本结构、管理水平、监管体制密切相关,这使得农村金融服务深化促进县域农村产业融合发展将形成多元化的经营业态,一般而言,包括专业化经营业态和一体化经营业态两种。专业化经营业态的重点是突出农村金融机构经营业务的专一性,它要求各类农村金融机构必须按照法律规定或行业分工选择某一金融业务领域从事专门的经营活动。在这种经营业态下,农村金融机构按主营业务被分为农村商业银行、农村保险公司、证券公司、投资银行、基金管理公司以及信托投资公司等,不同类型金融机构的业务领域彼此分离并有自身的优势金融产品。专业化经营业态在实际运转过程中所发挥的作用就像一把双刃剑。一方面,专业化经营业态可以有效遏制农村金融机构的投资冲动和业务无序扩张,尤其是农村银行类金融机构因其支农惠农的功能定位,在运营过程中实际上是一个具有高负债容忍度的金融组织,且具有较强的资本集聚功能,专业化经营则充当了"防火墙"的角色,可以较好地规避农村银行类金融机构在其他金融业务领域的投机行为,确保其自身经营的稳健性。另一方面,专业化经营业态将农村金融机构的主营业务限定在较小的范围内,使即便拥有较多闲余资本的银行类金融机构无法借助业务扩张而实现规模经济,最终可能导致农村银行类金融机构的资金大量流出农村,其货币创造职能及盈利能力也将受到巨大影响。由此可知,必须结合县域农村产业化发展水平、农村经济发展水平以及农村金融市场的发育程度,适度审慎地推行专业化经营模式。一体化经营业态的重点是突出农村金融机构经营业务的综合性，它允许农村金融机构综合从事包括存贷款吸收发放、证券承销与买卖、共同基金运作以及投资咨询等多类型金融业务。具有一体化经营业态的农村金融机构在运营过程中同样存在一定的优势和弊端。其优势在于这种经营业态可以帮助农村金融机构突破专业化经营的壁垒，实现更大程度的金融创新，充分释放农村金融机构整合各类金融资源的动能，使各金融业务领域能够彼此互通和进行信息交流，金融业务扩张和调整具有较强的机动性。当然，其缺陷就表现为农村金融机构内各业务板块之间的风险传递可能会加剧金融机构业务运营的脆弱性，并可能波及农村金融资源开发的稳定性以及社会公共金融安全网络。这一业态能否发挥出应有的效率取决于农村金融机构能否有效控制混业经营所产生的内部风险与外部风险。因此，要根据农村市场经济发展需求、县域农业产业融合发展水平以及农村金融市场的社会化分工程度以及风险控制能力，分阶段适时支持农村金融机构由专业化经营业态向一体化经营业态转变。尤其是在县域农村金融市场发育不成熟、经济金融化程度不高、风险预警管控机制不健全的情况下，适宜采用专业化经营业态以保证农村金融市场的交易秩序，规范各类经营主体的竞争行为，形成功能合理、风险可控的农村金融组织体系。在县域农村金融市场发育成熟、经济金融化以及金融自由化程度较高、风险防控机制比较健全的情况下，可以推行一体化经营业态以加快农村金融资本的流转速度，降低农村金融市场的交易成本，提高金融支持县域农村产业融合发展的资源配置效率。

进一步来看，通过一体化经营促进农村金融服务深化，进而推动县域农村产业融合高质量发展，必须具备以下三个基本条件：一是农村产业化发展水平和经济发展水平比较高。农村产业化水平越高，社会资本的积累规模越大，提供给农村金融机构的剩余资本数量也就越多。农村经济水平越发达，社会总的资本需求越庞大，各类产业融合主体对农村金融服务的需求层次越丰富，农村金融机构多样化的金融服务才越有市场。经济发展程度越高，经济金融化、金融自由化程度越高，金融创新速度就越快。金融工具种类越齐全，可供农村金融企业实现全能化服务的手段也就越丰富，因此，农村金融机构可以利用多样化的投资组合规避投资风险。二是充分的专业化分工。银行、证券、保险、基金、信托等行业的本原服务、资金来源、资本运用、风险防范机理各不相同，充分的专业化分工能够保证单项业务服务的高效率，在此基础上实现的混合经营才有可能发挥出 $1+1>2$ 的协同效应。如果各类农村金融机构本原业务的经营业绩、管理水平低下，即使实现了一体化经营，也很难实现利润最大化。三是健全的风险控制机制。混业经营要求对既有的农村金融制度进行变革，要求重新整合农村金融机构的内部组织，不断创新农村金融企业的金融服务，与此相伴随的就是金融市场上风险因素的增多，必须有完善的农村金融法律体系、高效的市场竞争运行规则、全面的社会监督制约机制作为保障，才能够推动农村金融服务的深化以及县域农村产业融合的高质量发展。

9.2 农村金融服务深化促进县域农村产业融合发展的产权模式

农村金融资源要想实现最大限度的开发和利用，必须有完善的产权基础作为保障。认识并掌握农村金融服务深化促进县域农村产业融合发展的产权特征要求、产权融资方式以及产权支撑条件，有助于实现农村金融服务资源的供需平衡和良性循环。

9.2.1 农村金融服务深化促进县域农村产业融合发展的产权特征要求

众所周知，农村金融市场上的金融资源具有相对稀缺性，必须有完善的产权制度予以规范，才能够降低农村金融资源开发和利用过程中的交易成本，实现农村金融资源的高效配置。产权制度不仅决定了农村金融服务资源开发的组织结构形态，而且会影响金融服务农村产业融合发展的形式和能力。因此，寻找到能够使农村金融资源交易成本最低的产权模式，是农村金融资源可持续开发的前提，也是农村金融支持县域农村产业融合发展的制度保障。具体来看，农村金融服务深化促进县域农村产业融合发展的产权特征要求包括产权权属清晰、产权高度可分、产权主体多元、产权交易市场化四个方面。

其一是要确保产权权属清晰。从本质上看，产权关系体现了社会经济活动中各主体之间的权利调整和利益协调，产权作为一种强制性的社会工具，其实施依赖于法规条例、政策章程以及习俗功能作为保障，可以说，市场经济中交易行为的背后就是产权的交换。在农村金融市场交易中，清晰的产权关系既可以降低金融活动主客体之间的交易成本，又可以降低产权关系的制度成本，提高金融市场的交易效率。如果金融交易过程中各主体的产权界定是清晰的，那么金融市场交易中的损益关系就可以得到明确，农村金融资源通过市场交换不断往复循环，并根据资源交易中成本与收益的对比关系，实现农村金融资源的动态调整，并最终实现配置效益的最大化、配置结构的科学化和配置效率的最优化（冉光和等，2011）。如果产权界定是模糊不清的，农村金融资源各主体进行市场化交易的动机和预期都不明确，金融资源的流动性就无法得到保障，农村金融资源在农村产业融合项目中的配置就可能出现扭曲和错配现象，不利于提高金融支农的整体效率。

其二是要确保产权高度可分。从理论上而言，农村金融资源具有无限可分和衍生性的特征，对于金融资源的配置和利用往往会出现时空范围上的分离，这就要求针对农村金融资源的产权归属必须是高度可分的。一方面，在高度可分的农村金融资源产权结构中，同一种农村金融资源的所有权、使用权、占有权、处置权、支配权、收益权等既可以属于同一交易主体，也可以分属不同的交易主体，而且，随着农村金融资源权属关系的日趋复杂化，同一种产权形态分属不同交易主体的情况愈加常态化。另一方面，产权可分还表明同一种产权财产可以分割为若干份额，这不仅保证了农村金融行业的分工形成及相应的金融组织的建立，也是推动现代农村股份制金融机构建立和完善的必备条件。为满足县域农村产业融合主体多样化、长周期的融资需求，应在农村金融资源开发过程中充分利用产权的可分性，以股份制金融机构组建为依托发挥专业化金融服务产品的比较优势，助力县域农村产业融合发展的高质量推进。

其三是要实现产权主体的多元化。在农业产业化发展的大背景下，参与县域农村产业融合发展的各经营主体的产权结构呈现出多样化特征，不同经营主体的融资需求也存在规模和层次上的差异，对此，仅依赖单一产权形式的农村金融组织体系是无法满足农村产业融合经营主体的融资诉求的，必须推动形成产权多元化的农村金融机构，通过提供类型丰富的农村金融产品及服务，实现金融资源投资者和使用者的适配，以支撑县域农村产业融合项目运营。尤其是要以国有产权为基底的政策性金融机构和以私有产权为基底的商业性金融机构作为农村金融组织的核心构成，分工协作推进县域农村产业融合发展进程。具体来看，以公益性金融服务供给为主要职责的政策性金融机构，其产权结构应以国有产权或共有产权为主体，以此保障农村金融服务的低成本和可及性，从而支撑关系到县域农村产业发展的长回报周期、强资金需求的重大产业融合项目的融资需要。以市场盈利为主要诉求的农村商业性金融机构应以私有产权为其主体构成，旨在规避金融市场上的"搭便车"现象，实现农村金融市场的良性竞争，确保农村金融资源被高效配置到最能实现资本增值的农村产业融合项目上。农村金融机构产权主体的多元化可以有效满足县域农村产业融合过程中各经营主体的信贷需求，确保农村金融资源开发利用的高效性和可持续。

其四是要实现产权交易的市场化。一般而言，市场化的产权交易模式是农村金融市场上金融资源流动与转让的先导条件。产权交易的市场化，重点就是要确保金融市场上的各经营主体能够借助成熟的市场机制实现金融权属关系的有偿转让。金融市场上针对金融资源的产权交易既可以体现为整体权利集合的统一让渡，也可以是单项权利的自由让渡。这种交易机制的实现集中表现为价格杠杆在金融资源配置中的主导性作用，尤其是金融资源的产权交易作为一种无形、高层次的资源优化配置方式，可以很容易打破资源要素在时空范围内的配置局限，金融资源的归属权、支配权等可以通过资本市场实现大规模、多层次、跨地区的实时交易，有力地促进了金融资源的充分流动和高效配置。当前县域农村产业融合发展方兴未艾，各类农村产业融合项目在成长初期都存在高风险、市场预期不振、收益回报不明的现象，而县域金融资源的供求状况又经常失衡，对此通过产权交易可以实现对农村金融市场上低效配置资产或闲置资产的收购和整合，并将这些金融资源投入有融资需要的农村产业融合项目中，有助于调整和优化农村金融资产存量，实现农村金融资源的高效配置。

9.2.2 农村金融服务深化促进县域农村产业融合发展的产权融资方式

对于从事县域农村产业融合的各类经营主体而言，土地承包经营权和农村宅基地使用权作为两类十分现实而主要的所有权形式，借助于明晰的产权界定、多元化的产权主体以及市场化的产权交易等前提条件，可以实现相应的涉农资金融通，进而为县域农村产业融合发展规模扩大和发展水平提升提供原动力。因此，农村金融服务深化促进县域农村产业融合发展的产权融资方式具体可以从完善土地承包经营权抵押贷款、发展农村宅基地使用权抵押贷款等方面展开。

其一，要进一步完善土地承包经营权抵押贷款。当前，赋予农村家庭土地承包经营权抵押权在法规政策等方面已经开展了先行先试，通过大力推动土地承包经营权抵押贷款，一方面可以解决农村产业融合主体发展过程中的信贷资金瓶颈，促进农业土地资源实现高层次、产业化集中，进而实现农村金融资本与农业生产资料的有机结合；另一方面是适应城乡融合发展背景下城乡要素自由配置的现实需求，尤其是可以借助市场机制实现土地要素和资金要素在城乡间的优化组合。为确保土地承包经营权抵押贷款能够落地落实，首先要进一步巩固和完善土地承包经营权登记和证书颁发制度，确保承包土地价值能够通过证券化的形式实现量化。其次要进一步重视土地价值评估机构的组建及其功能完善。一般而言，土地承包经营权实现抵押后，因清偿环节会使承包土地使用权的流转程序繁杂化，这就要求必须对土地承包权进行合理的价值评估。目前农村金融市场上这类中介机构数量尚不充足，规模也有待扩大，不利于土地流转的透明公开和有效监督，应进一步完善土地价值评估机构的组织形式和功能定位，确保土地承包经营权的商品性能够通过市场得以体现。再次要进一步完善土地承包经营权抵押的多方担保制度。农村产业融合项目在运营过程中往往面临着自然灾害和市场不确定性的双重风险，通过建立多方担保制度有利于保护债权人和债务人的权益（冉光和等，2011）。可通过建立生产者与市场之间的购销合同制度以及抵押参保制度等，保护农业产业化投资主体和农村产业融合经营主体的利益不受损失。最后要强化针对农村土地承包经营权抵押的规划管制，凡因抵押权实现而进行的抵押物（土地承包经营权）拍卖、转让等，都不得转变其用地性质，按原土地规划的用途和性质进行开发、经营。

其二，要进一步发展农村宅基地使用权抵押贷款。目前，宅基地使用权抵押虽在制度层面有了一定的破冰行动和指导意见，但在实践层面依然面临着一定的挑战和困境。起初，在制度层面限制宅基地使用权抵押的初衷是考虑到农村社会保障体系尚处在完善过程中，宅基地作为基本依托可以保护农民的基本权益，但这一制度设计在农业产业化快速发展的今天却可能导致农民权利的贫困，最终导致农户融资渠道收窄，融资成本高企，与县域农村产业融合发展的大趋势相背离。农村宅基地使用权作为一种用益物权，在当前农村部分土地和房屋闲置的背景下，可以适度放松和扩大宅基地使用权的转让和抵押。

可以探索城市资金进入农村市场的方式和方法，增加县域农村产业融合发展的资本金，同时规定抵押权人对抵押物的占有和最长使用期限，这样抵押人就不会产生永远失去宅基地的后顾之忧，从而在满足债权人合法权益的同时拓宽农村产业融合经营主体的融资渠道。

9.2.3 农村金融服务深化促进县域农村产业融合发展的产权支撑条件

要想确保农村金融服务深化促进县域农村产业融合发展的产权模式的顺利运行，必须完善相应的产权支撑条件，其中最重要的就是要完善农村金融服务机构的管理制度，使其能够在产权融资过程中发挥引领作用。科学的管理制度可以根据农村金融资源禀赋的特点，选择和调节农村金融资源的开发和配置方式，使农村金融资源开发和配置效率趋于最优，从而更好地服务于县域农村产业融合发展过程。

一方面，农村金融机构要实行全面的战略管理。整合农村金融机构目标与农村金融行业目标，并最终实现农村金融资源开发的可持续，助力农村产业高质量融合发展和农村经济发展水平提升，是农村金融资源开发战略管理的逻辑起点。从助力农村金融资源开发和服务县域农村产业融合发展的角度出发，制定契合农村产业融合项目运营特征、符合农村金融资源开发规律的战略规划是开展战略管理的第一步，而承担战略管理的核心主体就是地方政府相关部门及行业自律组织。应从对农村金融机构的运营环境着手，分析企业所面临的内部优势与弱点、外部机会与威胁等，遴选出符合农村金融市场运营规则的战略方案集，并从中择优选择最合适的金融服务发展战略方案。另一方面，农村金融机构应建立起科学的决策制度。决策管理贯穿于农村金融机构管理与农村金融服务资源开发利用的每一个环节，决策水平对农村金融机构的影响是根本性的，错误决策可能会引发农村金融机构的生存危机，导致农村金融服务资源开发利用的失败。提高农村金融资源开发的效率，确保农村金融资源开发水平与预先制定的农村金融资源战略规划相一致,是农村金融机构科学决策的根本目标(冉光和等,2011)。为了保证农村金融资源开发的前瞻性、科学性、合理性,需要建立农村金融资源开发信息收集与分析部门,对农村金融资源开发决策所需的各种信息进行整理和分析,去粗取精,去伪存真,充分了解农村金融机构发展的内部与外部环境,掌握农村金融资源开发的态势。为农村金融机构兴衰和农村金融资源开发提供战略性政策建议,确保其在服务县域农村产业融合发展过程中取得实效。

9.3 农村金融服务深化促进县域农村产业融合发展的监管模式

经验事实和理论推演均证明,支撑县域农村产业融合发展的农村金融服务体系的高效运转,仅依靠市场自发的调节机制是不足以保障的,更无法促进县域农村产业结构的优化升级和农村经济的高质量发展。在农村金融服务深化促进县域农村产业融合发展的过程中,必须进行必要的调控和监管,减少农村金融市场的波动风险,尽可能规避经济金融化步伐过快所导致的金融泡沫,使农村金融资源更好地服务于县域农村实体产业高质量融合发展。农村金融服务深化促进县域农村产业融合发展的监管模式,应从监管思路框架的制定、银行证券保险各领域监管模式的形成及协调等方面进行综合考量。

9.3.1 农村金融服务深化促进县域农村产业融合发展的监管思路框架

支撑农村产业融合高质量发展的现代农村金融服务监管体系不同于传统农村金融监管体系,它的监管范围涵盖信贷、证券、保险等多种现代金融子市场。这一监管体系不仅能够有效识别农村金融市场风险,而且应具有结构完整、运行协调的特征。本部分首先对农村金融服务深化促进县域农村产业融合发展的监管思路框架进行阐释。

其一，监管当局应注重引导农村金融服务资源开发利用的深度。金融监管当局应对农村金融服务资源开发利用的深度进行引导，推进农村金融资源开发利用的结构优化，提高农村金融机构的金融资源配置效率，从而增加农村产业融合主体的融资便利性。一方面，要加大对农村中小微金融机构的扶持力度。农村中小微金融机构所具有的运营成本低、制度弹性大、金融创新能力强的优势，能够很好地契合各类农村产业融合经营主体的差异化资金需求特征，尤其是能够对参与农村产业融合的小规模经营农户提供专门性的信贷产品。然而，农村中小微金融机构往往处于市场竞争的劣势地位，在开发支撑县域农村产业融合的金融服务资源的过程中，应在合规前提下适度放松对农村中小微金融机构的监管力度，给予其必要的资本金支持和信息源支持，以此提高农村金融市场的竞争程度和运行活力，从根本上降低农村产业融合主体的融资成本。另一方面，要引导农村金融资源中的弱势行业发展。农村金融资源应该是由银行业、证券业、保险业、信托业等不同行业组成的，各个金融行业在农村金融市场上的发育成熟度存在明显差异，政府对具有潜在市场需求、生命力较强的弱势行业给予必要的扶植和帮助，有助于完善农村金融服务资源开发利用的组织结构与市场结构。监管当局应本着提高相关金融行业市场竞争力的宗旨，在市场门槛、运营标准、资源技术等方面给予弱势行业一定的扶持政策，使其更好地服务于县域农村产业融合发展。当然，这种扶持绝不能够演变为单纯的地方保护，以避免农村金融资源的低效或无效配置，对相关经营主体形成预算软约束，反而不利于县域农村产业融合项目资本运营的优胜劣汰。

其二，监管当局还要做好农村金融市场结构和产业组织的调整工作，确保农村金融资源开发的高效和可持续。一方面，应进一步优化农村金融市场的组织结构。在金融资源供给相对不充分的农村金融市场上，由于各类金融机构本身的禀赋基础和市场机会存在明显差异，国有大型商业性金融机构在农村的分支机构依靠强大的资本金支持和网点推进优势，占据了农村金融市场交易中的垄断地位，但其在业务经营中的离农特征愈发明显，导致农村金融资源的错配和金融市场秩序的紊乱。为避免农村金融市场上垄断性金融组织结构的形成，应由地方政府金融监管机构牵头制定和完善农村金融机构兼并预审制，同时采取一定的强制手段对处于垄断地位的农村金融机构进行组织分割和业务分离，降低农村金融市场集中度，强化农村金融资源服务"三农"的本质属性。另一方面，要进一步规范农村金融市场的交易秩序。重点对农村金融机构的准入门槛、经营原则、投资行为以及退出机制进行程序规范和必要限制，避免出现因金融市场过度竞争所导致的农村金融资源低效配置到县域农村产业融合项目的情形。对于农村金融机构的设立，必须经过严格的金融准入门槛审查和工商注册审查；对不具备有关资格的申请机构，政府可以拒绝其注册；对已经注册的农村金融机构，必须获得金融监管部门的特别经营许可才能开业经营；对于农村金融机构经营中的违规行为应及时进行查处，存在重大违法行为的农村金融机构则应勒令其退出。

其三，监管机构要牢牢守住不发生系统性金融风险的底线。金融资本的形成尽管脱胎于实体资本，但如果金融资本增长速度过快，超过了实体资本的积累速度，就可能引发大量金融泡沫，甚至爆发金融危机，这对于本就脆弱的农村经济而言无疑是灾难性的。在农村金融资源开发利用的过程中，应以农村金融服务深化促进县域农村产业融合的风险防范机制运行为基础，做好细化的农村金融风险防范工作。尤其是要在确保农村金融风险监测预警平台有效运转的前提下，努力推动风险化解和风险救援工作的常态化。具体而言，从农村金融资源开发风险的化解来看，对于农村金融服务深化促进县域农村产业融合发展过程中所形成的资本项目风险、债务风险等系统性金融风险，主要是通过建立完善的风险监控体系，熟练运用财政政策、税收政策、产业政策等来实现对系统性金融风险的事中控制。对于农村金融服务深化促进县域农村产业融合发展过程中所形成的流动性风险、信贷风险、市场风险等非系统性风险，主要是通过资产组合法等风控手段以及有效的产业内部控制予以化解。从农村金融资源开发风险的救援来看，其集中表现为对于已发生风险的事后控制，对于因农村产业融合主体信贷违约而导致农村金融机构资产遭受损失的，应通过财政专项资金和同业救助基金帮助其尽快恢复"造血"功能。

9.3.2 农村金融服务深化促进县域农村产业融合发展的银行监管模式

商业银行是农村金融市场的重要组成部分，也是为农村产业融合主体提供资金支持的主要源泉，它的稳健运营是整个农村金融市场稳定的前提。因此，用于支撑农村产业融合发展的现代农村金融监管体系是以农村银行金融监管为核心的，现代农村银行监管模式必须适应中国农村银行的发展进程与节奏，快速识别和控制各种潜在的不稳定因素。

从现代农村银行监管体系构成来看，它是一个多元监管体系，包括职能监管部门、参与监管部门、非参与监管部门。在现代农村银行监管体系中，中央银行处于监管体系中的最高层级，它不仅负责对银行体系进行监管，而且担负着维持整个金融市场和国民经济稳定运行的职责，任何银行性金融机构的设立、运营都被置于中国人民银行的监督之下。考虑到中国分业经营、分业监管的体制安排，对农村银行与农村信贷市场的日常监管被授权给职能监管部门，其中主要是银保监会和税务部门，在必要的情况下也包括证监会，它们主要是在得到国家授权之后对农村银行或农村信贷市场的合规性进行监管。参与监管部门主要包括信用评级机构、审计事务所、资产评估机构、律师事务所等中介机构，它们通过参与农村信贷市场的活动对农村银行经营绩效进行评价，并在一定的利益机制驱动下揭示农村银行和农村信贷市场上存在的问题，它们的言论或行为虽不具备直接的惩戒性，但同样可以约束农村银行和农村信贷市场。非参与监管部门主要是新闻媒体，它们并不直接参与农村信贷市场的活动，但可以对农村银行的经营行为和农村信贷市场的运行情况进行评论，从而引入社会舆论的监督，避免债权人和社会公众的利益受到侵犯。

农村金融服务深化促进县域农村产业融合发展的银行监管内容设计主要包括资本充足性监管、资产安全性监管、流动性监管以及危机救助与退出监管。具体而言，资本充足性监管是对农村商业性金融机构实施审慎监管的核心，应基于审慎会计原则，力求全面、客观、真实地反映农村商业性金融机构的资产价值，结合资产分类以及资本充足率等指标量化分析农村商业性金融机构的经营能力和抗风险能力，做好商业性金融机构的风险信息提示以及风险预警管控。尤其是在具体监管实践中，监管当局审批商业银行增设机构、开办新业务、合并重组时要重点审查其资本充足率。在各类商业银行风险评价体系中，增加资本充足率所占权重。资产安全性监管要求监管当局遏制农村银行从事高风险经营活动的冲动，对各种潜在的风险行为加以引导和警示，监督农村银行的资本水平、资产负债的期限结构以及资产组合的风险状况要在一个可控的范围内。为从根本上提高农村商业性金融机构抵御风险的能力，金融监管当局应依据农村商业性金融机构的风险资产运营现状动态调整其资本金比例要求。资产流动性监管要求监管当局引导农村银行将其资产和负债期限进行适当的匹配，通过负债多元化来降低对单一资金来源的依赖性，增强农村银行对紧缩货币市场条件下的融资弹性。监管当局应督促农村银行建立内部资产流动性评估委员会，并建立科学的风险检测系统，其监测的基本财务指标应包括农村银行的日常资金需求、资金来源的集中度、后续融资能力以及集团内部的流动性评价等，同时要求农村银行制订应对流动性危机的应急计划，监管当局定期对该应急计划的可行性和有效性进行评估，对存在潜在流动性困难的农村银行提出告诫和警示，及时发现可能激化的矛盾与问题。危机救助与退出监管包括两个方面：一是严格监管农村银行的业务范围，禁止农村银行在未经授权的情况下违规开展业务经营，加强银行监管的属地管理。二是对陷入经营困境但仍有偿付

第9章 农村金融服务深化促进县域农村产业融合发展的模式选择

能力的农村银行,监管当局要积极组织救助,可以鼓励有实力的其他银行机构对其参股或并购,也可以由监管当局给予紧急援助贷款和道义上的支持。

从现代农村银行监管模式创新来看,一方面要实现自律监管的模式创新。要健全农村商业银行的互律监管系统,促进同业稳定健康发展。一般而言,银行同业公会组织作为一种自我规范、自我约束、自我管理的行业自治性组织,能够对金融市场上各金融机构之间的竞争行为形成一定的规制,实现金融监管当局与农村商业性金融机构之间的信息互通和良性互动,在农村金融市场上扮演着重要的润滑剂角色。更为重要的在于银行同业公会组织因深度介入农村金融市场的具体交易活动,其构成人员又是金融交易的主体,其在自律范围、约束效力、示范影响等方面的优势能够对金融监管当局作用的发挥形成很好的补充,还有助于减少农村金融监管的交易费用,提高农村银行业发展的规范化程度和自律水平。另一方面要实现市场监管的模式创新。一是要强化社会中介机构的监督,提高农村商业银行监管的透明度。农村商业银行的经营行为、服务质量、公众形象等时刻受到社会的关注和新闻媒体、社会舆论的评价,因此,建立社会中介机构的监督系统是完善农村商业金融机构自律监管的有效途径之一。二是金融监管当局要联合会计事务所、律师事务所、审计事务所以及工商行政管理部门形成针对农村商业性金融机构的联合监督管理工作机制。三是要强化市场信息披露的硬约束机制和社会舆论监督的软约束机制,通过针对农村金融机构经营信息的收集、评价、披露等市场信号的释放,干预其在农村金融市场上的占有份额,倒逼农村商业性金融机构加强经营管理,不断提升自身的金融资产质量。

9.3.3 农村金融服务深化促进县域农村产业融合发展的证券监管模式

随着农村金融市场的不断发育成熟,证券业在促进县域农村产业融合发展的过程中将发挥愈加重要的作用。农村金融服务深化促进县域农村产业融合发展的证券监管模式，要以保护农村证券市场的投资者、保持农村证券市场的透明公开、降低农村证券市场的系统风险为基本的功能设计目标。

农村金融服务深化促进县域农村产业融合发展的证券监管内容主要包括证券发行监管、证券交易监管和信息披露监管。其一，证券市场本身就存在着明显的信息不对称，在农村证券市场发展的初期，政府需要对证券发行予以监管。监管当局要严格审核证券发行人的发行资格及证券发行的资质条件是否达到法定要求，通过审核证券发行人的资质及发行条件，尽力排斥劣质证券的发行，让真正具备法定资格并符合法定条件的发行人进入农村证券市场发行证券。监管当局要对发行公司所属行业的产业背景、经济效益、资本结构、高级管理人员资格、公开资料的真实性、发起股东出资额等指标进行认真审核。其二，证券产品的虚拟特征及其特定的使用领域，决定了证券产品的价格与其投资价值之间可能会发生较大程度的偏离，农村产业资本的实际供求关系与农村证券产品的形式供求关系也可能会发生背离，从而触发农村资本市场的投机行为，导致农村证券产品交易价格的扭曲，进而给投资县域农村产业融合项目的投资者带来极大风险。对此，应进一步健全针对农村证券市场内部交易、投机行为的立法约束，强化证券交易所的一线监管功能属性。其三，证券产品的信息垄断性会影响证券交易市场机制作用的正常发挥，给投资者带来利益损失，造成证券交易市场的风险，因此必须建立公开透明的信息披露制度。尤其是金融监管当局要进一步完善公司会计审计制度，确保龙头企业等的盈利预测质量，完善一整套针对农业产业上市公司预测性财力信息生成、审核和披露的标准化工作程序。建立信誉机制，要求上市企业经理对投资者做出不滥用资金的保证和承诺，引入会计师事务所、律师事务所等部门的评估和监督，防止中介机构利用内幕信息获利。

从现代农村证券监管模式创新来看，一方面要推动发行监管模式的创新。应针对不同类型的农业上市公司设立多层次的指标体系，以便使各种类型的公司都能进入证券市场筹资，给投资者提供多元化的投资机会。努力构建农村多层次资本市场体系，确保各层次证券市场能够满足不同农业企业发行人的发行需求。进一步完善农业证券发行上市保荐制度，重点是运用责任追究和市场机制将原先由政府部门独享的发行人筛选审核权转移到由市场保荐人履行，以此实现对优质农业产业上市公司的市场发现和政策扶持。保荐人必须承担起相应的筛选、审查、推荐以及持续督导的责任，随着保荐人市场信誉机制的建立及保荐代表人队伍的成熟，监管当局应本着市场化原则，逐步缩小其审核范围，并加大保荐人的审核权力。另一方面要推动信息披露模式的创新。应加快推动强制性信息披露制度的落地实施，农村证券市场的强制性信息披露制度以相关法律法规以及行业章程作为权力保障，要求农业产业上市公司就企业概况、主营业务、财务信息、重大关联交易、股东及董事人员构成、审计意见等信息进行依规披露。通过要求农业产业公司在证券发售时同步做好一级市场的发行信息披露和二级交易市场的持续性信息披露，帮助相关投资者尽可能全面掌握有关意向证券未来回报和可能风险的评估资料，使相关农业产业上市公司股票价格能够合理反映产品的市场价值预期，进而强化县域农村产业融合项目在证券市场上的可持续融资能力。

9.3.4 农村金融服务深化促进县域农村产业融合发展的保险监管模式

当前县域农村产业融合发展处在起步阶段，各类农村产业融合项目在运营过程中存在明显的脆弱特征和高风险性，这对农村保险市场发育成熟提出了更高的要求，同样需要对农村保险监管模式进行完善。

从农村保险监管的体系架构和功能定位来看，农村保险监管作为一种具有特定内容的政府规制行为，应有其确定的体系架构与功能定位，科学合理的体系架构与功能定位不仅可以有效抑制农村保险市场的违规行为，而且有助于农村金融服务农村产业融合效率的提高。在现代农村保险监管体系中，农村保险机构不同于其他农村金融机构，承担了防损减损、跨期平滑投保人财务支出的功能。因此它的稳健经营依赖于外部经济环境的稳定。其中，中央银行就担负着维持整个保险市场和宏观经济稳定运行的职责，由于支付安排的需要，中央银行还应对农村保险机构的财务状况和准备金水平予以监督和管理。对农村保险机构和农村保险市场的日常职能监管部门主要是银保监会和税务部门，在必要的情况下也包括证监会，它们主要是在得到国家授权之后对农村保险机构和农村保险市场的合规性进行监管。参与监管部门主要包括信用评级机构、审计事务所、资产评估机构、律师事务所等中介机构，它们通过参与农村保险市场的活动，对农村保险机构的行为进行评价，并通过一定的利益机制驱动，揭示农村保险机构和保险市场上所存在的问题，它们的言论或行为虽有可能带有一定的主观色彩，但它们的评价可以为投资者和投保人提供参考。非参与监管部门主要是新闻媒体和社会公众，它们的报道和评论可以引起广大社会公众和保险监管职能部门的重视，帮助监管部门及时发现问题，保护农村投保人的利益，稳定农村保险市场。现代农村保险监管体系的功能设计应以保护农村投保人和消费者的利益、维护农村保险市场的安全与稳定、鼓励农村保险机构间的公平竞争为基本导向。

  金融服务深化促进县域农村产业融合发展的保险监管内容设计主要包括农村保险市场准入和退出监管、农村保险机构业务经营监管和农村保险机构财务行为监管。其一，农村保险市场虽然是管理农村风险的市场，但该市场本身也蕴含着各种风险，因而要发挥农村保险组织的风险管理职能。首先要对农村保险组织的市场准入予以严格监管，审核的内容要涵盖资本金、经营场所、高级管理人员资质、发起人品质等。其次对农村保险机构的变更和退出也必须做出严格规定，对于涉及保险组织的合并、分立、组织形式的变更及其他重要事项变更，须经过保险监督管理部门批准，并向原登记机关办理登记。再次农村保险机构如果违背保险法规和公众利益，或已出现严重的偿付危机，金融监管部门要及时介入做好接管工作。最后保险机构的解散和撤销都要经保险监督管理部门批准，当保险公司不能支付到期债务时，经保监会同意，由人民法院宣告其破产。其二，在农村保险机构业务经营的监管中，应强化资本约束，适当调整农村保险机构的最低资本标准，强化出资人对公司经营行为的约束，建立对问题公司的质询和风险提示制度。应加强窗口指导，实现针对问题保险公司董事会及股东成员的通报制度的常态化。应进一步完善分类监管工作机制，借助互联网大数据技术开发针对保险机构及其高管人员的分类动态监管信息平台。应催促保险公司注重内部风险隔离制度建设，借助定期和不定期督察工作机制，敦促保险公司通过内控水平提升以堵塞日常管理漏洞，实现对农村保险机构业务经营的规范化管理。其三，对农村保险机构财务方面的监管旨在确保农村保险机构的偿付能力。应严格落实和核查农村保险机构的准备金提取数额，非寿险农村保险机构应当从当年自留保险费中提取未到期责任准备金；经营人寿保险业务的农村保险机构，应当按照有效的人寿保险金的全部净值提取未到期责任准备金。还需要对农村保险机构的保险资金使用流向进行严格监管，将其限制在银行存款、政府债券、金融债券以及制度规定的其他使用领域，不得用于设立证券经营机构以及保险业以外的企业。

从现代农村保险监管模式创新来看，一方面，要实现保险偿付能力监管模式的创新。农村保险机构因其主要经营风险而与普通企业存在明显的特征差异，尤其是保险产品的买卖双方在权利和义务履行上存在明显的时间不对称，农村保险公司拥有预先收取保费的权利，约定在事件发生后才承担相应的理赔义务；投保人则是预先履行了缴纳保费的义务，在遭遇风险后方能享受到赔偿的权利。更为重要的是，如果农村保险公司经营出现困境、无力赔付时，投保人的权益将受到巨大损失，还可能对农村产业融合中的关联企业及经营主体产生严重冲击。对此，监管当局必须严格执行保险法规定的保险保证金计提标准，严格控制农村保险公司的设立资本金、准备金等基本条件，统筹构建集最低资本充足率制度、保险保障基金制度、资产负评价制度、财务核算控制制度于一体的偿付能力监测管控制度，确保农村保险公司的流动性水平，切实维护农村产业融合发展中各投保主体的合法利益。另一方面，要实现保险监管具体运营模式的创新。一是实现从严格监管向效率监管转变。应从全面提升我国保险业国际竞争力的大局出发，充分发挥市场机制配置资源的作用，强化政府监管，兼顾保险市场的效率与公平。建立和完善以保险监管机构为主体、保险机构内部控制为基础、行业自律和社会监督为补充的全方位、多层次的监督管理体系，不断提高农村保险监管水平（冉光和，2011）。二是基于分业监管向联合监管演变的基本趋势，做好不同监管机构之间的协调工作，银保监会应不断加强与中国人民银行、证监会的交流与沟通，共同完善联席会议制度，对跨领域的经营问题建立高效、可行的协调磋商机制，对金融控股公司或集团公司下属的金融子公司实行功能监管的原则，对于其他公司所从事的银行、证券、保险等金融业务，分别由对应的银保监会和证监会负责监管。

9.3.5 农村金融服务深化促进县域农村产业融合发展的监管协调模式

农村金融服务深化促进县域农村产业融合发展的监管协调模式，不仅需要银行监管模式、证券监管模式、保险监管模式等金融子市场模式的良性运转，还应力图形成各个金融市场通力合作的监管协调模式，从而有效协调各监管系统的行动，及时发现整个农村金融体系所存在的系统性风险，并采取及时有效的应对策略，将风险冲击及时化解。

从现代农村金融监管模式的功能定位来看，农村银行监管体系主要负责对农村信贷市场和存款性农村金融机构的监管，农村银行监管当局通过对农村银行机构的资本充足性、资产安全性、资产流动性、危机救助与退出的监管，来实现其保护农村存款人与消费者利益、增进市场对农村银行系统信心、鼓励农村银行之间的公平竞争监管目

第9章 农村金融服务深化促进县域农村产业融合发展的模式选择

标。农村证券监管体系主要负责对农村证券市场、农村证券机构、农村证券中介机构的证券发行、证券交易、信息披露的监管,实现保护农村证券市场的投资者、保持农村证券市场的透明公开、降低农村证券市场的系统性风险的功能设计。农村保险监管体系通过对农村保险市场、农村保险机构和保险中介机构的市场准入与退出监管,业务经营、财务状况的监管,达到保护农村投保人和消费者的利益、维护农村保险市场的安全与稳定、鼓励农村保险机构间的公平竞争。需要注意的是,虽然三者之间实施的是分业监管,但并不意味着三者之间是完全割裂和独立的,它们之间需要互相配合才能使现代农村金融监管功能有效发挥出来。从现代农村金融监管协调的具体运行模式来看,其主要包括立法合作模式、牵头监管模式、信息共享模式。

其一,针对目前农村各类金融机构与农村投资者、储蓄者之间因信息不对称所引发的道德风险和逆向选择问题,应通过各金融领域立法合作模式的完善予以有效纠正,从而尽可能增加农村金融机构违约行为的惩戒成本,降低其不良机会主义行为的回报预期,维护农村金融市场秩序的公平公正。结合农村金融体系构成中政策性金融、商业性金融、合作金融、民间金融形态共现、银行类金融机构和非银行类金融机构并存的实际,顶层立法机构和各层级金融监管机构应在金融监管法律法规制定、行政规章修订等方面通力合作,积极探索符合县域农村产业融合实际的金融监管法律法规协调工作机制。

其二,针对农村金融市场在支持农村产业融合发展过程中可能出现的业务交叉渗透问题,应通过实行牵头监管模式,明确牵头监管的机构,协调各监管部门的具体工作,尽可能减少监管真空和监管盲点。从顶层设计来看,牵头监管者的确立应遵循以下原则:一是中国人民银行在金融监管协调机制中起着掌控金融全局的作用,它承担了防范化解系统性金融风险、维护金融体系平稳运行的职责,监督货币流通秩序与信贷扩张程度,对可能出现的风险和损失做出预警,对已做出的政策调整与其他金融监管部门进行会商,采用道义劝告的方式提醒政策调整可能产生的后果，提醒金融监管的执行部门应对可能发生的不良后果。二是对于主业优势明显的多元化农村金融机构，可以由其主业所归属的监管机构担任牵头监管者。例如，综合性的农村商业银行可授权银保监会作为监管的召集机构，加强银保监会与证监会的协调配合，避免出现监管冲突或监管真空的现象。三是实行联合行动干预，重点在联合审核、联合审批、联合纠偏、联合检查、相互报告等方面形成合力，采取一致行动共同应对农村金融市场上违规风险行为。以控制农村信贷规模为例，当央行确定了年度贷款发放规模之后，为遏制农村银行放贷冲动，银保监会可调高农村银行的资本金充足率，降低其经营的财务杠杆，并对农村银行的表外业务给予相应监管，与此同时，证监会也可以对农业类上市公司的融资节奏和融资规模加以同步控制，从而形成监管合力以促成监管目标的实现。

其三，信息共享模式应从以下几个方面着力培育：一是尽快建立以中国人民银行为组织与管理者，由银保监会、证监会共同参与的联合信息沟通与交流系统，规范监管信息的收集、整理和传递。探索建设和完善专门从事监管信息采集、分析、发布等功能于一体的金融信息中心平台，确保金融信息披露的及时性和金融机构运营状况的实时反馈，为各监管部门的监管行动提供信息共享支撑。二是要推动银保监会、证监会在数据共享、科目报表统计、信息通报反馈、协查配合等方面形成互联互通工作机制。三是要推动金融监管机构定期公开金融监管政策信息，不仅对农村金融机构形成政策压力，还可以引导公众预期，从而实现金融机构投融资活动与各经营主体投融资行为的协调，避免出现农村金融市场上因政策预期不稳定而产生的市场震动，确保农村金融服务稳健运营。

9.4 农村金融服务深化促进县域农村产业融合发展的模式创新

要想充分激发农村金融支持县域农村产业融合发展的动力和能

力，不仅需要进一步完善金融服务深化促进县域农村产业融合发展的组织模式、产权模式和监管模式，还需要在此基础上实现农村金融服务深化促进县域农村产业融合发展的模式创新，尤其是统筹发挥好动态的组织管理、清晰的产权界定以及完善的监管框架所带来的优势，从政银保多位一体、政策性基金引导、新兴金融支持业态等方面创新农村金融服务深化促进县域农村产业融合发展的具体模式，为县域农村产业融合发展持续注入新鲜血液。

9.4.1 政银保多位一体模式创新

农村产业融合发展是一项系统性复杂工程，涉及的产业层级非常复杂，金融服务需求的多样化特征非常明显，需要银行业金融机构与非银行业金融机构共同发挥作用，需要市场力量和政府作用密切配合，相互激发、相互促进。因此，以政府、银行保险以及其他相关社会机构为核心主体的政银保多位一体模式将是金融服务农村产业融合发展的基本模式之一。该模式的主要运行机制如图9.1所示。

在政银保多位一体模式下，以政府财政资金投入为基础成立的农村产业融合发展专项基金，一方面为农村产业融合发展主体提供各项资金补贴或生产资料补贴，为保险公司经营农村产业融合发展领域专项保险提供担保补贴，为各类社会机构支持农村产业融合发展提供资金补贴；另一方面由专项基金发起成立财政性担保机构，专门为农村产业融合主体提供融资担保，也可以建立风险代偿基金、大灾保基金等。当然，不仅要注重发挥财政出资担保机构为县域农村产业融合主体提供担保服务的主体性作用，还要引导股份制担保机构、民营担保机构等为相关经营主体提供补充性担保服务（张林，2020）。各类政策性金融机构、农村商业金融机构以及合作机构要做好分工配合，分类支持和满足不同运营特征的农村产业融合项目的融资需求。保险公司一方面为农村产业融合发展主体提供农业保险、农业生产设备保险等各类农业产业发展保险，以及各类人身保险和责任保险等多种保险，并以此作为农村产业融合发展主体申请贷款的基本条件；另一方面还可以为银行贷款提供保险，一旦借款人出现还款困难，由保险公司代为支付保险额度内的借款。相关社会机构的主要功能一方面是为农村产业融合主体提供信用评级和抵押物资产评估等服务，另一方面是在农村产业融合发展主体违约时协助金融机构处置抵押物。

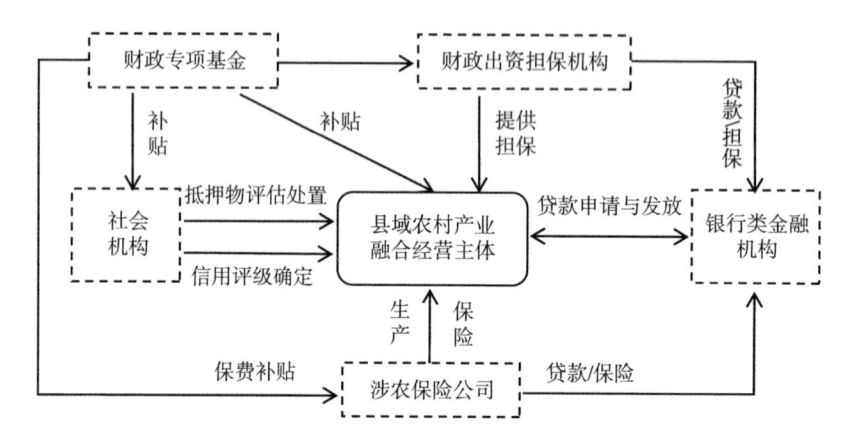

图 9.1 农村金融服务深化促进县域农村产业融合发展的政银保多位一体模式创新

在该模式的运作过程中，各参与主体密切合作，多管齐下形成支持合力，运用市场化手段分散消解信贷风险，较好地保障了各方面资金安全和收益。通过专业化分工合作，使各方面互为依赖、互相促进，获得合作所产生的溢出效应。同时，政银保这种多位一体模式可以获得产业交叉融合的红利，实现范围经济，可以为农村二、三产业融合发展主体提供全方位、系统性的金融支持和服务。这种模式可以缓解金融机构服务农村产业融合发展从业主体所存在的风险集中、成本高企问题，形成金融支持的合力，在农村产业融合发展过程中起到关键作用。这种模式呈现出开放式动态结构，可以是政府、银行、保险公司、社会组织等多方共同参与，也可以是以银行为核心，金融机构根据实际情况选择其他组织予以协助的形式。在具体实践和推广应用过程中，这种多位一体模式可能会增加相应的组织成本，需要各相关机构之间进行协调配合，还需防止发生区域性风险和政策风险。

9.4.2 主体间信用合作模式创新

农村产业融合发展所涉及的从业主体众多，而且不同从业主体的生产经营规模、范围等都存在较大的差别，一些生产规模较小、地处偏远地带、无有效抵押物的从业主体很难从金融机构获得资金支持。针对这种情况，可以借鉴国务院扶贫办组织实施的"贫困村互助资金"运行模式，由从业主体通过合作社、产业联合体等形式组织起来，开展内部信用合作模式，坚持成员制、封闭性、民主管理原则，依靠成员的资金聚沙成塔、调剂余缺，不对外吸储放贷、不支付固定回报。这种主体间信用合作模式主要是基于成员间资金信息对称的现实条件，秉持"互助共济"的合作原则，将传统的金融机构"一对多"支农模式转变为以成员共同出资、互助使用为特征的"多对多"合作模式，不仅较好地破解了县域农村产业融合主体短期、应急的信贷资金需求困境，还形成了较为紧密的利益联结机制，能够有力支撑县域农村产业融合项目运营实现资金流的可持续和良性循环。该模式具体运转状况如图9.2所示。

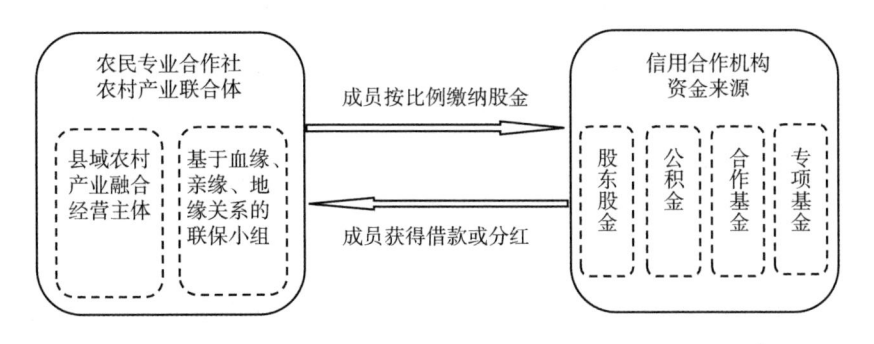

图9.2 农村金融服务深化促进县域农村产业融合发展的主体间信用合作模式创新

一定地域范围内的农村产业融合发展从业主体可以根据不同的方式成立农民专业合作社或产业联合体，农民合作社或产业联合体内部可以根据需要由3—5个从业主体自愿组成联保小组（一般可以由具有血缘、亲缘、地缘或业缘关系的从业主体自愿组成）。农民专业合作社或产业联合体发起成立信用合作机构，而且该信用合作机构在财务核算上与合作社或产业联合体独立运行。农民专业合作社或产业联合体的成员以现金入股形式自愿参与信用合作，成员入股期限至少一年，入股资金至少为100元，以后按照100元的整数倍增加，可以增股和续股。信用合作机构所筹集的资金按照确定的方式（抵押、联保、信贷）发放给有资金需求的入股成员，并收取一定比例的资金使用费，并将资金用途限制在农业生产经营上。成员的借款诉求经申请受理、调查审批、批贷发放等环节能够在几天之内完成。借用资金的入股成员按照约定的方式归还资金本金和使用费。在每年年终时，信用合作机构根据年度运行情况进行股权分红。

农村产业融合发展的内部信用合作模式依靠从业主体自身的力量，通过从业主体共同出资、互助使用，能够低成本、便利化地为从业主体提供融资服务，有效拓宽了从业主体的信贷资金来源。而且，这种模式通过乡土社会中的血缘、地缘等关系纽带，有效降低了信贷主客体之间的信息不对称，强有力的社会道德约束也可以在一定程度上避免信贷违约事件的发生。当然，该模式明显的缺陷就是依靠成员自身积累、自我筹集资金，其来源有限，难以满足长期、大额的资金需求，对生产规模大、资金需求大的从业主体不适用，如果能够寻求到政府资金的投入，或是与金融资本、社会资本合作，信用合作机构还可以发挥"放大器""批发站"等作用。此外，鉴于从业主体主要成员存在专业知识欠缺和综合素质低下等问题，该模式运行要严格控制在相关法律政策边界内，防止非法吸收存款和非法集资。

9.4.3 政策性基金引导模式创新

农村产业融合发展是以农业为基础的产业渗透和升级，对促进农村经济增长和农民增收等多个方面都具有显著的促进作用，即农村产业融合发展具有明显的正外部性,而且农村产业融合发展当前尚处于起步探索阶段,因此需要政府的引导和大力支持。财政是政府支持农村产业融合发展的最有效手段,但无论是中央政府还是地方政府,财政资金总是有限的,仅靠政府财政资金难以满足农村产业融合发展巨大的资金需求,因此急需金融资本和社会资本的参与和补充。借鉴国内外及相关产业的实践经验,建立以政府财政资金或政策性银行为主导,以商业金融资本和社会资本为补充的政策性农村产业融合发展基金,可以更好地发挥政策的支持导向作用,更高效地实现政府目标。金融服务深化助力农村产业融合发展的政策性发展基金模式如图9.3所示。

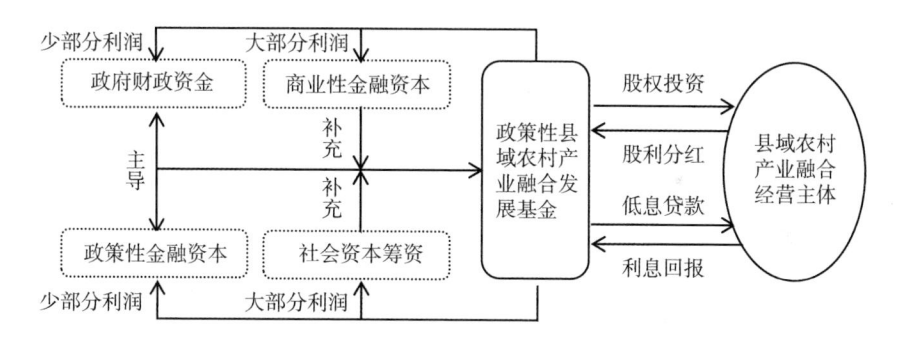

图9.3 农村金融服务深化促进县域农村产业融合发展的政策性基金引导模式创新

由政府财政或政策性银行全额出资或主导出资,吸引商业性金融资本和社会资本参与,成立政策导向鲜明的农村产业融合发展基金,通过长周期、低利率优惠贷款以及股权投资等方式,为参与县域农村产业融合发展的龙头企业、农民专业合作社、家庭农场、种养大户提供项目融资服务,重点支持区域优势特色农产品深加工、农产品仓储物流与电子商务、休闲观光农业等新型农村产业融合业态的高质量发展,使农村产业融合发展基金在服务"三农"的同时也可以借助股利分红的形式实现资本增值和可持续运营。鉴于农业产业的弱质性和农村产业融合发展还处于初期,股权分红率和贷款利率水平都需要维持在较低水平，从而降低农村产业融合发展主体的融资成本。而且在农村产业融合发展基金实现盈利运营后，依然需要将大部分利润返给商业性金融资本或民间金融资本，政策性金融机构仅留存较低比例的利润维持基金的日常运转所需，只有这样才能激发社会力量参与县域农村产业融合项目投融资的积极性。由此可以发现，政策性基金引导模式具有较为鲜明的政府诱导色彩，其重点在于通过政府对于资金流向的调节和干预，实现农村金融资源与农村产业融合项目的高效结合，以政府的公共性弥补市场失灵，克服商业性金融机构在支持县域农村产业融合发展过程中的趋利动机和风险规避动机，提高农村产业融合经营主体信贷资金的可及性（张林和温涛，2019）。在政府资金支持的示范和引领作用下，既可以带动商业金融资本和其他社会资本，又可以切实促进农村产业融合发展，提高从业主体发展能力和抗风险能力，从而进一步增强社会资本和商业资本的资金支持信心、意愿和获利预期，形成良性循环。

9.4.4 产业链金融支持模式创新

在农村产业融合发展过程中，不仅仅是现代农业产业联合经营主体组织规模的扩大，其经营范围也不断向上下游延伸，将农产品的生产资料供应、农产品生产及加工、农产品储藏与运输、销售等多个环节集于一体，形成独特的农业产业供应链，即农村产业融合发展最大的特点是产业链的整合和延伸。从理论上而言，农村产业链和金融链的结合不仅可以解决农村产业融合主体的信贷资金瓶颈，还在一定程度上推动了农村金融市场上的金融创新，产业链金融支持模式也是值得推广的新型金融服务模式之一。现代农业产业链金融也是近年来我国出现的一种新型融资方式，是指商业银行等金融机构从农业产业链出发，瞄准产业链条上的各类农业经营主体（主要为农业企业），通过利用农业企业的信用来为小农户进行信用增级，设计关联性的信贷协议，从而将单一经营主体的不可控风险转化为产业链整体性的可控

第9章　农村金融服务深化促进县域农村产业融合发展的模式选择

风险，同时结合产业链条上各类经营主体的特征差异，在不同环节设计有针对性的金融服务产品，满足产业链各环节融资需求的一种系统闭环型的金融服务模式。目前，在农业产业链金融服务项目的实际运营过程中，龙头企业、农民专业合作社、农业协会等新型农业联合经营体、商业性金融机构和经营农户是主要的参与主体（张林和温涛，2019）。其主要运作模式包括"农业企业+农户+金融机构""农业企业+专业合作社+农户+金融机构""农业企业+农业协会+农户+金融机构""农业企业+农业园区（基地）+农户+金融机构"等。这些模式有着大致相同的运行机制（见图9.4）。

首先，由农户申请加入合作社或农业协会，然后由农业协会或农民专业合作社推荐向金融机构申请贷款，由第三方担保机构提供贷款担保，同时通过与核心融合主体（农业产业联合经营体）签订回购协议以规避市场风险或通过与农户签订反担保协议以规避信用风险。农业企业、农业协会和农民专业合作对贷款资金进行统一的调控与管理，通过信贷资金的"封闭式"流动以提升贷款的安全性。其次，在农业生产开始后，由农业产业联合经营体为农户提供关键性的生产资料和各种技术服务；在农产品收获后，由农业产业联合经营体统一销售并取得销售收入，在扣除农户贷款本息以后将剩余的资金支付给农户，贷款本息最后由新型农业联合经营体统一偿还给金融机构。这些模式通过产业链组织，可以充分发挥产业链上核心融合主体的"发展极"作用，可以将核心企业的信用引入上下游企业的授信服务，既增加了上下游企业的融资可获得性，也降低了其与金融机构的交易成本。同时，农业产业链上下游企业之间往往存在着较为紧密的业务关联和较高的交易频率，同一层级的不同企业之间又存在着明显的同质性，对此，金融机构要注重根据产业链不同环节企业和同一层级企业的业务经营特征，实现金融产品设计差异性和标准化的统一，降低相应的经营成本，提高金融市场的交易效率。另外，金融机构可以利用核心融合主体提供上下游企业的规范信息，确保收集到的所有信息及时准确，在很大程度上降低了金融机构涉农贷款的风险，这在农村产业融合发展过程中将起到非常重要的作用。

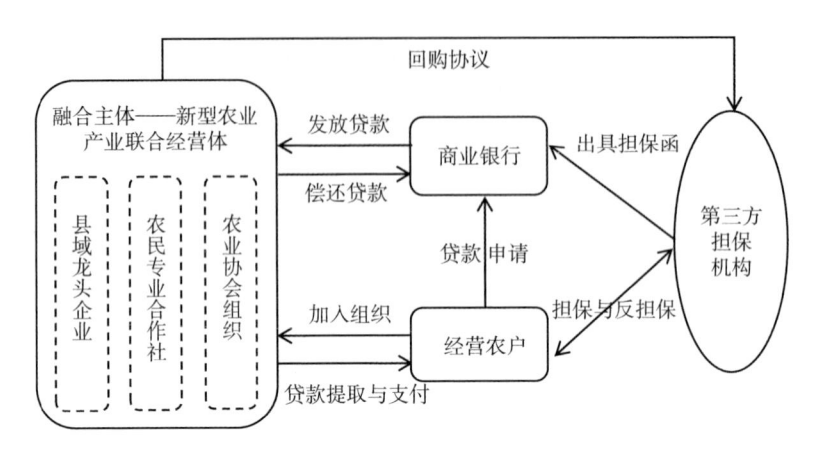

图9.4 农村金融服务深化促进县域农村产业融合发展的产业链金融支持模式创新

9.4.5 互联网金融支持模式创新

农村产业融合发展的本质就是要拓展农业生产经营的范围和格局，将传统的种粮养猪卖产品扩展到卖服务、卖体验、卖感受、提供新媒体、新业态上，把传统意义上的大路货式农产品销售转变为讲故事、讲理念、讲情怀的农产品生产销售全过程，让城市消费者更加了解农业，更加向往农村，更加信任农民。近年来，随着物联网和互联网的迅速发展和广泛应用，以及城镇居民消费观念和生活方式的不断转变，网上购物已经成为大众消费方式，这促进了农产品电商、微商等销售形式的出现和迅猛发展，从而为农村产业融合发展奠定了坚实的基础。农产品电商平台的异军突起，为互联网金融支持农村产业融合发展提供了新通道和切入口。互联网金融使投资理财变得更加便捷，使融资贷款变得更加高效，给予每个人成为"银行家"的机会，现代金融将随之进入"自金融""微金融""全民金融"的新时代。在农村产业融合发展进程中，互联网金融可以有效地放大城市居民对农村农业农民的了解和信任，从而有助于集聚城市消费者的力量，对农村产业融合发展将形成独特而有力的支撑。支持农村产业融合发展的互联网金融模式，是以互联网平台为基本依托，城市消费者通过P2P、股权众筹、商品众筹等方式为农村一二三产业融合发展从业主体提供资金支持，获得分红或商品及服务。

农村产业融合主体通过互联网电商平台（淘宝、京东、拼多多、美团等）、众筹平台、自有网站、微店、微博、微信、QQ等渠道发布融资需求，并详细准确地说明利率回报或商品服务回报方式。有意投资的城市消费者等群体，提供互联网借出或投入资金，并按照约定方式获取本金和利息收入，或得到相应的商品或服务。如果农村产业融合主体的信用水平较高，社会声誉较高，而且贷款人或投资人对融合主体非常了解和信任，那么双方可以选择不需要担保，采用完全信用形式。如果是新的融合主体，在其社会知名度不太高，借款人或投资人对其不太了解的情况下，可以由第三方机构提供担保，从而控制风险。这种模式可以表现为天使投资、私募股权投资、消费者"私人订制"、会员预付费认购、社区支持农业等。

从根本上讲，互联网金融模式顺应了当前"互联网+"深入推进的宏观背景，通过互联网作用的有效发挥，将信任变为信用，将"粉丝"变为投资人或合伙人，是一种直接融资的有效方式，实现了资金需求方与供应方的直接对接，减少了传统金融中介机构的中间环节，降低了融资成本，提高了农村产业融合发展从业主体资金需求的可得性。与此同时，这一模式为社会公众的闲散资金开辟了支持实体经济、促进农村发展、实现保值增值的渠道，能有效释放社会公众资金的活力。当然，在实施互联网金融支持农村产业融合发展的过程中，特别是在发展初期，农村产业融合主体信用评级体系不健全，配套的法律和政策制度都不完善，在运行过程中要特别注意守住底线，远离非法吸收公众存款和非法集资等行为。

9.5 小结

本章从组织模式、产权模式、监管模式三个方面具体阐述了农村金融服务深化促进县域农村产业融合发展的模式选择。其中，农村金融服务深化促进县域农村产业融合发展的组织模式的有序运转，应着眼从动态的组织管理、完善的治理架构和多元的经营业态的有机融合出发予以保障；认识并掌握农村金融服务深化促进县域农村产业融合发展的产权特征要求、产权融资方式以及产权支撑条件，有助于实现农村金融服务资源的供需平衡和良性循环。农村金融服务深化促进县域农村产业融合发展的监管模式，应从监管思路框架的制定、银行证券保险各领域监管模式的形成及协调等方面进行综合考量。在此基础上，本章从政银保多位一体、政策性基金引导、新兴金融支持业态等方面不断创新农村金融服务深化促进县域农村产业融合发展的具体模式，为县域农村产业融合发展持续注入新鲜血液。

第10章 农村金融服务深化促进县域农村产业融合发展的政策框架

要想使农村金融服务深化促进县域农村产业融合发展的运行机制和实践模式能够有序运转,还需要包括产业政策、金融政策、财政政策、就业政策、保障政策在内的综合政策框架予以支撑,力求形成金融资本充足、支农功能健全、服务类型完善、运转安全高效的现代农村金融服务体系,从而为县域农村产业融合高质量发展提供金融资本动能。本章即对农村金融服务深化促进县域农村产业融合发展的产业政策、金融政策、财政政策、保障政策进行系统论述,并就顶层设计层面如何实现相关政策的配套实践提出一定的思路。

10.1 农村金融服务深化促进县域农村产业融合发展的产业政策

农村金融服务深化促进县域农村产业融合发展的产业政策,主要是指政府根据农村金融发展的客观要求,通过产业政策来促进农村金融组织体系的健全并实现农村实体产业与金融产业的协调发展,它应该以农村实体产业结构合理、农村金融产业结构合理、农村金融产业与实体产业协调发展为主要目标。具体而言,农村金融服务深化促进县域农村产业融合发展的产业政策包括产业组织政策、产业结构政策、产业分布政策三类。产业组织政策的实施手段主要是培育农村新型产业组织,产业结构政策的实施手段主要是市场准入和退出管制,产业分布政策的实施手段主要是促进产业规划与区域发展相协调。

10.1.1　重点培育农村新型产业化组织

农村金融服务深化促进县域农村产业融合发展的产业组织政策，集中体现在为培育发展县域农村实体产业和金融产业组织而制定的政策思路上。产业组织政策的设计思路主要就是通过政府层面的规划建设和引育结合，充分利用规模经济和充分竞争的手段以形成稳定、有序的市场秩序，最终实现农村经济资源和金融资源的优化配置乃至社会福利的最大化。产业组织政策主要包括对农村实体企业和金融企业进行规划、培育和发展，延长农村经济和农村金融的产业链条，提高农村经济和农村金融发展的组织化水平。简而言之，就是通过培育和发展新型的、关系紧密的若干企业化经济金融组织，使农村的经济金融主体组织化水平大幅提高，通过加强技术和管理水平提高农村金融主体和经济主体的劳动生产率，从根本上促进农村经济转型升级，提高农村金融服务资源的配置效率。

培育农村新型产业化组织是重要的产业组织政策手段，它涉及两个方面的内容：一方面，借助县域农村产业融合的政策东风，结合地方特色农业产业优势，帮助小农户向新型农业经营主体转化，鼓励兴办家庭农场、农村合作社，引入民间资本加快培育农村中小微企业以及产业化龙头企业，大力发展"公司+农户+合作社"农业经济组织模式，发展壮大农产品加工企业，积极拓展市场空间延长农村产业链，提高农产品的附加值，不断推进农村经济主体的组织化和产业化程度。另一方面，政府应当根据农村经济发展的客观需要，加快出资组建和完善农村政策性金融组织，如政策性农业保险公司、小额扶贫信贷机构。进一步完善中国农业银行等国有商业银行在县域范围内的分支机构建设，优化镇村网点布局，面向农村产业融合经营主体提供信贷融资服务。此外，通过法律和经济手段对现存已有的农村微型金融组织进行辅导和管理，赋予其合法地位，促使其遵纪守法经营和规

第10章 农村金融服务深化促进县域农村产业融合发展的政策框架

范化发展,更好地服务于县域农村产业融合发展大局。

10.1.2 严格执行市场准入和退出管制

现代农村金融服务体系下的产业结构政策,主要指政府根据农村经济金融发展状况,通过确定农村经济金融内部构成比例、相互关系和产业发展序列,实现农村实体产业和金融产业结构合理化和高级化,从而降低农村金融风险,保证农村金融资源的高效配置。要实现这一目标,一方面要求政府部门择优选出一批农村主导型产业,重点培育和发展主导型企业组织,并通过各种优惠措施予以支持;另一方面需要政府淘汰落后产业,扶持农村中小企业的发展。与此同时,还应对农村民间金融组织进行规范化管理,以此促进农村金融产业结构的优化升级。总之,产业结构政策主要是通过组织结构培育和调整,使得农村金融资源流向更广泛的产业部门,为农村金融经济向深度发展奠定基础。

市场准入与退出管制通常是政府调节产业结构的重要手段。在我国农村经济发展中,实体经济主体的市场进入与退出是相对较自由的,政府一般不加以管制,对农村企业多是采取登记备案的方式,这主要是因为真实经济主体一旦出现经营危机而导致破产,其构成的社会危害不大,负外部性小。但是农村金融组织一旦破产,就会引发严重的社会危机。因此,对金融部门的市场准入与退出管制往往成为政府确保金融运行安全的重要手段。应通过严格农村金融组织的市场准入和退出管制,实现农村金融组织结构的动态调整和优化。当前,我国农村金融的市场准入政策已大幅度放宽,为农村金融组织体系的健全提供了重要的政策与制度保障,但是市场退出机制相对缺乏,即便是农村金融机构处于破产边缘,政府也会迅速采取注资救助等软预算约束方式为金融机构的破产危机解套,这助长了农村金融机构的道德风险与机会主义行为倾向。因此,在产业政策调整中,政府应当加快建立和完善金融机构的市场准入与退出机制,通过现代农村金融服务专门立法，从法律上明确市场准入与退出管制细则，促进农村金融产业组织结构的合理化。

10.1.3 促进产业规划与区域协调发展

现代农村金融服务体系下的产业分布政策，主要指政府根据产业区位理论以及农村金融发展的要求，制定和实施农村金融产业空间分布，以促进农村金融在县域范围内的协调发展。我国东中西部县域经济发展水平参差不齐，农村产业融合发展阶段并不一致，更为重要的是县域农村金融发展成熟度存在明显差异。因此产业分布政策必然具有地域性、层次性和综合性特点，其主要内容是通过制定农村金融发展的区域规划和产业组织的地区分布，坚持效率与公平相结合，实现农村金融专业化分工和区域协作发展，以寻求农村金融产业的积聚效应和规模效应。农村金融产业分布的优化可以孕育出良好的农村金融制度，消除抑制农村金融发展的不利因素，为农村金融制度的构建创造出良好的外部环境。

总体而言，产业分布政策可分为均衡性分布以及非均衡性分布。其中，均衡性产业布局强调对落后农村地区的扶持，对发展较好的地区则采用中性政策，或者引导发达地区的产业向落后地区扩散，甚至以牺牲局部地区发展为代价，促进落后地区发展。因此在产业政策目标上，均衡产业布局在"效率"和"公平"之间更加强调公平的价值取向。非均衡性产业分布则与均衡性分布相反，更加强调地区间资源的倾斜配置，在"效率"和"公平"之间更加强调效率的价值取向。我国农村金融组织分布的区域差距加大了农村经济发展的区域失衡。为促进农村金融组织的区域性协调发展，政府应当制定更加科学的金融组织发展的区域规划，并通过财政税收等区域协调政策，激励发达地区的金融组织到落后地区开办营业网点，或者为落后地区的金融组织提供先进的人力资源和技术支持，促使它们加快发展。

10.2 农村金融服务深化促进县域农村产业融合发展的金融政策

农村金融服务深化促进县域农村产业融合发展的金融政策，主要就是充分利用差别存款准备金率、再贷款（再贴现）政策、直接信用控制、利率政策、市场监管政策等，通过中间变量的传导作用于各类农村产业融合主体，从而降低金融支农成本和风险，丰富农村金融产品和服务，促使更多的金融资源向农村产业融合一线配置。具体而言，应通过丰富农村金融信贷产品以满足多元金融需求；通过创新农村金融服务模式以促进新兴业态发展；通过加强农村资本市场建设以拓宽直接融资渠道；通过健全农业保险分担体系以形成风险防控机制。

10.2.1 丰富农村金融信贷产品

从农村金融市场发育现实来看，县域农村产业融合主体的主要融资渠道来自以银行信贷为主的间接融资，这更加要求农村金融机构不断创新和丰富涉农信贷产品，进而从基础层面满足县域农村产业融合主体多样化的融资需求。一是创设中长期低息贷款品种。农村产业融合发展对中长期低息贷款的需求较为强烈，尤其是在农村水利、道路、农田改造、批发市场、商品集散中心等大型基础设施建设方面更需要大量前期资金作为垫资。应引导政策性金融机构在统筹安排政策性支农资金的前提下，在年度资金计划中划拨专项资金用以支持县域农村产业融合项目的中长期低息贷款。农村商业性金融机构也可以尝试参股出资设立产业化成长基金，支持县域农村产业融合经营主体壮大资本实力。二是针对各类从业主体扩增新型信贷产品和信贷形式。如农村电商经营贷款，原料收购贷款，休闲农业经营户贷款，涉农直补资金担保，土地流转收益保证贷款，应收账款质押贷款，农民工创业贷款，扶贫贴息贷款，农户联保小额贷款，大学生农村创业贷款，农村社团家庭财产担保贷款，专业合作组织或龙头企业担保贷款，农村土地、宅基地、林权抵押贷款、农村企业固定资产抵押贷款等。三是借助县域农村产业融合的产业链延伸优势，通过产业链核心龙头企业联动上下游小微企业、农户以及消费者，发挥供应链的联合增信功能，探索开发"公司＋合作社＋家庭农场＋银行＋政府＋科技""农业协会＋农户""农业龙头企业＋农户""农业生产园区＋农民合作社""农民专合组织＋农户""特色产业经营农户"等多种新型贷款。加大网络小额贷款、P2P网络借贷、股权众筹对农村一、二、三产业融合发展的支持力度，将主营农产品电子商务从业主体的电子信用"变现"，增加贷款投放。四是全力推动支撑县域农村产业融合发展的金融产品创新，尤其是要积极开拓农村金融市场的收益权融资、知识产权融资、银担信组合贷款、小额保险保证贷款等新兴业务，探索将农村三次产业融合发展所需要的工厂化农业生产设施、农产品加工仓储冷链运输设施设备、餐饮住宿设施设备、直销门店等纳入融资租赁范围，通过投贷联动助力县域农村产业融合项目实现规模扩张和内涵式发展。

10.2.2 创新农村金融服务模式

伴随着农村一、二、三产业的互补延伸以及农业高新技术的渗透融合，农村产业融合面临着领域复合、主体多元、演化多变的发展趋势，相关经营主体的金融需求也日趋多元化，亟待农村金融机构深化改革激发活力，大力推动金融服务模式创新，既要提高服务的便捷性，也要提升服务的覆盖范围，满足相关从业主体现代金融应用、资本化经营指导等多种需求。其一，形成政策性金融机构、商业性金融机构、合作性金融机构协同支持县域农村产业融合发展的金融服务模式。对于政策性金融机构而言，应发挥其在支持农村产业融合带动性较强或公益性明显的项目建设中的引领作用，联系地方政府根据产业

第10章 农村金融服务深化促进县域农村产业融合发展的政策框架

拓展扶持对象的范畴建立县域农村产业融合主体名录，给予融资担保等配套政策，中国农业发展银行结合经营主体的贷款用途，通过无息、低息、信用贷款等方式支持县域农村产业融合项目运营。对于国有大型商业银行而言，应利用其在县域镇村的网点分布优势，参照战略事业部运营模式组建农村三产融合投融资事业部，专职从事县域农村产业融合经营主体的信贷需求跟踪调查及信贷产品开发，结合不同农村产业融合主体的经营特征设定信贷资金使用的不同期限和授信额度等条件。对于合作性金融机构而言，可以此为中心联合政策性融资担保机构、小额贷款公司以及相关经营主体组建农村产业融合信贷资金互助组织，充分发挥合作金融在支持县域农村产业融合发展过程中的补位作用。其二，要建立协同服务机制。探索建立主办行制度，为农村产业融合发展从业主体提供全面服务。加强银行业金融机构与证券机构、保险公司、租赁公司等金融同业的合作，通过专项营销推介、联合研发产品，在贷款、上市融资、债券发行等方面为处于不同发展阶段和水平的从业主体提供更有针对性的金融服务。其三，要做好针对农村产业融合主体的经营辅导和投融资咨询服务。农村产业融合主体在创业和经营初期对于市场化融资工具的使用往往并不熟悉，政策性金融机构、商业性金融机构、合作性金融机构均应定期开展面向农村产业融合主体的投融资辅导培训，帮助他们尽快熟悉信贷业务风险提示、财务规划制定以及产业链整体包装融资计划等方面的知识。其四，要进一步完善农村产权抵押融资服务流程。重点围绕"三权"抵押融资手续简化、服务成本压缩等展开机制创新。鼓励农业产业化龙头企业、示范家庭农场上市融资，或进入农产品期货市场，探索农村"三权"的证券化。此外，在开发创新各种金融信贷产品的过程中，要注意尽可能减少农村产业融合发展主体的信贷手续和流程，降低从业主体融资成本。其五，要利用大数据、云计算、移动互联网等信息技术提升农村社区零售终端以及网络终端金融服务质量。不仅要实现基础的 ATM、POS、EPOS 等自动终端服务设施在镇村社区一级的全覆盖,还要探索开发面向农村产业融合主体的金融零售服务和电子结算服务,提高金融支持县域农村产业融合发展的技术含量,实现县域农村产业融合发展与农村金融服务质量提升的双赢。

10.2.3 加强农村资本市场建设

直接融资渠道狭窄、直接融资占比过小是农村产业融合发展从业主体融资难的主要原因之一。因此,要有效解决农村产业融合发展从业主体融资难、融资贵的问题,就必须加快农村资本市场建设,扩宽从业主体融资渠道,提高从业主体的直接融资比重是农村产权交易市场和农村资本市场的基础,加速农村产权制度改革,促进农村土地、房屋、山林等农村资产通过出租、抵押、合作或者入股等方式实现农村资产资本化、证券化。具体来看,其一,要支持农业产业融合发展中的规模化龙头企业通过收购、控股、兼并、重组等方式实现股权调整,通过上市融资、发行企业债券和私募债券等方式拓展相应的直接融资渠道。加大银行间市场债务融资工具的推介力度,重点支持县域范围内融合度高、带动效应明显的经营主体采用资产证券化手段盘活已有的存量资产,大力发展项目收益债、创投债、并购债等新型融资工具,借助应收账款融资服务平台不断提升农村产业融合主体的持续融资能力,强化农村产业融合主体市场化融资的内生动力。其二,在农村产业融合发展领域稳步有序地推广PPP投融资模式。借鉴供水、交通等领域的经验,在农业产业化经营、农产品加工业、休闲农业等涉及基础设施建设环节开展PPP实践,强化社会资本的参与和支持。其三,积极探索发展大宗农产品期货市场,不断创新农产品期货种类,发展商品期权、商品指数,完善市场品种结构,丰富产业链上中下游品种组合,鼓励农业龙头企业等从业主体利用农产品期货市场实现套期保值。其四,要进一步加快农村金融业市场化进程,结合区域实际适度降低金融机构的准入门槛,打破农村金融市场的垄断局面,引导实力雄厚、符合条件的民间资本参与农村市场的金融竞争,从而强化县域农村产业融合主体在金融市场上的议价能力，切实降低农村产业融合经营主体的融资成本。

10.2.4 健全农业保险分担体系

农村产业融合发展所涉点多面广，从业主体众多，产业链不断延伸，信用风险、市场风险、自然风险等无处不在、无时不有。要充分发挥金融支持的有效作用，推动农村产业融合发展必须建立多层次的风险分担机制，为各产业主体保驾护航。首先，要强化政策性农业保险对于农村产业融合主体经营风险的兜底性保障作用，进一步完善以财政支持为主导的农业巨灾风险转移分散机制，健全农业再保险体系，结合县域农村产业融合项目的类型特征开发更为丰富的普惠性农业产业化保险产品。其次，要加大针对农业产业保险的市场宣传力度，一方面要给予经营涉农保险产品的商业保险公司补贴、免减税等激励政策，另一方面还要给予农村产业融合主体一定的保费补贴。再次，要进一步推动农村产业融合保险产品的创新。通过研发投入支持和鼓励保险公司开发适合农村产业融合发展特点和实际需求的保险产品，如设施农业保险、农机保险、农产品质量安全保险、农业保险和贷款保险相结合的综合保险产品；扩大价格保险的开办区域和品种，在生猪、蔬菜、玉米、小麦、水稻、禽类等品种基础上，继续拓展其他重要农产品以及农业产业保险链条。稳步扩大农业产量保险的推广和农产品目标价格保险、收入保险、天气指数保险等新型农业保险的试点范围，结合县域农村产业融合发展实际，逐步将农业保险的保障水平提高至能够大部分覆盖或全面覆盖农村产业融合项目运营所需的地租成本、物化成本以及人力成本（张林和温涛，2019）。最后，积极推动农村产业融合保险服务模式创新。一方面，要进一步探索完善农村金融市场上的银保合作机制，实现涉农保险和涉农信贷的良性互动，尤其是农村金融机构可将农村产业融合主体的投保情况作为授信要素，拓展开发农村产业融合保险保单质押的产品种类。另一方面，应进一步推动农村产业融合保险服务标准化体系建设，重点是在法律允许和风险可控的范围内简化涉农保险产品运营流程，结合农业产业化新趋势做好涉农保险业务人员和投保农户的宣传培训工作，有效提升农村产业融合保险服务质量。

当然，上述金融政策的有效实施离不开农村信用体系的有效构建，如果农村信用体系建设滞后，则将使金融支持县域农村产业融合发展的成效大打折扣。应通过农村金融市场上的信用环境再造，强化农村信用的正向激励作用和逆向惩戒作用，合理引导金融资源配置到最能实现价值增值的农村产业融合项目上。其一，要发挥县域政府在农村信用体系建设中的主导作用，运用大数据智能化手段打造农村信用信息服务平台进阶版本，统筹接入政企银各方主体的信用数据，开发农村产业融合经营主体信用信息查询板块，为县域农村产业融合项目投融资提供资信依据。其二，要引导更多专业化信用服务机构进入农村金融市场，加强各机构征信信息的互联互通和自律建设水平，提高农村金融征信行业的公信力和市场竞争力。其三，恩威并施做好针对农村产业融合主体的诚信激励和失信惩戒工作，不仅要通过普及诚信教育、开发诚信激励金融产品等方式提升县域农村产业融合的诚信意识和金融素养，还要加大对经营主体违约讨债的社会曝光力度和法律惩戒力度，保护农村金融机构的合法权益，提高农村金融机构参与县域农村产业融合项目投融资的积极性。

10.3 农村金融服务深化促进县域农村产业融合发展的财政政策

农村金融服务深化促进县域农村产业融合发展的财政政策，是指利用财政政策工具作用于政策传导变量，以补充和完善现有农村金融服务体系的缺陷和不足，其政策目的在于健全农村金融服务体系、促进商业金融积极支农、降低农村金融服务风险，使其更好地服务于县域农村产业高质量融合发展。农村金融服务深化促进县域农村产业融合发展的财政政策工具主要包括财政投资工具、税收政策工具和转移支付工具等。

10.3.1 财政投资工具的使用

在很长时间内，农村金融机构在支农惠农方面承担了一部分财政职能，导致农村金融支持县域农村产业化发展往往"有心无力"，针对这一困境，应进一步强化政府所承担的财政支农职能，进一步改革和完善农村公共财政体制，分担农村金融机构的"财政性"职能，灵活运用财政投资工具支持县域农村产业融合发展。一方面，要通过政府财政投资政策倾斜为县域农村产业融合发展和农村金融发展提供必要的基础设施支持，从而改善农村金融支持县域农村产业融合发展的外部环境。另一方面，还可以由财政出资组建相应的金融机构，从而健全农村金融组织体系和服务功能，专项支持县域农村产业融合高质量发展。具体来看，第一，要加大政府财政投资县域农村产业化基础设施和农村公共产品供给的力度。尤其是要将县域重点农田水利设施、道路桥梁、通信电网项目纳入财政转移支付专项划拨范畴，从而为县域农村产业融合发展、农村金融服务深化以及农村金融市场的成长创造良好的基础环境支撑。第二，要推动财政出资组建新的政策性金融机构。当前我国政策性农村金融机构只有中国农业发展银行一家，不仅数量不够，而且功能不健全。对此，首要的是加大对中国农业发展银行的改革和财政支持力度，补充其资本金，加大其财政途径的信贷资金来源力度，将财政性扶贫资金部分或全部划拨给中国农业发展银行进行信贷化配置，将政策性银行服务功能从主要提供粮食收购贷款拓展到对农村交通、水利、电网等基础设施建设和扶贫开发的信贷投放领域，从而使中国农业发展银行真正成为一家具有农村扶贫、开发职能的专门银行。在此基础上还需要推动财政出资组建新兴政策性农业保险机构，完善农村政策性金融组织体系，形成农业产业化运营再保险机制与巨灾风险转移分散机制。第三，进一步推动财政出资发展农村信用担保服务机构。要分摊农村信贷风险，调动农村金融机构贷款的积极性，客观上需要在各类商业性担保机构的基础上，由财政出资构建政策性信用担保服务机构，为商业性担保机构提供一般再担保和强制再担保业务服务（高歌，2019）。引导各担保机构秉持保本微利经营原则调低融资担保和再担保业务收费标准，为金融机构对农村产业融合发展从业主体发放贷款提供有效的担保服务。同时，还要倡议由中央和地方财政分层专项资金支持成立农村产业融合经营主体信用担保基金。第四，强化农业产业融合主体财政资金管理。提高财政支持农业产业结构调整主体资金预算管理的科学化、精细化水平，创新财政支持农业产业结构调整主体的资金管理办法；建立公开的、透明的财政支持农业产业结构调整主体的资金使用程序和使用范围，从源头上遏制财政支农资金被挪用被滥用的情况。第五，健全对财政资金管理人员的激励和约束机制。将监督检查结果与财政管理考核相结合，与财政转移支付相结合，实行奖优罚劣。将监督检查成果运用到财政管理的改进和完善之中，提高监督检查的威慑力。此外，还要做好财政投资工具与货币政策工具的配合使用，综合运用定向降准、支农再贷款、支小再贷款和再贴现等多种货币政策工具，增加金融机构支持农村产业融合发展的资金来源。

10.3.2　税收政策工具的使用

政府利用税收政策工具，通过减免或加重征收等措施，一方面通过降低金融支农成本和风险，增加金融支农收益，提高农村金融机构服务"三农"的积极性；另一方面，要约束农村金融机构的金融服务偏离农村的行为，促使其金融支农功能不发生异化和运作规范。在现代农村金融服务体系建设中，税收调节是财政政策的一项重要工具，它可以对农村金融机构服务"三农"的成本和收益进行调节，从而为农村金融机构服务农村产业融合发展和农村经济提供必要的激励与约束机制。应该延续并完善支持农村金融发展的营业税、计提贷款损失准备金等有关税收政策，降低金融机构支持农村一、二、三产业融合发展贷款成本。政府可以采取的税收工具有：一是对农村新设立的金融机构，如村镇银行给予 5 年以上的税收优惠减免，降低其开办初期的经营成本，促进新兴农村金融机构的快速成长。二是对在县域内新设营业网点并积极为农村产业融合经营主体提供金融产品服务的金融机构实施适当的税收减免政策，促进大型城市金融机构积极向农村开拓市场，服务"三农"。三是继续推进农村信用合作社改革，及时废止关于禁止社保资金、住房公积金、农村合作医疗基金、教育基金及其他财政性资金存入农村信用社的有关规定，引导资金优先存入农村信用社，增强农村信用社的支农实力。对农村信用合作社延长税收扶持政策期限，出台处理抵债资产过程中的相关税费减免政策，对农村信用合作社在接受和处置抵债资产过程中应缴纳的税收予以减免。四是将农村非正规金融机构的规范激励纳入税收优惠范围，促使其正规化。五是对将大量农村金融资源转移到城市进行配置的农村金融机构，提高营业税税率，促使其将农村金融资源配置到"三农"领域。

10.3.3 转移支付工具的使用

政府利用财政补贴、损失注销和补充资本金等转移支付工具，降低农村金融机构支农成本和风险，提高农村金融机构服务"三农"的积极性，促进农村金融安全和可持续运行。农业固有的弱质性和风险性，使得农村金融机构比城市金融机构面临着更大的风险，在市场竞争和平均利润率规律的作用下，农村金融机构有可能将有限的农村金融资源优先配置到城市投资项目上，以获取可靠的高收益，这难免会对农业和农村经济发展造成不利影响。要促进农村金融机构为"三农"服务的积极性和主动性，除了政府利用税收工具提供激励机制外，还可以运用转移支付工具。具体来说，主要有以下几个方面。其一，由中央财政和各地省级财政共同出资建立"农业贷款风险补偿基金"，当农村金融机构出现政策性贷款亏损时，由风险补偿基金给予冲销，以降低农村金融机构的支农风险。其二，对于积极开发农业产业化金融产品、服务县域农村产业融合项目发展的金融机构，应给予一定的亏损补贴或利差补贴，同时要给予新增支农贷款较多的金融机构相应的财政激励，引导县域资金留在农村服务"三农"，对于经营初期处在亏损状态的新开设的金融机构，要利用转移支付工具给予一定的财政补贴，使其逐步拥有"造血"功能。其三，对于农村合作金融组织、非正规金融组织应在法律框架内给予其一定的财政激励，鼓励和引导它们发挥自身网点下沉的优势，积极参与县域农村产业融合项目投融资运营，在服务农村产业化发展的同时增强自身的市场竞争力。

10.4 农村金融服务深化促进县域农村产业融合发展的保障政策

要想充分发挥金融服务资源支撑县域农村产业融合发展的实际作用，不仅需要从内生制度层面做好相应的产业政策规划、财政金融政策设计以及就业政策制定，还需要为这些政策的落地落实提供外部环境支持。具体而言，应从加快家庭资产确权进度、完善农村社会保障体系、夯实农村基础设施建设、构筑农业公共服务网络、强化农业产业人才支撑等方面着手，切实做好农村金融服务深化促进县域农村产业融合发展的外部保障政策的制定。

10.4.1 加快家庭资产确权进度

目前，金融机构涉农贷款消极，农业产业融合经营主体融资困难，土地融资功能难以有效发挥，这严重制约了农业产业经营以及结构调整的健康发展。因此，需要加快农村产业融合经营主体的家庭资产（宅基地房产、现代农业设施、畜禽养殖场设施、新修水利设施等）的法律确认，建立农村资产价值发现渠道，使该资产与土地承包经营权、林权抵押、担保贷款产品同样具有法律和产权保障，让金融机构放心放款，农村产业融合经营主体能够及时贷款。其具体政策设计如下：一方面，进一步健全和完善农村家庭资产确权机构的功能定位。该机构下设登记管理部门和价值评估部门。前者负责农村家庭资产的登记颁证，确保其法律地位；后者负责农村家庭资产的价值评估工作，通过制定农村家庭资产的价值评估流程，并根据实体状况、权利状态、范围及时点，对农村家庭资产进行科学的价值评估，为农村家庭资产的担保及抵押贷款等提供参考依据。另一方面，打造农村家庭资产信息服务平台。建立农村家庭资产网站，构建县镇村三级全覆盖的农村家庭资产信息服务体系，解除农村产业融合经营主体涉农贷款质押品价值评估的后顾之忧。

10.4.2 夯实农村基础设施建设

着力推进县域农村产业融合发展，推动农业现代化集约化进程，需要加大农业相关基础设施投入力度，积极完善道路交通网、水利设施、电力通信网络等基础设施。具体包括如下几个方面：其一，完善农村道路交通网，为农产品销售提供快捷的运输通道。硬化乡村道路，实现村村通公路，妥善解决农村最后一公里问题。完善农田水利设施建设，提高旱地、薄地、贫瘠地等劣质土地的单位面积产值能力。通过山坪塘治理、修建灌溉水渠，为农村产业融合主体的农业生产提供便利的水利灌溉服务。加强电力通信网络建设，有助于农村产业结构调整主体及时了解农产品市场供给情况及价格走势、天气预报、政府政策等信息。根据耕作条件加大耕地整治力度，适度提高机械化率，降低农业对劳动力的高依赖度，为县域农村产业融合发展提供规模化的土地条件。其二，农村金融要想更好地服务于农村产业融合发展过程，包括网络支付结算系统和网络安全系统在内的农村金融基础设施建设是至关重要的环节。这些设施是农村金融机构共用的设施，由于投资金额大，并具有较强的正外部性，一家金融机构很难全部承担，客观上需要政府财政出资，以完善农村金融基础设施，为农村金融机构更好地服务农村产业融合创造良好的公共营业条件。其三，适应农村电子商务发展新形势，推动农村电商服务站在县域农村范围内的全覆盖，广泛采用O2O经营模式，拓展农村产业融合主体农资购销和农产品销售渠道，利用电商拓展农产品加工产业链，转型生产高附加值农产品和深加工产品，增加县域农村产业融合主体在产业链、价值链中的收益分成。

10.4.3 构筑农业公共服务网络

完善支撑县域农村产业融合发展的金融服务体系，还需要构筑农业公共服务网络，健全农业社会化服务体系，尤其应构建政府主导力、科技支撑力、农民主体力、社会参与力"四力合一"的农业公共服务建设机制。首先，要健全农业技术的推广体系。一是打造农科教、产学研平台。以高校科研院所为依托，以农业科技园区为载体，鼓励大型农业产业化龙头企业成为农业研究与发展的主体，引进与培育农业科技孵化主体，促进农科教、产学研的紧密结合，科学培育农业产业结构调整主体，有效支撑重庆农业现代化发展。二是建设综合农技推广体系。强化原有由政府农口部门主导的"市—区（县）—乡（镇）"三级公益农技推广体系，增强乡镇和村的农技推广实力，在各区县建设乡镇农业综合服务中心，发挥农业技术推广、动植物疫病防控、农产品质量安全"三位一体"的公共服务职能。三是注册农业社会化服务公司。依托现有农技推广体系，整合公益性农业服务资源，引导社会资金参与，注册农业社会化服务公司，公司按片区建立农业服务连锁超市，切实为农业产业结构调整主体提供农技、农机、农资及劳动力等综合服务。其次，要完善农产品质量安全体系。一是构建农产品质量安全监管体系和检验检测体系。以省域农产品质量安全检验监测网络为依托，在各区县建立完善的农业生产资料、农副产品和农业生态环境等方面的监测网络体系，监管范围覆盖农产品产地环境、主要饲料、农资和农药等投入品、蔬菜、牛奶和水果等大宗农产品以及出口农产品。二是在监测环节上要从生产基地延伸到批发市场、集贸市场和超级市场，实现对农产品产前、产中、产后的全程监控，基本上实现农产品质量可跟踪、责任能追溯，全面监控农产品质量安全状况。最后，要搭建社会化信息服务平台。构建区（县）、镇（乡）、村的三级信息服务平台（信息服务中心、信息服务站、信息采集点）、三张网络（通信、广播、报纸）、"三电合一"（电话、电视、电脑）的农村产业融合主体信息化服务体系，为产业融合发展过程提供有效的农业生产信息服务（如天气预报、农资及农产品的供求形势及价格变动趋势等信息）。

10.4.4　强化农业产业人才支撑

县域农村产业融合发展水平的提升，不仅有赖于农村产业链开发力度、农村基础设施完善程度、农村金融服务深化情况等外部变量作用的发挥，还应注重内核动力的培育，即对从事农村产业融合的各类经营主体的技能素养的强化。县域农村产业融合发展从根本上讲需要产业人才的支撑，只有给各类经营主体创造良好的创业环境，给就地就近就业的农民提供丰富多样化的就业岗位，才能够确保农村产业融合项目稳定运营，使其真正起到助力乡村产业振兴的作用。因此，应着力提升农村劳动力的职业技能，力争培养出一批能够适应农村产业化发展趋势、能够熟练使用投融资工具的职业农民、家庭农场主、合作社经营者以及规模化龙头企业领路人，通过外在驱力和内核动力的共同作用，进而从宏观层面推动县域农村产业融合与农村金融服务深化协调可持续发展。一方面，要以农业职业教育提升计划为抓手，切实加大农村实用人才和技能人才的培养力度。应结合县域农村产业化发展和农业技术更新迭代的新趋势，将技能型农民队伍建设作为农村特色产业开发和扶智又扶志工作的基础性工程予以推进，通过产学研相结合的方式培育新型职业农民和农业职业经理人，提高县域农村产业融合发展的人力资本密集度，从而改变农业产业原有的经营分工格局，使普通农户等经营主体也能够迈入农业产业价值链的分布高端，强化县域农村产业融合经营主体的致富能力（谭明交，2016）。另一方面，要以农民新型合作组织为利益联结纽带，吸引农业产业融合发展经营主体尤其是小农户参股专业合作社，发挥合作社的互助功能和共济作用，不仅帮助小规模经营主体改进生产技术和提升经营能力，同时也借助合作组织降低经营主体的市场交易成本，提高它们在农产品交易市场上的谈判地位和议价能力，使农户在农村产业融合发展过程中拥有更多的话语权和自主决策权。

10.5 农村金融服务深化促进县域农村产业融合发展的政策协调

从一定意义上而言，农村金融服务深化促进县域农村产业融合发展的产业政策、金融政策、财政政策、保障政策要想发挥实际成效，还必须从政府层面、监管层面、法规层面做好相应的政策配套，唯有从顶层设计层面建立和健全相应的政策配套体系，才能够使农村金融服务深化促进县域农村产业融合发展的各层面政策形成合力，凸显农村金融服务"三农"的鲜明导向，助力县域农村产业融合高质量发展。

10.5.1　强化各级政府引领作用

农村产业融合发展目前尚处于探索试点初期，面临着资金短缺、认知不足、理解不深、瞻前顾后等多种问题，因此不仅需要金融机构的大力支持，还需要各级政府的引导和扶持，从而营造有利于农村产业融合发展的良好生态环境。其一，要建立健全针对农村产业融合主体的激励机制、共享机制以及利益联结机制。从激励机制来看，对于

第10章 农村金融服务深化促进县域农村产业融合发展的政策框架

已取得显著效益的县域农村产业融合项目,应及时总结其运营模式和成功经验,在从精神层面树立典型示范的同时强化物质政策激励,加大对运营成熟农村产业融合项目的财政补贴力度,成立产业扶持基金和风险补偿机制以实现常态化产业融合激励,从而带动其他新型农业经营主体深度参与县域农村产业融合发展过程。从共享机制来看,重点支持小农户参与农村产业融合项目运营过程,允许农户使用量化后的财政补贴资金参股入股农村产业融合项目,提高小农户生产经营的积极性,使其从农村一、二、三产业融合发展过程中获得更多的资本增值。从利益联结机制来看,要顺应农村产业融合发展趋势培育现代农业产业化联合体,打造以县域龙头企业为引领、农民专业合作社为纽带、家庭农场和种养大户为主要成员的、利益联结紧密的新型农业组织联盟,通过规模化发展提高农场产业融合经营主体在农场金融市场上的议价能力和融资能力。其二,要强化政府的引导作用,为金融机构支持农村产业融合发展营造良好环境。由农业部门联合金融部门、社会机构认定农村产业融合发展主体,建立从业主体名录并明确需要金融机构重点支持的主体名单。鼓励建设创新型互联网平台、互联网支付机构、网络借贷平台、股权众筹融资平台,从工商登记、增值电信业务经营许可、民间借贷登记、资质认定、知识产权保护、人才引进、财政支持引导等方面予以政策支持,并进行适度监管。建设以县域为主、多种形式的交易市场,建立抵押物处置机制及农村产权抵押贷款风险补偿基金。其三,进一步发挥政府的多方协调作用,强化财政政策、产业政策以及信贷政策的配合力度,形成支持县域农场产业融合高质量发展的政策合力。首先,应由省市级人民政府牵头联合相关部门,在中央金融支农政策的思路框架下,结合本省市农场产业发展实际,出台金融支持农场产业融合发展的具体指导意见,指导县域政府充分利用好定向降准、再贷款、再贴现等货币政策工具的红利,做好本区域内的金融支农工作。引导地方政府金融监管部门在风险可控的前提下适度放宽金融机构支持农场产业融合主体贷款的监管要求，提高对农村产业融合项目不良贷款容忍度。其次，县级政府还要利用上级转移支付做好财税配套政策的设计，成立相应的政策性担保公司为参与县域农村产业融合项目的规模化龙头企业、农民专业合作社、种养大户等提供融资增信。最后，县级政府作为扶贫开发的主阵地，还可以将农村产业融合发展与金融扶贫开发工作统筹起来，将以往分散的财政资金、扶贫基金与金融资源整合起来，通过优化配置进一步促进农村一二三产业的深度链接（陈学斌等，2018）。

10.5.2 做好项目资金流向监管

由于农村金融资源总量本身较为有限，必须提高农村金融资源的配置水平和使用效率，从而对县域农村产业融合发展起到靶向性的促进作用。因此，金融支持县域农村产业融合发展，既要"子弹充足"，又要"弹无虚发"，需要加强项目资金的流向监管、确保金融信贷资金真正用在"刀刃"上，以提高项目资金使用效率。一是加快建立农村产业融合发展财政金融专项资金监管平台。在推进农村产业融合发展过程中，财政部门联合农口部门不断努力向农村产业融合发展主体注入资金，对推动农村产业融合发展从业主体起到了重要的作用。应利用互联网、大数据技术提高农村产业融合发展财政金融专项资金监管平台的技术含量，在平台上整合惠农财政金融政策集成模块、本地特色优势农业产业化重点支持领域模块、支农惠农财政金融资金流向公示模块、农村产业融合主体信贷风险预警模块等，形成集政策宣讲、信息备案、公开公示、风险预警等功能于一体的农村产业融合项目资金监管平台。为了预防资金发放和使用过程中的不正之风和潜在的腐败问题，确保专项资金能全额流到从业主体手中，应从源头开始监管资金发放流程，由金融部门负责人员统一"发货"，并电话通知各农村产业融合从业主体"收货"，各属地部门相关人员负责具体的资金"派送"，并建立涉农信贷资金使用合规性的反馈举报机制（张林和温涛，2019）。二是加强金融机构涉农贷款的追踪调查和管理。

第 10 章 农村金融服务深化促进县域农村产业融合发展的政策框架

同贷前审查一样，贷后追踪调查和监管也是金融机构预防不良贷款的主要手段。一方面，应制定农村产业融合项目信贷资金使用管理办法，明确县域农村金融机构从事涉农专项贷款监管督查的责任划分、具体程序、执行标准以及奖惩细则，确保专项贷款监督管理工作责任分工明确。另一方面，要进一步强化信贷业务经理的责任意识，做好信贷业务经理的技能培训工作，推动信贷业务经理与县域农村产业融合主体开展结对帮扶工作，不仅要深入了解各类经营主体的项目运营特征及信贷产品诉求，帮助他们选择契合其自身实际的金融产品及服务类型，还需要指导各类经营主体做好财务管理工作，及时跟踪他们的项目运营现状及资金链风险程度，做好风险提示和风险预警。三是采取差异化、分层级的灵活监管模式。地方政府金融监管部门在保证风险可控的前提下，可以适度放宽金融支持县域农村产业融合项目贷款的监管要求，制定契合农村产业融合项目运营阶段性特征的绩效考评制度和尽职免责制度，提高对农村产业融合项目不良贷款的容忍度，扶持县域农村产业化发展稳步推进。

10.5.3 完善顶层法律规制框架

农村金融服务深化促进县域农村产业融合发展的有效推进，其根本还是在于农村金融服务体系的完善，要想构建支撑县域农业产业化发展的金融服务体系，仍离不开顶层法律规制框架的完善。应坚持公平原则、效率原则以及激励相容原则的基本导向，切实做好针对农村产业融合主体以及金融服务需求主体的法律需求调研，并保障科学立法和公正执法全过程的公开透明，这也是农村金融服务深化促进县域农村产业融合发展的产业政策、金融政策、财政政策、保障政策实现协调配合的制度保障。具体来看，一方面，要进一步探索制定和实施现代农村金融服务促进的专门法案，目前我国没有一部专门针对农村金融发展的法案，农村金融发展的法律依据只来自《中国人民银行法》《商业银行法》和《农村信用合作社管理细则》等法律法规，法律条款散而零乱，适用性差，客观上需要建立一部专门的农村金融根本大法，以适应农村产业化发展和农村金融服务深化的现实背景。该法律的基本内容应包括如下方面：在法律总则中应确定该法具有农村金融总法的性质和仅限于县域农村的适用范围；在法律主体条款中应明确农村金融组织体系的组成框架、金融机构发展类型、地位、发展权利与义务；农村金融市场体系构成框架、市场交易规则、市场交易双方的权利与义务；明确各种法律纠纷、法律处罚和法律仲裁等思路。另一方面，要结合农村非正规金融的发展趋势，本着正向引导农村非正规金融服务县域农村产业融合发展的宗旨，探索制定和完善针对农村非正规金融和民间金融的专门法案。一般而言，外部制度环境是决定内生性金融业态能否良性发展的重要因素之一，只有通过法典化的方式为非正规的内生性金融业态提供法律地位和产权保护，才能够激发内生性金融的活力，使其与正规金融一起成为支撑县域农村产业融合高质量发展的重要动力来源。在现代农村金融制度构建中，急需专门制定一部农村非正规与民间金融促进的专门法案，促进农村内生性金融业态规范化、法治化和有序化发展。尤其是对不同形式的内生性金融活动，如内生性正规金融、内生性非正规金融、民间金融和高利贷应区别对待，确定哪些合理、哪些不合理，并对"合理"的非正规金融组织的性质地位、运作机制等给予法律上的正式确定，划清非法吸收公众存款与合法民间借贷之间的界限、消解法律与某些金融支持政策的冲突等，使民间金融业态合法合规，降低金融支农的市场风险和交易成本。

10.6 小结

本章系统论述了农村金融服务深化促进县域农村产业融合发展的产业政策、金融政策、财政政策、保障政策，并就顶层设计层面如何实现相关政策的配套实施提出了相应思路。其中，产业组织政策的实施手段主要是培育农村新型产业组织，产业结构政策的实施手段主要是市场准入和退出管制，产业分布政策的实施手段主要是促进产业规划与区域发展相协调。金融政策主要通过丰富农村金融信贷产品以满足多元金融需求；通过创新农村金融服务模式以促进新兴业态发展；通过加强农村资本市场建设以拓宽直接融资渠道；通过健全农业保险分担体系以形成风险防控机制。财政政策工具主要包括财政投资工具、税收政策工具和转移支付工具等。保障政策主要从加快家庭资产确权进度、完善农村社会保障体系、夯实农村基础设施建设、构筑农业公共服务网络、强化农业产业人才支撑等方面着手。此外，还要从政府层面、监管层面、法规层面做好相应的政策配套协调，从而使农村金融服务深化促进县域农村产业融合发展的各层面政策形成合力，助力县域农村产业融合高质量可持续发展。

参考文献

埃思里奇:《应用经济学研究方法论》,经济科学出版社 1998 年版。

蔡洁、刘斐、夏显力:《农村产业融合、非农就业与农户增收——基于六盘山的微观实证》,《干旱区资源与环境》2020 年第 2 期,第 73—79 页。

蔡锦松:《我国农村金融改革困境的逻辑机理分析》,《税务与经济》2020 年第 4 期,第 46—50 页。

蔡智:《浅析产业链融资及其在我国农业领域的应用问题》,《湖北农村金融研究》2011 年第 11 期,第 22—23 页。

曹慧、郭永田、刘景景、谭智心:《现代农业产业体系建设路径研究》,《华中农业大学学报》(社会科学版)2017 年第 2 期,第 31—36 页。

曹利群:《现代农业产业体系的内涵与特征》,《宏观经济管理》2007 年第 9 期,第 40—42 页。

曹平辉:《农业产业化与金融扶持的有效均衡——益阳个案研究》,《武汉金融》2005 年第 10 期,第 57—58 页。

陈池波、贾澎、张攀峰:《农业产业化水平与农村金融供给的关系研究——以河南省为例》,《东北师大学报》(哲学社会科学版)2011 年第 2 期,第 26—28 页。

陈放:《乡村振兴进程中农村金融体制改革面临的问题与制度构建》,《探索》2018 年第 3 期,第 163—169 页。

陈国生:《湖南省农村一二三产业融合发展水平测定及提升路径研究》,《湖南社会科学》2019 年第 6 期,第 79—85 页。

陈俭：《中国农业产业化发展的金融支持障碍及路径选择》，《世界农业》2015年第3期，第183—186页。

陈江涛、张巧惠、吕建秋：《中国省域农业现代化水平评价及其影响因素的空间计量分析》，《中国农业资源与区划》2018年第2期。

陈俊红、陈慈、陈玛琳：《关于农村一二三产融合发展的几点思考》，《农业经济》2017年第1期，第3—5页。

陈学斌等：《金融支持农村一二三产业融合发展的思考》，《金融时报》2018年11月19日。

陈赞章：《乡村振兴视角下农村产业融合发展政府推进模式研究》，《理论探讨》2019年第3期，第119—124页。

程承坪、谢雪珂：《日本和韩国发展第六产业的主要做法及启示》，《经济纵横》2016年第8期，第114—118页。

程莉、孔芳霞：《长江上游地区农村产业融合发展水平测度及影响因素》，《统计与信息论坛》2020年第1期，第101—111页。

程莉：《中国农村产业融合发展研究新进展：一个文献综述》，《农业经济与管理》2019年第2期，第37—47页。

程文兵：《农业产业化与金融支持关联问题研究——基于江西省九江市的实证》，《武汉金融》2008年第9期，第41—42页。

崔鲜花、朴英爱：《韩国农村产业融合发展模式、动力及其对中国的镜鉴》，《当代经济研究》2019年第11期，第85—93页。

大多和巖：《6次産業化を推進する「農林漁業成長産業化ファンド」.「農」の付加価値を高める6次産業化の実践》，《髙橋信正．筑波书房》2013年，第40—48页。

戴春：《农村一二三产业融合的动力机制、融合模式与实现路径研究——以安徽省合肥市为例》，《赤峰学院学报》（自然版）2016年第6期，第40—43页。

戴孝悌：《产业链视域中的巴西农业产业发展经验及启示》，《世界农业》2014年第12期，第143—146页。

戴紫芸：《组织一体化视角下农村一二三产业融合模式研究》，《荆楚学刊》2017年第3期，第46—51页。

丁志国、赵晶、赵宣凯等：《我国城乡收入差距的库兹涅茨效应识别与农村金融政策应对路径选择》，《金融研究》2011年第7期，第142—151页。

杜鑫：《我国农村金融改革与创新研究》，《中国高校社会科学》2019年第5期，第85—94页。

段洪阳、王培霞、陈月：《乡村振兴背景下深化新型农村金融机构服务"三农"的信贷模式研究——基于村镇银行内部控制视角》，《世界农业》2019年第1期，第104—110页。

范方志：《乡村振兴战略背景下农村金融差异化监管体系构建研究》，《中央财经大学学报》2018年第11期，第50—57页。

范亚辰、何广文、杨虎锋：《融资约束、社会服务与小额贷款公司成本效率》，《管理现代化》2018年第2期，第4—7页。

方行明、李象涵：《农业企业规模扩张与金融成长创新——基于雏鹰公司产业化模式的调查》，《中国农村经济》2011年第12期，第35—43页。

冯伟、石汝娟、夏虹等：《农村一二三产业融合发展评价指标体系研究》，《湖北农业科学》2016年第21期，第5697—5701页。

冯兴元、孙同全、韦鸿：《乡村振兴战略背景下农村金融改革与发展的理论和实践逻辑》，《社会科学战线》2019年第2期，第54—64页。

高东光、高远：《农村金融供给侧改革怎么改》，《人民论坛》2017年第31期，第118—119页。

高连水：《金融服务农业产业化龙头企业路径选择——基于既有研究的思考》，《农村金融研究》2012年第1期，第68—73页。

高元武：《武陵山区农村产业融合发展的现实困境与提升路径——基于恩施土家族苗族自治州走马镇的调查》，《湖北民族大学学报》（哲学社会科学版）2020年第3期，第46—55页。

工藤康彦、今野聖士:《6次産業化における小規模取り組みの実態と政策の課題－北海道「6次産業化実態把握調査」結果から》,《北海道大学農經論叢》2014年第69期,第63—76页。

龚晶:《促进农民持续增收 推动农村一二三产业融合发展》,《蔬菜》2016年第3期,第1—5页。

古家军、谢凤华:《农民创业活跃度影响农民收入的区域差异分析——基于1997—2009年的省际面板数据的实证研究》,《农业经济问题》2012年第2期,第21—25页。

谷壮海、郑振宇、王恒等:《农村三次产业融合发展中金融嵌入实证分析——基于柳州案例》,《区域金融研究》2017年第7期,第12—20页。

郭连强、祝国平、李新光:《新时代农村金融的发展环境变化、市场功能修复与政策取向研究》,《求是学刊》2020年第2期,第66—76、181页。

郭连强、祝国平:《中国农村金融改革40年:历程、特征与方向》,《社会科学战线》2017年第12期,第39—51页。

郭玮:《着力构建现代农业产业体系生产体系经营体系》,《中国合作经济》2016年第2期,第22—23页。

郭晓鸣、廖祖君、付娆:《龙头企业带动型、中介组织联动型和合作社一体化三种农业产业化模式的比较——基于制度经济学视角的分析》,《中国农村经济》2007年第4期,第40—47页。

国家发展改革委宏观院和农经司课题组:《推进我国农村一二三产业融合发展问题研究》,《经济研究参考》2016年第4期,第3—28页。

韩俊:《返乡创业促进农村新产业新业态发展》,《农产品市场周刊》2017年第8期,第20—23页。

韩晓莹:《演进式视角下农村产业融合发展的中国式探索》,《商业经济研究》2017年第5期,第189—192页。

郝华勇:《特色产业引领农村一二三产业融合发展——以湖北恩施州

硒产业为例》，《江淮论坛》2018年第4期，第19—24页。

何广文、刘甜：《基于乡村振兴视角的农村金融困境与创新选择》，《学术界》2018年第10期，第46—55页。

何宏庆：《数字金融助推乡村产业融合发展：优势、困境与进路》，《西北农林科技大学学报》（社会科学版）2020年第3期，第118—125页。

何立胜、李世新：《产业融合与农业发展》，《晋阳学刊》2005年第1期，第37—40页。

和龙：《我国农村产业融合发展风险管理研究》，博士学位论文，北京交通大学，2018年。

洪银兴、郑江淮：《反哺农业的产业组织与市场组织——基于农产品价值链的分析》，《管理世界》2009年第5期，第67—79页。

侯兵、周晓倩：《长三角地区文化产业与旅游产业融合态势测度与评价》，《经济地理》2015年第11期，第211—217页。

胡海、庄天慧：《共生理论视域下农村产业融合发展：共生机制、现实困境与推进策略》，《农业经济问题》2020年第8期，第68—76页。

胡石其、熊磊：《价值链视角下农村产业融合发展的路径找寻》，《湘潭大学学报》（哲学社会科学版）2018年第5期，第71—75、86页。

胡玉凤、丁友强：《农村产业融合背景下政府补贴对产业链增值的影响》，《财政研究》2019年第11期，第91—101页。

黄益平、王敏、傅秋子、张皓星：《以市场化、产业化和数字化策略重构中国的农村金融》，《国际经济评论》2018年第3期，第106—124、7页。

贾立、王红明：《西部地区农村金融发展与农民收入增长关系的实证分析》，《农业技术经济》2010年第10期，第40—49页。

姜晶、崔雁冰：《推进农村一二三产业融合发展的思考》，《宏观经济管理》2018年第7期，第37—45页。

姜松：《农业价值链金融创新的现实困境与化解之策——以重庆为

例》,《农业经济问题》2018年第9期,第44—54页。

姜长云:《推进农村产业融合的主要组织形式及其带动农民增收的效果》,《经济研究参考》2017年第16期,第3—11页。

姜长云:《推进农村一二三产业融合发展的路径和着力点》,《中州学刊》2016年第5期,第43—49页。

姜长云:《推进农村一二三产业融合发展新题应有新解法》,《中国发展观察》2015年第2期,第18—22页。

姜峥:《农村一二三产业融合发展水平评价、经济效应与对策研究》,学位论文,东北农业大学,2018年。

姜卓简、范静、黄婧玉:《农户参与农村产业融合的意愿及其影响因素——基于集安市人参产业融合的调查分析》,《湖南农业大学学报》(社会科学版)2018年第6期,第37—42页。

蒋和平、宋莉莉:《巴西现代农业建设模式及其借鉴和启示》,《科技与经济》2007年第4期,第40—43页。

蒋和胜、刘世炜、杨柳静:《发展新型农业经营体系的体制机制研究》,《四川大学学报》(哲学社会科学版)2016年第4期,第107—116页。

蒋辉、张康洁、张怀英等:《我国三次产业融合发展的时空分异特征》,《经济地理》2017年第7期,第105—113页。

蒋一卉:《农村产业融合评价指标体系及应用——以北京市为例》,《经济界》2017年第2期,第83—90页。

蒋永穆、陈维操:《基于产业融合视角的现代农业产业体系机制构建研究》,《学习与探索》2019年第8期,第124—131页。

蒋永穆、刘涛:《中国现代农业产业体系构建:原则、目标、基本要求和模式》,《理论月刊》2011年第9期,第5—9页。

蒋远胜、徐光顺:《乡村振兴战略下的中国农村金融改革——制度变迁、现实需求与未来方向》,《西南民族大学学报》(人文社会科学版)2019年第8期,第47—56页。

焦瑾璞、陈瑾：《建设中国普惠金融体系：提供全民享受现代金融服务的机会和途径》，中国金融出版社 2009 年版。

今村奈良臣：《把第六次产业的创造作为 21 世纪农业发展产业》，《月刊地域制作》1996 年第 1 期，第 89 页。

金泰坤、许珠宁：《农业的六次产业化和创造附加价值的方案》，学位论文，韩国农村经济研究院，2011 年。

金泰坤：《全球化的进进与农业农村发展战略——农业的 6 次产业化》，"第十届东北亚农业农村发展国际论坛"，2013 年。

金玉姬、丛之华、崔振东：《韩国农业 6 次产业化战略》，《延边大学农学学报》2013 年第 4 期，第 360—366 页。

靳晓婷、惠宁：《乡村振兴视角下的农村产业融合动因及效应研究》，《行政管理改革》2019 年第 7 期，第 68—74 页。

敬志红、杨中：《论农业产业结构调整的政策性金融服务体系》，《中国农业资源与区划》2016 年第 11 期，第 145—150 页。

孔德议、陈佑成：《乡村振兴战略下农村产业融合、人力资本与农民增收——以浙江省为例》，《中国农业资源与区划》2019 年第 10 期，第 155—162 页。

蓝建中：《日本六次产业化》，《农产品市场周刊》2011 年第 3 期，第 30—31 页。

雷鹏、周立：《农村新产业、新业态、新模式发展研究——基于福建安溪茶庄园产业融合调查》，《福建论坛》（人文社会科学版）2020 年第 4 期，第 172—181 页。

黎翠梅、曹建珍：《中国农村金融效率区域差异的动态分析与综合评价》，《农业技术经济》2012 年第 3 期，第 4—12 页。

李炳午：《韩国的农业 6 次产业化战略》，《第二届中韩农村发展国际论坛论文集》，2013 年。

李建英、张文田、田岚：《国外农业价值链融资模式研究》，《现代经济探讨》2015 年第 12 期。

李俊岭:《我国多功能农业发展研究——基于产业融合的研究》,《农业经济问题》2009年第3期,第4—7页。

李莉、景普秋:《农村网络式产业融合动力机制研究——基于城乡互动的视角》,《农业经济问题》2019年第8期,第129—138页。

李明贤、刘宸璠:《农村一二三产业融合利益联结机制带动农民增收研究——以农民专业合作社带动型产业融合为例》,《湖南社会科学》2019年第3期,第106—113页。

李娜:《日本农业产业融合的新进展及启示——以"知识聚集和活用场所"为中心》,《亚太经济》2020年第4期,第89—99、150—151页。

李乾:《国外支持农村一二三产业融合发展的政策启示》,《当代经济管理》2017年第6期,第93—97页。

李小静:《新中国成立70年来我国城镇化发展的模式变迁:问题分析与出路探索》,《重庆社会科学》2019年第8期,第16—26页。

李小丽、杨海宁:《农业供给侧改革下黑龙江农村金融的创新发展》,《学术交流》2017年第6期,第157—163页。

李小云:《农村产业融合发展的演进趋势与推进策略》,《学习论坛》2019年第11期,第29—34页。

李晓龙、陆远权:《农村产业融合发展的减贫效应及非线性特征——基于面板分位数模型的实证分析》,《统计与信息论坛》2019年第12期,第67—74页。

李晓龙、冉光和:《农村产业融合发展的创业效应研究——基于省际异质性的实证检验》,《统计与信息论坛》2019年第3期,第86—93页。

李晓龙、冉光和:《农村产业融合发展如何影响城乡收入差距——基于农村经济增长与城镇化的双重视角》,《农业技术经济》2019年第8期,第17—28页。

李晓龙、冉光和:《农村金融深化促进了农村产业融合发展吗？——基于区域差异视角的实证分析》,《农业现代化研究》2020年第3

期，第 453—463 页。

李玉磊、李华、肖红波：《国外农村一二三产业融合发展研究》，《世界农业》2016 年第 6 期，第 20—24 页。

李云新、戴紫芸、丁士军：《农村一二三产业融合的农户增收效应研究——基于对 345 个农户调查的 PSM 分析》，《华中农业大学学报》（社会科学版）2017 年第 4 期，第 37—44 页。

李芸、陈俊红、陈慈：《农业产业融合评价指标体系研究及对北京市的应用》，《科技管理研究》2017 年第 4 期，第 55—63 页。

李治、王一杰、胡志全：《农村一、二、三产业融合评价体系的构建与评价——以北京市为例》，《中国农业资源与区划》2019 年第 11 期，第 111—120 页。

梁杰、高强、李宪宝：《农村产业结构、农村金融与农村人力资本——来自山东的经验证据》，《农林经济管理学报》2019 年第 6 期，第 725—732 页。

梁树广、马中东：《农业产业融合的关联度、路径与效应分析》，《经济体制改革》2017 年第 6 期，第 79—84 页。

梁伟军：《产业融合视角下的中国农业与相关产业融合发展研究》，《科学经济社会》2011 年第 4 期，第 12—17 页。

梁伟军：《农业与相关产业融合发展研究》，学位论文，华中农业大学，2010 年。

梁信志：《关于深化农村金融供给侧结构性改革的思考——以河南为分析例证》，《农村经济》2018 年第 5 期，第 57—62 页。

廖红伟、杨良平：《乡村振兴背景下农村金融体系深化改革研究——基于交易成本理论视角》，《现代经济探讨》2019 年第 1 期，第 114—121 页。

廖重斌：《环境与经济协调发展的定量评判及其分类体系——以珠江三角洲城市群为例》，《热带地理》1999 年第 2 期，第 171—177 页。

林苹：《我国新型农业经营体系构建机制与路径研究》，《农业经济》

2016年第2期，第50—52页。

蔺鹏、孟娜娜、路振家：《农村金融结构失衡的现状、成因及改进策略——基于农业供给侧结构性改革的分析》，《农村金融研究》2017年第12期，第44—48页。

刘斐、蔡洁、李晓静、夏显力：《农村一二三产业融合的个体响应及影响因素》，《西北农林科技大学学报》（社会科学版）2019年第4期，第142—149页。

刘海燕、杨士英：《我国农业供给侧结构性改革视野下农村金融的发展方略研究》，《农业经济》2018年第8期，第101—103页。

刘海洋：《农村一二三产业融合发展的案例研究》，《经济纵横》2016年第10期，第88—91页。

刘洪银：《以农产品外贸市场拓展促进农村一二三产业融合发展》，《当代经济管理》2017年第9期，第38—40页。

刘金全、刘达禹：《农村金融发展与农业经济增长的非线性关联机制研究——基于分省数据PLSTR模型的实证检验》，《数量经济研究》2015年第1期，第22—35页。

刘莉、张文爱：《我国农业全要素生产率增长与空间溢出效应——基于31个省市区2000—2014年数据的实证分析》，《西部论坛》2017年第6期，第55—63页。

刘美辰：《农业产业化的金融制度创新研究》，《农业经济》2018年第11期，第92—94页。

刘清、程勤阳：《关于农村一二三产业融合发展的认识思考》，《农民科技培训》2017年第3期，第43—46页。

刘松涛、罗炜琳、王林萍、林丽琼：《日本农村金融改革发展的经验及启示》，《亚太经济》2018年第4期，第56—65页。

刘涛：《现代农业产业体系建设路径抉择——基于农业多功能性的视角》，《现代经济探讨》2011年第1期，第79—82页。

刘西川、程恩江：《中国农业产业链融资模式——典型案例与理论含义》,《财贸经济》2013年第8期,第47—57页。

刘孝蓉、胡明扬:《基于产业融合的传统农业与乡村旅游互动发展模式》,《贵州农业科学》2013年第3期,第219—222页。

刘雨川:《金融支持农村产业融合发展的思考》,《黑龙江金融》2018年第1期,第72—73页。

刘中升、陈骐、冯宗邦:《改善农村金融体系 促进家庭农场发展》,《宏观经济管理》2018年第8期,第54—59、73页。

龙馨瑶:《乡村振兴战略背景下湖南省农村一二三产业融合的金融支持措施》,学位论文,中南林业科技大学,2019年。

卢凤萍:《南京市休闲农业空间差异及其社会经济影响因素分析》,《中国农业资源与区划》2017年第11期,第231—236页。

卢永妮、林啸轩:《日本政策性金融支持农村产业融合的经验及启示》,《世界农业》2019年第11期,第41—47页。

芦千文、姜长云:《关于推进农村一二三产业融合发展的分析与思考——基于对湖北省宜昌市的调查》,《江淮论坛》2016年第1期,第12—16页。

陆九天、付雪莲、陈灿平:《湘西州县域产业结构的现状、成因及产业融合发展策略研究》,《民族学刊》2019年第4期,第83—91、125—127页。

罗富民、朱建军:《农业产业化发展的金融支持研究——理论阐释与个案分析》,《农业经济》2007年第2期,第55—56页。

吕岩威、刘洋:《农村一二三产业融合发展:实践模式、优劣比较与政策建议》,《农村经济》2017年第12期,第16—21页。

吕岩威、刘洋:《推动农村一二三产业融合发展的路径探究》,《当代经济管理》2017年第10期,第38—43页。

吕忠伟:《我国金融支持农业产业化发展的历史经验与启示》,《调研世界》2014年第6期,第23—28页。

马九杰、罗兴:《农业价值链金融的风险管理机制研究——以广东省湛江市对虾产业链为例》,《华南师范大学学报》(社会科学版) 2017 年第 1 期,第 76—85、190 页。

马九杰、吴本健:《农产品流通体系建设与城乡发展一体化》,《农村金融研究》2013 年第 8 期,第 5—10 页。

马晓河:《推进农村一二三产业深度融合发展》,《中国合作经济》2015 年第 2 期,第 43—44 页。

孟莉娟:《美国、法国、日本农业科技推广模式及其经验借鉴》,《世界农业》2016 年第 2 期,第 138—141 页。

孟秋菊:《我国农村产业融合发展的金融支持研究》,《西南金融》2018 年第 3 期,第 16—22 页。

米运生、石晓敏、廖祥乐:《农地确权、信贷配给释缓与农村金融的深度发展》,《经济理论与经济管理》2018 年第 7 期,第 63—73 页。

莫莉秋:《国外乡村旅游发展的典型模式》,《人民论坛》2017 年第 31 期,第 202—203 页。

欧阳胜:《贫困地区农村一二三产业融合发展模式研究——基于武陵山片区的案例分析》,《贵州社会科学》2017 年第 10 期,第 158—163 页。

潘妍妍、涂文明:《破解农村金融发展不平衡不充分问题的经济逻辑与政策路径》,《财经科学》2019 年第 3 期,第 28—38 页。

彭建刚、徐轩:《农业产业化与普惠金融的耦合关系及协调发展——以湖南省为例》,《财经理论与实践》2019 年第 5 期,第 19—26 页。

彭明生、范从来:《中国金融改革的实践及其深化改革的方向》,《学术月刊》2020 年第 5 期,第 51—61 页。

齐成喜、陈柳钦:《农业产业化经营的金融支持体系研究》,《农业经济问题》2005 年第 8 期,第 43—46 页。

秦秀红:《农业产业化与农村金融创新的关联性研究》,《统计与决策》2012 年第 10 期,第 136—138 页。

邱晖、倪嘉波:《中国农村金融制度变迁的制约因素及改革措施》,

《内蒙古社会科学》（汉文版）2018年第3期，第100—106页。

邱天朝：《让农村产业融合成为带动农民增收的新动能》，《中国经贸导刊》2016年第34期，第16—20页。

冉光和、温涛、李敬：《中国农村经济发展的金融约束效应研究》，《中国软科学》2008年第7期，第27—37页。

冉光和：《农村金融资源开发机理与风险控制》，中国社会科学出版社2011年版。

冉光和：《现代农村金融制度构建与创新》，科学出版社2013年版。

申孝忠：《内生发展与六次产业》，《第四届东亚农业研讨会报告资料》，2010年。

室屋有宏：《6次産業化の論理と基本課題－農山漁村から市場経済を組み替える取組み\．農林金融》2011年第4期，第20—33页。

宋宜农：《以金融创新引领农业供给侧改革》，《人民论坛》2017年第16期，第84—85页。

苏毅清、游玉婷、王志刚：《农村一二三产业融合发展：理论探讨、现状分析与对策建议》，《中国软科学》2016年第8期，第17—28页。

孙鸿雁：《黑龙江省农村一二三产业融合发展的思路与模式》，《经营与管理》2017年第1期，第113—115页。

孙龙：《关于金融支持南疆地区农业产业化发展的思考》，《农村金融研究》2015年第5期，第63—66页。

孙运锋：《县域农业产业化发展的金融支持路径研究》，《河南社会科学》2011年第6期，第98—100页。

孙中叶：《农业产业化的路径转换：产业融合与产业集聚》，《经济经纬》2005年第4期，第37—39页。

唐·E.沃德曼等：《产业组织理论与实践》，李宝伟等译，机械工业出版社2009年版。

谭明交：《农村一二三产业融合发展：理论与实证研究》，学位论文，华中农业大学，2016年。

谭伟、样玉明：《金融支持农村产业融合的发展路径研究》，《黑龙江金融》2019年第1期，第18—20页。

谭燕芝、刘旋、赵迪：《农村金融网点扩张与县域资金外流——基于2005—2012年县域经验证据》，《中国经济问题》2018年第3期，第72—82页。

汤洪俊、朱宗友：《农村一二三产业融合发展的若干思考》，《宏观经济管理》2017年第8期，第48—52页。

汤金升、王学良：《金融支持新型农业经营模式探析》，《山西农经》2014年第5期，第82—82页。

唐海艳：《法国现代农业景观园林规划设计的金融支持研究》，《世界农业》2016年第3期，第140—143页。

唐晓旺、张翼飞：《乡村振兴战略下农村金融创新的思路与对策》，《中州学刊》2018年第12期，第47—52页。

田聪华、张利召、徐忠等：《新疆推进农村一二三产业融合发展模式及建议——基于南疆五地州的调查分析》，《山西农业科学》2017年第7期，第1169—1173页。

王宝珠、冒佩华：《塘约金融：农村金融改革的突破——一个诱致性制度变迁的视角》，《贵州社会科学》2018年第7期，第158—162页。

王丹玉、王山、潘桂媚等：《农村产业融合视域下美丽乡村建设困境分析》，《西北农林科技大学学报》（社会科学版）2017年第2期，第152—160页。

王芳：《我国农村金融需求与农村金融制度：一个理论框架》，《金融研究》2005年第4期，第79—98页。

王刚贞、江光辉：《"农业价值链+互联网金融"的创新模式研究——以农富贷和京农贷为例》，《农村经济》2017年第4期，第49—55页。

王刚贞：《基于农户视角的价值链融资模式研究——以上海某生猪养

殖公司为例》，《财贸研究》2015年第2期，第27—34页。

王俊凤、叶琦：《黑龙江省农业产业化与金融支持关联分析》，《中国集体经济》2014年第16期，第81—83页。

王珂英、张鸿武：《农村金融包容发展对农户创业影响的实证分析》，《统计与决策》2016年第11期，第133—136页。

王乐君、寇广增：《促进农村一二三产业融合发展的若干思考》，《农业经济问题》2017年第6期，第8、87—93页。

王丽娟：《产业扶贫视角下金融支持农业产业化发展研究——基于甘肃省平凉市的调查数据》，《西部金融》2017年第10期，第82—87、91页。

王丽纳、李玉山：《农村一二三产业融合发展对农民收入的影响及其区域异质性分析》，《改革》2019年第12期，第104—114页。

王树进、陈宇峰：《我国休闲农业发展的空间相关性及影响因素研究》，《农业经济问题》2013年第9期，第38—45页。

王昕坤：《产业融合——农业产业化的新内涵》，《农业现代化研究》2007年第3期，第303—306页。

王兴国：《推进农村一二三产业融合发展的思路与政策研究》，《东岳论丛》2016年第2期，第30—37页。

王颜齐、李玉琴：《贫困地区农村一二三产业融合的现实困境及模式选择——以黑龙江省6个贫困县为例》，《农业经济》2018年第12期，第6—8页。

王瑜、殷浩栋、汪三贵：《破解农村金融两难困境与二元逻辑——扶贫互助资金"正规金融村社化"机制分析》，《贵州社会科学》2019年第8期，第108—115页。

王元春：《农业产业化金融支持问题研究》，《市场研究》2011年第12期，第13—16页。

王振如、钱静：《北京都市农业、生态旅游和文化创意产业融合模式探析》，《农业经济问题》2009年第8期，第14—18页。

王智伟、伽红凯、王树进、陈宇峰:《城市郊区休闲农业集聚度及影响因素的统计检验》,《统计与决策》2018年第22期,第119—122页。

韦吉飞、李录堂:《农民创业、分工演进与农村经济增长——基于中国农村统计数据的时间系列分析》,《大连理工大学学报》(社会科学版)2010年第4期,第28—34页。

韦艳宁:《巴西现代化农业发展支持政策研究》,《世界农业》2014年第7期,第82—85页。

温涛、何茜:《中国农村金融改革的历史方位与现实选择》,《财经问题研究》2020年第5期,第3—12页。

温涛、冉光和、熊德平:《中国金融发展与农民收入增长》,《经济研究》2005年第9期,第30—43页。

温涛、王煜宇:《改革开放40周年中国农村金融制度的演进逻辑与未来展望》,《农业技术经济》2018年第1期,第24—31页。

吴本健、罗兴、马九杰:《农业价值链融资的演进:贸易信贷与银行信贷的替代、互补与互动》,《农业经济问题》2018年第2期,第78—86页。

席晓丽:《产业融合与中国多功能农业建设初探》,《福建论坛》(人文社科版)2007年第9期,第20—23页。

鲜文博:《新时代河南省金融体系助推农业供给侧结构性改革的对策》,《经济地理》2018年第4期,第171—175页。

肖卫东、杜志雄:《农村一二三产业融合:内涵要解、发展现状与未来思路》,《西北农林科技大学学报》(社会科学版)2019年第6期,第120—129页。

熊爱华、张涵:《农村一二三产业融合:发展模式、条件分析及政策建议》,《理论学刊》2019年第1期,第72—79页。

熊德平、陆智强、李红玉:《农村金融供给、主发起行跨区经营与村镇银行网点数量——基于中国865家村镇银行数据的实证分析》,

《中国农村经济》2017年第4期，第30—45页。

徐广涛：《海城市全面推进一二三产融合试点县运行模式及分析》，《新农业》2017年第10期，第28—29页。

徐全忠：《农村金融促进农业产业化发展研究》，《生产力研究》2013年第10期，第23—24页。

徐哲根：《日本农户增收的产业路径及其启示》，《现代日本经济》2011年第3期，第48—52页。

杨怀东、张小蕾：《现代农业发展的耦合协调性研究——基于湖南省农村产业融合分析》，《调研世界》2020年第3期，第44—51页。

杨慧、倪鹏飞：《金融支持新型城镇化研究——基于协调发展的视角》，《山西财经大学学报》2015年第1期，第1—12页。

杨晶、丁士军：《农村产业融合、人力资本与农户收入差距》，《华南农业大学学报》（社会科学版）2017年第6期，第1—10页。

杨晶、丁士军：《农村产业融合视角下的农户收入结构差异分析及其政策含义——来自湖北微观调查的证据》，《西部论坛》2019年第4期，第97—108页。

杨钧：《中国新型城镇化发展对农业产业结构的影响》，《经济经纬》2016年第6期，第84—89页。

杨秋海：《银行业结构对产业结构升级影响的机制分析——基于技术进步和金融约束减轻的角度》，《上海金融》2016年第9期，第13—19页。

杨涛：《农村产业融合的实践特征与提升路径》，《中州学刊》2019年第5期，第37—42页。

姚樊：《重庆农业产业化的金融支持研究》，学位论文，成都理工大学，2016年。

姚淑芬：《农业产业化龙头企业的价值链融资探讨——以温氏集团为例》，《重庆科技学院学报》（社会科学版）2011年第4期，第107—109页。

叶锋、马敬桂、胡琴：《产业融合发展对农业全要素生产率影响的实证》，《统计与决策》2020年第10期，第87—91页。

尹雷、沈毅：《农村金融发展对中国农业全要素生产率的影响：是技术进步还是技术效率——基于省级动态面板数据的GMM估计》，《财贸研究》2014年第2期，第32—40页。

游玉婷、王志刚、苏毅清：《湖北省农村一二三产业融合现状、问题及对策》，《新疆农垦经济》2016年第1期，第14—17页。

张冰：《财政金融服务与民营企业科技创新成果转化研究》，学位论文，重庆大学，2015年。

张超、张陈：《农业价值链融资国内外研究综述》，《郑州航空工业管理学院学报》2018年第12期，第104—110页。

张栋浩、尹志超：《金融普惠、风险应对与农村家庭贫困脆弱性》，《中国农村经济》2018年第4期，第54—73页。

张珩、罗剑朝、郝一帆：《农村普惠金融发展水平及影响因素分析——基于陕西省107家农村信用社全机构数据的经验考察》，《中国农村经济》2017年第1期，第2—15、93页。

张红宇：《金融支持农村一二三产业融合发展问题研究》，中国金融出版社2016年版。

张洁妍、陈玉梅：《乡村振兴战略背景下我国农村金融改革路径研究》，《学习与探索》2018年第12期，第156—161页。

张晶、杨颖、崔小妹：《从金融抑制到高质量均衡——改革开放40年农村金融政策优化的中国逻辑》，《兰州大学学报》（社会科学版）2018年第5期，第122—131页。

张林、温涛、刘渊博：《农村产业融合发展与农民收入增长：理论机理与实证判定》，《西南大学学报》（社会科学版）2020年第5期，第42—56、191—192页。

张林、温涛：《财政金融服务协同与农村产业融合发展》，《金融经济学研究》2019年第5期，第53—67页。

张林、温涛：《农村金融发展的现实困境、模式创新与政策协同——基于产业融合视角》，《财经问题研究》2019年第2期，第53—62页。

张林、张雯卿：《农村产业融合发展与金融支持：经验借鉴与政策启示》，《农村金融研究》2020年第2期，第36—42页。

张林：《县域财政金融服务与产业结构升级——基于1772个县域数据的比较研究》，《中南财经政法大学学报》2018年第1期，第61—72页。

张琦、费晓丹、曾之明、PAN Bin：《中国农村金融服务高质量发展主要障碍是供给约束吗?》，《财经理论与实践》2018年第4期，第45—51页。

张庆亮：《农业价值链融资：解决小微农业企业融资难的有效途径——从交易成本的视角》，《云南社会科学》2014年第5期，第76—80页。

张婷婷、李政：《我国农村金融发展对乡村振兴影响的时变效应研究——基于农村经济发展和收入的视角》，《贵州社会科学》2019年第10期，第159—168页。

张晓琳、董继刚：《农村金融资源配置效率评析——以山东省为例》，《农业经济与管理》2017年第2期，第45—53页。

张玉利、郭永清：《农村金融机构对农业产业化发展的支持研究——以上海地区为例》，《上海农业学报》2016年第3期，第139—145页。

赵国杰：《广东省农业产业化与金融支持体系研究》，学位论文，农业工程学院，2016年。

赵海：《论农村一、二、三产业融合发展》，《中国乡村发现》2015年第4期，第26—29页。

赵洪丹、陈丽爽：《乡村振兴战略下农村金融发展的影响因素研究——基于农村经济发展差异的视角》，《价格理论与实践》2018年第11期，第123—126页。

赵晶晶、邓尧：《从茶企分析农村金融服务与农业产业化相结合》，《福建茶叶》2018年第12期，第498页。

赵俊英：《金融支持农业产业化经营的实证研究》，《商业经济研究》2010年第30期，第131—133页。

赵霞、韩一军、姜楠：《农村三产融合：内涵界定、现实意义及驱动因素分析》，《农业经济问题》2017年第4期，第49—57页。

赵霞、姜利娜：《荷兰发展现代化农业对促进中国农村一二三产业融合的启示》，《世界农业》2016年第11期，第21—24页。

郑风田、崔海兴、程郁：《产业融合需突破传统方式》，《农业工程技术》2015年第26期，第39页。

郑可、卢毅：《农民创业机会开发活跃度的宏观影响因素探索——基于2005—2014年农村省际面板数据的实证》，《农村经济》2018年第2期，第123—128页。

郑学党：《供给侧改革、互联网金融与农业产业化发展》，《河南社会科学》2016年第12期，第1—7页。

郅靖：《鄂尔多斯农业产业化金融资源配置优化研究》，学位论文，西北农林科技大学，2016年。

钟真、黄斌、李琦：《农村产业融合的"内"与"外"——乡村旅游能带动农业社会化服务吗》，《农业技术经济》2020年第4期，第38—50页。

周立、李彦岩、罗建章：《合纵连横：乡村产业振兴的价值增值路径——基于一二三产业融合的多案例分析》，《新疆师范大学学报》（哲学社会科学版）2020年第1期，第63—72、2页。

周立、王彩虹：《由双重脱嵌到双重回嵌：乡村振兴中的产业融合分析》，《行政管理改革》2019年第6期，第44—53页。

周立：《中国农村金融体系的政治经济逻辑（1949—2019年）》，《中国农村经济》2020年第4期，第78—100页。

周鹏、白永平、武荣伟：《中国农业现代化发展水平时空格局与空间计量收敛性分析》，《新疆农垦经济》2015年第8期，第14—20页。

周一星：《关于中国城镇化速度的思考》，《城市规划》2006年第s1期，第32—35页。

朱建华、洪必纲：《试论农业产业化与农村金融改革的良性互动》，《财经问题研究》2010年第7期，第122—125页。

朱建华：《农业产业化与金融支持关联性实证研究——以湖南省邵阳市为例》，《广东农业科学》2010年第4期，第310—312页。

朱晓哲：《新常态下农村金融供给对农业产出效应分析》，《农业经济》2015年第12期，第106页。

朱信凯：《一二三产业融合发展的问题与对策研究》，《华中农业大学学报》（社会科学版）2017年第4期，第9—12页。

朱战威：《我国农村信贷市场结构改革：基于SCP范式的分析》，《南方金融》2016年第7期，第21—26页。

祝国平、郭连强：《农村金融改革的关键问题、深层原因与战略重点》，《江汉论坛》2018年第6期，第46—54页。

祝捷、黄佩佩、蔡雪雄：《法国、日本农村产业融合发展的启示与借鉴》，《亚太经济》2017年第5期，第110—114页。

邹小芳、姜学勤：《基于农贷视角的农村金融资源配置效率的实证研究——以湖北省为例》，《安徽农业科学》2014年第5期，第1536—1538页。

佐藤正之：《異業種とパートナーシップが6次産業化を成功に導く》，《知的資産創造》2012年第7期，第6—17页。

Abate, G. T., Rashid, S., Borzaga, C., et al. "Rural Finance and Agricultural Technology Adoption in Ethiopia: Does the Institutional Design of Lending Organizations Matter?." *World Development*, 2016 (84): 235 – 253.

Alemu, A. E., Maertens, M., Deckers, J., et al. "Impact of Supply

Chain Coordination on Honey Farmers' Income in Tigray, Northern Ethiopia." *Agricultural & Food Economics*, 2016, 4 (1): 9.

Badulescu, D., Giurgiu, A., Istudor, N., et al. "Rural Tourism Development and Financing in Romania: A Supply-side Analysis." *Agricultural Economics (AGRICECON)*, 2015, 61 (2): 72 – 80.

Barry, P. J., Lee, W. F. "Financial Stress in Agriculture: Implications for Agricultural Lenders." *American Journal of Agricultural Economics*, 1983, 65 (5): 945 – 952.

Beck, T., Demirgüç, K., Peria, M. S. "Reaching out: Access to and Use of Banking Services across Countries." *Journal of Financial Economics*, 2007, 85 (1): 234 – 266.

Beck, T., Levine, R., Levkov, A. "Big Bad Banks? The Winners and Losers from Bank Deregulation in the United States." *Journal of Finance*, 2010, 65 (3): 1637 – 1667.

Bourns, N., Fertzicer, I. "Incoporating Finance into Value Chain Analysis-Case Study: Ataulfo Mango Value Chain in Chiapas." Mexico. The AFIRMA Project together with the AMAP Project Managed by Development Aitermative, 2008.

Bröring, S., Cloutier, L. M., Leker, J. "The Front End of Innovation in An Era of Industry Convergence: Evidence from Nutraceuticals and Functional Foods." *R&D Management*, 2010, 36 (5): 487 – 498.

Burgess, R., Pande, R. "Do Rural Banks Matter? Evidence from the Indian Social Banking Experiment." *American Economic Review*, 2005, 95 (3): 780 – 795.

Carillo, F., Caracciolo, F., Cembalo, L. "Do Durum Wheat Producers Benefit of Vertical Coordination?." *Agricultural and Food Economics*, 2017, 5 (1): 19.

Chakravarty, S. R., Pal, R. "Financial Inclusion in India: An Axiomatic

Approach." *Journal of Policy Modeling*, 2013, 35 (5): 813 –837.

Chaudhuri, S., Dwibedi, J. *Horizontal and Vertical Linkages between Formal and Informal Credit Markets in Backward Agriculture: A Theoretical Analysis.* Social Science Electronic Publishing, 2014.

Clarke, G. "Finance and Income Inequality: What Do the Data Tell Us?." *Southern Economic Journal*, 2006, 72 (3): 578 –596.

Cramer, G. L., Jensen, C. W., Southgate, D. J. *Agricultural Economics and Agribusiness.* New York: John Wiley & Sons, 1991.

Cui, Q. F., Jiang, H. P., Zhou, N. "Exploration and Enlightenment on Constraints of Modern Agricultural Construction in China". *Asian Agricultural Research*, 2012, 4 (6): 5 –10.

Davis, J. H., Goldberg, R. A. "A Concept of Agribusiness. Boston: Division of Research." Graduate School of Business Administration, Harvard University, 1957.

Dennis, T. Y., Xiao, Z. "Modernization of Agriculture and Long-term Growth." *Journal of Monetary Economics*, 2013, 60 (3): 367 –382.

Drabenstott, M., Meeker, L. "Financing Rural America: A Conference Summary." *Economic Review*, 1997, 82 (2): 89 –98.

Dries, L., Germenji, E., Noev, N., et al. "Farmers, Vertical Coordination, and the Restructuring of Dairy Supply Chains in Central and Eastern Europe." *World Development*, 2009, 37 (11): 1742 –1758.

Duong, P. B., Yoichi, I. "Rural Development Finance in Vietnam: A Microeconometric Analysis of Household Surveys." *World Development*, 2002 (30): 319 –335.

Fai, F., Tunzelmann, N. V. "Industry-specific Competencies and Converging Technological Systems: Evidence from Patents." *Structural Change and Economic Dynamics*, 2001, 12 (2): 141 –170.

Falco, S. D., Smale, M., Perrings, C. "The Role of Agricultural Cooperatives in Sustaining the Wheat Diversity and Productivity: The Case of Southern Italy." *Environmental and Resource Economics*, 2008, 39 (2): 161 – 174.

Galor, O. and Zeira, J. "Income Distribution and Macroeconomics." *Review of Economic Studies*, 1993 (60): 35 – 52.

Guirkinger, C., Fletschner, D. K., Boucher, S. R. "Credit Constraints and Financial Efficiency in Peruvian Agriculture." *Journal of Development Studies*, 2010, 46 (6): 981 – 1002.

Hacklin, F. *Management of Convergence in Innovation: Strategies and Capabilities for Value Creation beyond Blurring Industry Boundaries*. Physica-Verlag GmbH, 2010.

Hellmann, T., Murdock, K., Stiglitz, J. Financial Restraint: Towards a New Paradigm. Role of Government in East Asian Economic Development, 1997: 163 – 208.

Illing, W. V. *The Penguin Dictionary of Physics*. Beijing: Beijing Foreign Language Press, 1996.

Jeanneney, S. G., Kpodar, K. "Financial Development and Poverty Reduction: Can There be a Benefit without a Cost." *Journal of Development Studies*, 2011, 47 (1): 143 – 163.

Jin, Y., Fan, M., Cheng, M., et al. "The Economic Gains of Cadre Status in Rural China: Investigating Effects and Mechanism." *China Economic Review*, 2014 (31): 185 – 200.

John G. Gurley, Edward S. Shaw. *Money in a Theory of Finance*. Brookings Institution, 1960.

Khan, R. E. A., Hussain, T. *Demand for Formal and Informal Credit in Agriculture: A Case Study of Cotton Growers in Bahawalpur*. Social Science Electronic Publishing, 2011.

Khandker, S. R., Samad, H. A. "Seasonality of Rural Finance." Policy

Research Working Paper, 2017 (12): 43 – 56.

King, R. and R. Levine. "Finance and Growth: Schumpeter Might Be Right." *Quarterly Journal of Economics*, 1993, 108 (3): 717 – 713.

Klose, S. L., Outlaw, J. L. "Financial and Risk Management Assistance: Decision Support for Agriculture." *Journal of Agricultural & Applied Economics*, 2005, 37 (2): 415 – 423.

Knutson, R. D., Penn, J. B., William, T. B. *Agricultural and Food Policy*. Englewood Cliffs NJ: Prentice-Hall, 1983.

Lajos, Z. B., Fert, I., József, F. "Investment and Financial Constraints in Hungarian Agriculture." *Economics Letters*, 2009, 104 (3): 0 – 124.

Lei, David T. "Industry Evolution and Competence Development: The Imperatives of Technological Convergence." *International Journal of Technology Management*, 2000, 19 (7/8): 699.

Mapesa, Haruni Jeremia. "Rural Finance Programmes in Tanzania: Who Borrow and to What Extent." *Business Insight Home*, 2015, 32 – 41.

Maurer, K. "Where Is the Risk? Is Agricultural Banking Really More Difficult than Other Sectors?." *Finance for Food*, 2014.

Mazure, G. "Financial Support for Agriculture and Rural Development: Credits, Credit Guarantees, and Investments." International Scientific Conference Economic Science for Rural Development. 2007.

Middelberg, S. L. "Value Chain Financing: Evidence from Zambia on Smallholder Access to Finance for Mechanization." *Enterprise Development & Micro-finance*, 2017, (1 – 2): 167 – 170.

Miller, C., Jones, L. Agricultural Value Chain Finance Instruments. Agricultural Value Chain Finance—Tools and Lessons, 2010: 55 – 114 (60).

Miller, C. Agricultural Value Chain Finance Strategy and Design. Rome:

International Fund for Agricultural Development, 2012.

Neda, T. "Vertical Coordination and Farm Performance: Evidence from the Catfish Sector in Vietnam." *Agricultural Economics*, 2016, 47 (5): 547 – 557.

O'Toole, C. M., Newman, C., Hennessy, T. "Financing Constraints and Agricultural Investment: Effects of the Irish Financial Crisis." *Journal of Agricultural Economics*, 2014, 65 (1): 152 – 176.

Onumah, G. Improving Access to Rural Finance through Regulated Warehouse Receipt Systems in Africa. Lusaka: Paving the Way Forward for Rural Finance-An International Conference on Best Practices, 2003.

Pischke, Adams and Donald. *Rural Financial Markets Developing Countries.* The Johns Hopkins University Press. 1987.

Power, G. J., Salin, V., Park, J. L. "Strategic Options Associated with Cooperative Members' Equity." *Agricultural Finance Review*, 2012, 72 (1): 48 – 67.

Quirós, R., San, J., Costa, R. *Agricultural Value Chain Finance.* Published by FAO and Academia de Centroamérica, 2007.

Rosenberg, N. "Technological Change in the Machine Tool Industry, 1840 – 1910." *The Journal of Economic History*, 1963, 23 (4): 414 – 443.

Saravanan, S. An Analysis of Institutional Credit, Agricultural Policy and Investment to Agriculture in India. Mpra Paper No. 72891, 2016.

Sarma, M. "Measuring Financial Inclusion." *Economics Bulletin*, 2015, 35 (1): 604 – 611.

Shane, G., Tamn, K. "What does Industrial Convergence Mean?" In David B. Yoffie. *Competing in the Age of Digital Convergence.* Harvard Business School Press, 1997: 12 – 15.

Su, J., Lorenzo, G. M., Julio, H. B. "A Site Planning Approach for

Rural Buildings into a Landscape Using A Spatial Multi-criteria Decision Analysis Methodology." *Land Use Policy*, 2013 (32): 108 – 118.

Swinnen, J. F. M., Maertens, M. *Finance through Food and Commodity Value Chains in a Globalised Economy*. New York Dordrecht London: Springer Heidelberg, 2013: 45 – 65.

Swinnen, J., Vandeplas, A. Price Transmission and Market Power in Modern Agricultural Value Chains. LICOS Discussion Papers, 2014: 1 – 29.

Thorsten, B., Liping, L., Rudai. Y. "Finance and Growth for Microenterprises: Evidence from Rural China." *World Development*, 2015, 67 – 73.

Williamson, J., Mahar, M. A Survey of Financial Liberalization. A Survey of Financial Liberalization. International Finance Section, Dept. of Economics, Princeton University, 1998: 661 – 667.

Woutersen, T., Khandker, S. R. *Estimating the Effects of Credit Constraints on Productivity of Peruvian Agriculture*. Social Science Electronic Publishing, 2013.

Yabann, K. W. The Productivity Trap in Kenya's Highland Agriculture: A Bilevel Programming Analysis of Credit and Wage Constraints. University of Illinois at Urbana-Champaign, 1992.

Yaron, McDoald P. Benjamin, Gerda, L. P. "Rural Finance: Issues, Design, and Best Practices." *Environmentally and Socially Sustainable Development Studies and Monographs*, 1997 (14): 345 – 367.

Yusuf, H. O., Ishaiah, P., Yusuf, O., et al. "The Role of Informal Credit on Agriculture: An Assessment of Small Scale Maize Farmers Utilization of Credit in Jema'a Local Government Area of Kaduna State, Nigeria." *American Journal of Experimental Agriculture*, 2015, 5 (1): 36 – 43.